백제 사비시대 후기의 정국 변화

백제 사비시대 후기의 정국 변화

2016년 4월 1일 초판 1쇄 인쇄
2016년 4월 4일 초판 1쇄 발행

지은이 남정호
펴낸이 권혁재

편집   권이지 · 김경희

출력   엘렉스프린팅
인쇄   한영인쇄사

펴낸곳 학연문화사
등록 1988년 2월 26일 제2-501호
주소 서울시 금천구 가산동 371-28 우림라이온스밸리 B동 712호
전화 02-2026-0541~4
팩스 02-2026-0547
E-mail hak7891@chol.net

ISBN 978-89-5508-342-2 93910
ⓒ 남정호 2016
협의에 따라 인지를 붙이지 않습니다.

책값은 뒷표지에 있습니다.
잘못된 책은 바꾸어 드립니다.

백제 사비시대 후기의 정국 변화

남정호

학연문화사

필자는 대구에서 태어나 한 달 이상 대구를 떠나본 적이 없는 대구 토박이이다. 그런데 백제사를 전공하고 있다. 가끔 주변 선생님들이나 학생들이 묻곤 한다. 선생님은 대구 사람인데 왜 백제사를 전공하냐고. 그러고 보니 주변에 백제사를 전공하는 사람이 없다. 계명대학교에서 재직하시다 정년 퇴직을 하신 노중국 선생님을 제외하고는 대구, 경북 지역에서 백제사를 전공하는 연구자를 본 적이 없는 것 같다. 이 지역이 옛 신라의 영역이어서 그런지 신라사 전공자가 많고 최근 젊은 연구자들은 고구려사 전공이 많다. 대구 토박이인 필자가 백제사를 전공하다 보니 어려운 점이 많았다. 먼저 대구, 경북 지역 외에는 잘 다녀본 적이 없는 필자가 경기도, 충청도, 전라도에 걸쳐 있던 백제를 공부하려다 보니 지역적 특색이나 지형, 주변 지역 간의 인접성 등 지리적인 부분이 머리 속에 잘 그려지지 않아 몇 번씩이나 해당 지역 지도를 다시 살펴봐야만 했다. 주변에 백제사를 전공하는 사람이 없다보니 서로 토론하거나 조언을 해 줄 사람도 마땅하지 않다. 물론 한국 고대사 전공이라고 늘 이야기 하시는 지도교수님께 많은 조언을 받았지만, 백제사 전공자들끼리 친근하게 지내는 걸 보면 부럽기도 했다.

그런데 정말 필자는 왜 백제사를 전공하게 되었을까? 앞에서 뭔가 있을 것처럼 이야기를 늘어놓았지만 사실 백제사를 연구하게 된, 특별한 이유는 없었다. 역사교사로 교직에 발을 내딛은 지 10년이라는 시간이 흐른 뒤 뒤늦게 대학원에 진학했을 때, 평소 전쟁사에 관심이 많았기에 그 쪽으로 공부를 하고 학위 논문을 쓰려고 하였다. 그래서 지도교수님과 상의하여 잡은 주제가 '660년 나당연합군의 백제 침공과 백제의 방어 전략'이었다. 황산벌 전투와 기벌포 전투 등의 자세한 전투 상황을 복원하고 백제의 방어 전략의 문제점을 지적하고자 하였다. 이를 위해 관련 논문들을 읽고 정리하는 과정에 백제군이 나당연합군의 침공에 제대로 대응을 하지 못하고 허망하게 멸망하였음을 쉽게 알 수 있었다. 나아가 논문 작성을 위해서는 그럼 어떤 점이 잘못되었는지, 기존 연구에서 제대로 밝히지 못한 부분은 무엇인지 등 이런 부분을 좀 더 세밀하게 공부할 필요가 있었다.

　　그런데 문득 왜 백제가 이렇게 나당연합군의 공격에 제대로 대처하지 못하였을까 하는 의문이 들었다. 그 의문을 먼저 해결하고 싶어서 의자왕 대의 정치와 대외관계 관련 논문들을 찾아 읽게 되었다. 의자왕 대의 정치적 변화에 대해서는 여러 문제로 논쟁이 치열하였다. 논쟁점들을 분석하다보니 선학들의 주장 중에 각기 합리적인 부분과 그렇지 않은 부분들이 섞여 있다는 생각이 들었다. 또 기존의 연구들이 간과하고 있는 부분도 발견하게 되었다. 의자왕 후기의 태자 교체 문제와 관련하여, 『삼국사기』 백제본기 의자왕 4년조에 '왕자 융을 태자로 책봉하였다.'고 기록되어 있음에도 불구하고 아무도 융이 '왕자'라는 사실에 주목하지 않고 있었다. 모두 맏아들을 태자로 책봉하였다는 전제 아래 논쟁을 전개하고 있었던 것이다. 그래서 그러한 논쟁점들에 대해 재정리를 하고 필자의 새로운 견해를 갖게 되었다. 그러다 보니 어느새 논문의 주제는 의자왕 대의 정치 부분으로 바뀌게 되었고, '의자왕대 정국운영의 변화와 백제의 멸망'이라는 주제로 석사학위를 받게 되었다.

석사학위 논문을 준비하고 발표하는 과정에 지도교수님을 비롯하여 여러 교수님들로부터 석사학위 논문으로 발표하기에는 주제나 내용이 너무 광범위하다는 말을 여러 번 들었다. 그 당시에는 처음 논문을 쓰는 것이라 그 말이 어떤 의미인지 잘 알지 못하였다. 그러나 박사과정에 들어와 더 많은 논문들을 읽고 공부를 지속하면서 그 말의 의미를 깨닫게 되었다. 필자의 석사학위 논문은 의자왕 대의 정치, 더 나아가 무왕 대의 정치 상황과 관련하여 논쟁이 벌어지고 있는, 대부분의 주제들을 짧게나마 다 언급하고 있었던 것이다. 그 주제들 하나하나를 좀 더 자세히 논증하게 되면 여러 편의 논문들이 나올 수 있었던 것이다. 그래서 박사과정 동안 그 부분들을 좀 더 세밀하게 정리하고 논증하면 금방 학위 논문을 끝낼 수 있을 것 같았다.

하지만 고등학교 교사로 학생들을 가르치면서 연구를 해 나가기에는 절대적으로 시간이 부족했고 그것을 극복하기 쉽지 않았다. 학교에 바쁜 일이 생기거나 학생들 문제가 생기면 한동안 공부를 할 수 없었다. 얼마동안의 시간이 흐른 뒤 다시 공부를 시작하면 이미 앞에 보았던 내용들과 연결이 잘 되지 않았다. 한 번 봤던 논문들을 다시 꺼내 읽고 정리하기를 몇 번씩이나 되풀이했는지 모른다. 몇 번의 시행착오를 겪으면서 논문을 읽을 때마다 파일로 정리해 두는 습관이 생겼고, 야간 자율학습 감독이 아닌 날도 거의 매일같이 10시, 11시까지 학교에 남아서 반 학생들과 함께 공부를 했다.

특히 2009년 익산 미륵사지 서석탑에서 사리봉안기가 발굴된 이후 무수히 많은 논문들이 쏟아져 나왔다. 그 논문들을 읽고 정리하면서 『삼국유사』 무왕조의 서동설화에 나오는 선화공주의 실체를 밝히기 위해 머리를 싸매야 했다. 또, 『일본서기』 황극기의 풍장, 교기가 어떤 인물인지를 밝히기 위해 일본에서 나온 논문들을 찾아 읽으면서, 엉클어진 실타래를 풀어내기 위해 많이 고민하고 시간을 쏟아야 했다. 그러기를 벌써 6년, 대학원 진학부터 치면 9년이라는 시간이 흘렀다. 이제야 겨우 사비시대 후기 백제의 정치 상황이 어떻게 변화해 왔는지, 왜 백제가 660년 나당연합군의 공격에 제대로 방어를 하지 못했는지 그 윤곽을 잡게 되었다. 그 결과로 '사비 후기 백제의 정치세력과 정국운영의 변화'라는 주제로 박사학위를 받았다.

박사과정을 거치면서 처음에는 별 생각이 없었던 지역적인 문제, 즉 대부분의 백제사 전공자들이 서울, 경기, 충청, 전라 지역에 자리잡고 있는 상황 속에 대구에도 백제사를 전공하는 사람이 있음을 알리고 싶었다. 현재까지 경상도와 전라도를 중심으로, 동서로 정치 세력이 나뉘어져 서로 대립하고 있는 현실 정치 상황과도 관련지어 의미를 부여하고 싶은 생각이 들었다. 그래서 백제에 대해 더 많은 관심이 생겼고 백제사 연구에 애착을 갖게 되었다. 사실 아직까지 서울, 경기, 충청, 전라 지역의 답사도 제대로 못 해 봤지만, 앞으로 시간이 닿는 대로 그 지역들에 대한 현장 답사도 많이 해 보려고 한다. 그래서 이제 겨우 백제 사비시대 후기 정치사를 연구했지만 앞으로 백제사 전체를 연구하고 더 나아가 신라, 고구려 등 한국 고대사로 전공 영역을 넓혀 나가고 싶다.

이 책은 필자의 박사학위 논문을 토대로 약간의 수정만 한 것이다. 대학원 진학 초기 설정했던 논문 주제에서 품었던 의문점을 어느 정도 풀었기에 다시 원래 주제로 돌아가 마무리를 짓고 싶고, 그 주제까지 포함해서 책으로 펴내고자 하였다. 그러나 여전히 고등학교 교사로 근무해야 하는 상황에서 또 언제 그 부분을 마무리할 수 있을지 기약이 없을 것 같았다. 그래서 많이 부족하지만, 앞으로 더 나아가기 위한 중간 점검이라고 생각을 하고 책을 출간하기로 하였다.

이 책을 출간하기까지 너무나 많은 분들의 도움을 받았다. 그 누구보다 대학교 학부시절 연구실에 들어가 공부를 하게 되면서 인연을 맺어 20여 년간

지도와 조언을 아끼지 않으셨고, 아둔한 필자를 아껴주시고 학문의 세계로 이끌어 주신 이문기 선생님께 진심으로 감사드린다. 필자에겐 아버지와 진배없는 분이시고 이렇게 훌륭한 선생님을 만나게 된 것을 영광으로 생각한다. 늘 기대에 미치지 못하는 제자인 것 같아 죄스러울 따름이다. 또 필자에게 많은 관심을 가져 주시고 여러 방면에서 많은 조언을 해 주시는 장동익 선생님과 우인수 선생님의 고마움도 잊을 수 없다. 그리고 많은 가르침을 주시는 경북대 역사교육과의 김진웅, 임대희, 김중락, 홍성구 선생님께도 이 자리를 빌려 감사드린다. 박사학위 논문 심사를 맡아주시고 지도 편달해주신 김주성, 이영호 선생님께도 감사드리고 싶다. 대구에서 백제사를 전공한다고 많이 아껴주신 노중국 선생님, 학회에서 뵐 때마다 지도 편달해 주시는 김수태 선생님께도 감사드린다.

논문의 초안부터 함께 토론하고 방향을 잡아준 한국고대사 세미나팀의 도움도 빼놓을 수 없다. 특히 크고작은 부분들을 꼼꼼하게 잘 검토해준 이상훈 선생에게 이 자리를 빌려 감사드린다. 많은 관심과 격려로 필자의 대학원 생활을 응원해준 대학 동기들, 김돈호, 김영화, 김동룡, 박보건 선생에게도 고마움을 전하고 싶다. 연구 생활을 유지할 체력을 기르는 것도 필자에겐 중요한 일인데, 함께 운동하는 경북대 파란 식구들에게도 감사드리고 싶다.

장성한 아들을 늘 걱정하시고 항상 기도하시는 어머니, 여러모로 많은 도움을 주시는 장모님, 멀리 계시지만 늘 염려해주시는 장인 어른께 감사드린다. 무엇보다 필자의 학위 수여를 보지 못하고 일찍 돌아가신 아버지 영전에 이 책을 바치고 싶다. 그리고 공부를 한다는 핑계로 가장의 책무를 다하지 못하는 남편을 말없이 지지해주고 집안 일들을 묵묵히 도맡아 처리해주는 아내 주정애, 아빠와 보내는 시간이 많이 부족함에도 늘 웃으면서 맞아주고 성원해주는 우리 두 딸, 연수, 은수도 너무 고맙다. 멀리서나마 늘 응원해주고 배려해주는 누나네, 동생네 식구들에게도 고마움을 전한다.

마지막으로 갈수록 어려워지는 출판 여건 속에서도 흔쾌히 출판을 허락해 주신 학연문화사 권혁재 사장님과 편집과 교정을 맡아주신 학연문화사 관계사 여러분들께도 머리숙여 감사드린다.

2016. 4

대구 학정동에서 남정호

목   차

제3장 혜왕~무왕 대의 왕권과 정치 세력의 변화

제4장 의자왕 대의 정국운영과 그 변화

제1장
서론

1) 연구주제의 선정과 목적

백제사는 흔히 수도의 위치에 따라 한성시대(漢城時代), 웅진시대(熊津時代), 사비시대(泗沘時代)로 분류된다. 수도의 변천이 백제의 성쇠와 밀접한 관련을 갖고 있기 때문이다. 한성시대는 백제의 성장과 발전기, 웅진시대는 백제의 침체기, 사비시대는 중흥 및 멸망기로 파악되고 있다. 이러한 백제 정치사는 노중국에 의해 전체적으로 정리가 되었다.[1] 그 중 사비시대 정치사는 김주성이 체계적으로 정리를 하였는데, 성왕(聖王) 대에 22부사를 중심으로 한 통치 체제를 마련하였고, 무왕(武王) 대에는 사찰 건립을 통해 전제권력을 강화하였으나 무왕 말기부터 등장한 신진귀족과 대성팔족(大姓八族)의 대립으로 백제의 멸망을 초래하였다고 보았다.[2]

그런데 이와 같은 그동안의 연구에서는 연구 과정에 사비시대의 앞 시기와

---

1) 盧重國, 『百濟政治史硏究』, 一潮閣, 1988.
2) 金周成, 『百濟 泗沘時代 政治史 硏究』, 전남대학교 박사학위논문, 1990.

뒷 시기의 차이를 자연스럽게 언급은 하였지만, 사비시대를 하나의 시대 단위로 인식하였고 이 시기를 좀 더 세분하여 그 시기적 특성을 찾아보려는 시도를 하지는 않았다. 그러나 이제 사비시대에 대한 연구 성과도 많이 축적된 만큼 사비시대를 다시 세분하여 그 시기적 특징을 밝힐 필요성이 있다고 생각된다. 따라서 본 연구에서는 사비시대를 전기와 후기로 구분하여 전기와는 다른 후기의 정치적 변화에 주목하고자 한다.

그렇다면 사비시대의 전기와 후기를, 어느 시점을 기준으로 나눌 것인가 하는 것이 문제가 될 것이다. 사비시대는 성왕(聖王), 위덕왕(威德王), 혜왕(惠王), 법왕(法王), 무왕(武王), 의자왕(義慈王)의 여섯 왕이 재위한 약 120여 년간의 시기이다. 성왕이 538년에 사비로 도읍을 옮긴 뒤 위덕왕까지가 60년, 혜왕과 법왕이 1년씩 2년, 무왕과 의자왕이 60년 간 재위하였다. 단순히 시간적 길이를 고려하면, 성왕과 위덕왕을 사비시대 전기, 무왕과 의자왕을 사비시대 후기로 구분하고 혜왕과 법왕의 재위 시기는 무왕의 집권으로 이어지는 과도기로 설정을 할 수 있다. 그런데 이러한 구분이 시간 길이뿐만 아니라 시기적 특성에 따른 구분과도 바로 연결된다. 사비시대 전기는 성왕이 백제 중흥을 위해 노력하였으나 그 꿈이 좌절되면서 다시 백제가 위축되는 시기라고 할 수 있다. 이에 비해 사비시대 후기는 무왕과 의자왕이 다시 백제의 통치체제를 재정비하고 왕권을 강화하면서 활발한 대외 정복 활동에 나서 성과를 거두었으나, 결국 멸망에 이르는 시기인 것이다.

이러한 사비시대에 대해 지금까지의 연구들은 사비시대 전기를 좀 더 중요한 시기로 인식해 왔다. 특히 그러한 경향이 중·고등학교 교과서에 반영되어 성왕 대의 역사를 가장 비중있게 서술하고, 사비시대 후기는 백제의 멸망을 다루는 과정에 의자왕 대의 사실을 간략히 언급하고 있는 정도에 그치고 있다. 그러나 필자는 사비시대 후기의 역사가 백제 다른 어느 시대에 비해서도 그 중요성이 떨어진다고 생각하지 않는다. 이 사비시대 후기는 관산성(管山城) 패전 이후 흐트러진 국가 질서와 왕권 중심의 통치 체제를 다시 회복하는 시기이다. 무왕 대에는 내부적으로 대왕(大王)으로 군림하면서 외부적으로 신라에 대한 공격이 큰 성과를 거두었다. 뒤를 이은 의자왕 대에도 대신라 공격이 지속되어 옛 가야 지역의 대부분을 회복하고 대야성(大耶城)마저 차지하여 신라를 국가적 위기 상황으로 몰아넣었다. 그런데 의자왕 말기에 정치적 혼란에 빠지면서 나·당연합군의 공격으로 멸망하고 말았다. 이처럼 백제사에서 가장 왕권이 강화되고 정교한 통치 체제를 마련하면서 대외적으로 가장 활발한 진출을 하였던, 이 시기의 중요성이 좀 더 강조되어야 하지 않나 싶다.

물론 이 시기는 백제의 멸망이라는 관점에서, 또 『삼국유사(三國遺事)』무왕조의 '서동설화(薯童說話)'와 관련해서는 꾸준히 연구가 되어 왔다. 특히 2009년 익산 미륵사지(彌勒寺址) 서탑 해체 과정에 사리봉안기(舍利奉安記)가 발굴되면서 백제 무왕 대에 대한 연구 성과들이 쏟아져 나왔다. 그러나 새로운 자료의 발굴에도 불구하고 기존의 논쟁들이 정리되기보다 더욱 다양한 의견이 제시되고 논쟁이 한층 더 심해지고 있다. 크고 작은 부분에서 각 연구자들의 견해가 엇갈리고 있어서 그 어느 나라, 어느 시대의 역사보다도 복잡하고 혼란한 양상을 드러내고 있다. 이러한 상황은 백제 사비시대 후기의 정치적 흐름을 이해하기 매우 어렵게 만들고 있다. 이에 사비시대 후기 정치세력과 정국운영의 변화를 재정리할 필요가 있다고 하겠다.

따라서 본 연구는 지금까지 제기된 여러 견해들을 정리하면서 선행연구들이 미처 주목하지 못한 부분과 새로운 시각이 필요한 부분을 보강하여 사비시대 후기의 정치적 변화에 대한 합리적 이해를 도모하는데 목적을 두었다.

2) 연구 현황과 문제 제기

앞에서 사비시대를 성왕 · 위덕왕의 시기는 전기로, 무왕 · 의자왕의 시기는 후기로, 혜왕 · 법왕의 시기는 과도기로 설정을 하였다. 그런데 과도기로 설정한 혜왕과 법왕의 시기를 사비시대 전기로 볼 것인가 사비시대 후기로 볼 것인가 하는 문제가 있다. 아직 학계에서 사비시대 자체를 이렇게 전기, 후기로 세부적으로 구분하여 인식하지 않았기 때문에 별다른 문제제기가 없었다. 그러나 본 연구에서 사비시대 후기 정치사를 주제로 하였고, 무왕 · 의자왕 대의 정치적 변화와의 관련성을 생각하면, 이 부분에 대해서도 의미를 부여하고 구분 작업을 할 필요가 있다고 생각된다.

이러한 사비시대의 구분에 있어서는 무왕의 출자(出自)를 어떻게 보는가에 따라 다르게 구분할 여지가 있다. 무왕을 몰락왕족 출신으로 법왕의 가계가 아니라고 보게 되면 사비시대 후기는 무왕과 의자왕의 치세로 잡는 것이 마땅하다. 또 정치적 상황을 보더라도 위덕왕~법왕까지는 왕권이 지속적으로 강화되었다고 하더라도 완전히 귀족세력을 압도할 정도는 아니었고, 대외적 진출보다 내부 정비에 힘쓰고 있던 시기였다. 반면에 무왕 대부터는 왕권이 안정되고 대외 영토 확장을 추진하는 상황이었기 때문에 무왕부터를 후기로 보는 것이 타당해 보인다. 그러나 무왕이 법왕의 아들이라는 입장에 서게 되면, 위덕왕의 동생으로서 왕위에 오른 혜왕부터 혜왕계 왕실이 이어진 상황이 되고, 무왕이 앞선 왕들의 정책을 계승하여 발전시켰다고 볼 수 있기 때문에 혜왕부터를 사비시대 후기로 보는 것이 더 맞지 않을까 한다.

따라서 위덕왕~무왕까지의 왕위 계승이 어떻게 이루어졌는가를 파악하는 것이 중요한 문제인데, 이를 둘러싼 많은 이견들이 제시되고 있다. 먼저, 혜왕과 법왕의 짧은 재위 시기가 정변과 같은 정치적 사건과 관련되어 있다고 보는 견해들이 많다. 그런데 이 두 왕의 재위 기간이 워낙 짧고 남긴 기록이 별로 없어서 앞선 위덕왕 대의 상황이나 뒤의 무왕의 출자와 관련하여 두 왕대의 정치적 성격을 이해하려는 노력이 대부분이었다. 위덕왕 대의 정치 상황에 대해서는 관산성(管山城) 전투를 주도한 여창(위덕왕)이 왕위를 계승하였으나, 재위 시절 내내 관산성 전투에 반대하였던 귀족 세력들이 득세를 하고 왕권이 미약하여 귀족 중심의 정치 운영이 이루어졌다고 보는 견해가 제기되었다.[3] 이어 위덕왕 말에 '아좌(阿佐)'가 왜로 간 사실과 위덕왕의 동생 혜가 즉위한 사실을 결부시켜 모종의 정치적 사건이 개재되어 있었을 가능성을 지적하거나[4] 귀족들의 입김이 강하게 작용한, 비상한 상황 속에 혜왕이 즉위하였다는 견해[5]가 제시되었다. 그리고 고령으로 즉위한 혜왕이 별다른 정책을 펼치지 못하고 사망하자 뒤를 이은 혜왕의 아들 법왕은 왕권의 신장을 도모하다가 귀족세력과 충돌하게 되어 결국 단명하였고, 귀족세력이 자신들의 정치적 영향력을 유지하기 위해 몰락왕족인 서동을 무왕으로 옹립하였다고 이해하였다.[6]

그러나 이와 다르게 위덕왕 대의 정치 상황에 대해 능산리 사원을 창건하면서 왕실의 결속을 도모하여 점차 왕권이 안정되어 갔다는 견해들[7]이 나오게 되었다. 위덕왕 대의 정치 상황을 정반대로 파악한 것이다. 이에 더하여 혜왕

3) 노중국, 『앞의 책』, pp.179~183; 金周成, 「百濟 武王의 卽位過程과 益山」 『馬韓・百濟文化』17, 2007, pp.206~210.
4) 노중국, 『위의 책』, pp.195~196.
5) 金周成, 「위의 논문」, pp.211~214.
6) 노중국, 『위의 책』, pp.196~197.
7) 梁起錫, 「百濟 威德王代 王權의 存在形態와 性格」 『百濟研究』21, 1990; 「百濟 威德王代의 對外關係-對中關係를 중심으로-」 『先史와 古代』19, 2003; 金壽泰, 「百濟 威德王代 扶餘 陵山里 寺院의 創建」 『百濟文化』27, 1998; 「百濟 威德王의 정치와 외교」 『韓國人物史研究』2, 2004.

의 즉위에 대해서도 정변으로 보기 어렵다는 견해들이 제기되었다. 위덕왕 대에 왕제 혜의 정치적 위상이 높았고 성왕계 왕실의 결합을 위해 위덕왕이 동생인 혜에게 왕위를 물려주었다거나[8] 위덕왕의 직계 아들이 사망한 상황에서 왕제 혜가 즉위한 것[9]으로 보아야 한다는 것이다.

그런데 혜의 즉위와 관련해서는 위덕왕 말기 왜로 보내진 '아좌'가 위덕왕의 아들인가 성왕의 아들인가 하는 문제가 중요하다. 아좌를 위덕왕의 아들로 보는 쪽에서는 위덕왕의 아들이 있었음에도 불구하고 동생인 혜가 즉위한 것은 모종의 정치적 사건이었다고 파악을 한다.[10] 반면에 아좌를 성왕의 아들로 보는 쪽에서는 혜왕의 즉위를 자연스러운 상황으로 파악을 하고 있다.[11]

이뿐만 아니라 법왕에 대한 이해도 엇갈리고 있다. 법왕의 즉위는 대부분 기록에 따라 혜왕의 맏아들로서 즉위하였다고 보고 있지만, 법왕 역시 재위 1년 정도 만에 사망함으로써 그 원인에 대해 다양한 의견이 제시되고 있다. 법왕이 귀족들의 정변으로 인해 사망하였다는 앞의 견해와 달리 법왕도 혜왕처럼 고령으로 사망하였을 가능성을 지적하는 견해[12]가 있다. 또 무왕이 주도적으로 정변을 일으켜 법왕의 적자(嫡子)들을 제거하였다는 견해[13]도 제기되고 있다.

---

8) 김수태, 「앞의 논문」, 2004, pp.181~184.

9) 李道學, 「<王興寺址 舍利器 銘文> 分析을 통해 본 百濟 威德王代의 政治와 佛敎」『韓國史硏究』142, 2008, pp.15~18.

10) 김주성, 「앞의 논문」, p.211; 문안식, 「의자왕의 친위정변과 국정쇄신」『東國史學』47, 2009, p.63.

11) 이도학, 「위의 논문」, pp.15~19; 崔鈆植, 「彌勒寺 創建의 歷史的 背景」『韓國史硏究』159, 2012, p.17.

12) 박현숙, 「百濟 武王의 益山 경영과 彌勒寺」『韓國史學報』36, 2009, pp.332~333.

13) 이도학, 「百濟 武王의 系譜와 執權 基盤」『百濟文化』34, 2005, pp.73~75; 강종원, 「百濟 武王의 出系와 王位繼承」『역사와 담론』56, 2010, pp.24~25.

더 나아가 무왕의 출자 문제는 이 같은 논쟁의 핵심적인 사안이 될 수밖에 없다. 무왕을 몰락왕족으로 보게 되면 위덕왕 대의 정치가 귀족 중심으로 운영되었고, 혜왕의 즉위나 법왕의 단명이 정변으로 인한 결과로 인식되기 쉽다. 그러나 무왕이 법왕의 왕자라면 그러한 인식이 성립하기 어렵다. 따라서 무왕의 출자 문제와 관련해서도 많은 논쟁이 제기되고 있다.

한편 무왕과 관련해서『삼국유사』무왕조에 '서동설화'가 전해 오고 있다. 이 설화를 둘러싸고 일찍부터 많은 연구자들이 설화 속의 서동이 누구인지를 밝히기 위한 노력을 해 왔다. 그래서 매우 다양한 견해가 제시되었는데, 서동을 무왕으로 보는 설,[14] 동성왕(東城王)으로 보는 설,[15] 무령왕(武寧王)으로 보는 설,[16] 원효(元曉)로 보는 설[17] 등이 있었다. 이러한 다양한 설에 대해 치밀하게 검토하여 서동은 무왕임을 밝힌 연구[18]가 나오면서 많은 지지를 받았다. 여기에는 고고학에서 익산 쌍릉이 7세기에 만들어진 왕릉급 고분으로, 무왕 부부의 무덤으로 추정하고 있는 것도 큰 영향을 끼쳤다.[19] 이 견해에서는 이렇게 서동을 무왕으로 보고, 서동설화에 나오는 서동의 생활을 통해 추정해 볼 때 무왕은 몰락왕족이었다고 주장하였고, 이 주장 역시 학계에 널리 공감을 얻었다. 이와 같은 주장은 서동설화의 내용을 긍정적으로 받아들인 결과에 의해 도출된 것이었다.

---

14) 黃壽永,「百濟帝釋寺址의 研究」『百濟研究』4, 1973, pp.2~8.

15) 李丙燾,「薯童說話에 대한 新考察」『歷史學報』1, 1952, pp.52~60.

16) 史在東,「薯童說話研究」『藏庵池憲英先生華甲紀念論叢』, 1971, pp.905~917.

17) 金善祺,「소똥노래(薯童謠)」『現代文學』151, pp.297~302.

18) 盧重國,「三國遺事 武王條의 再檢討-泗沘時代後期 百濟支配體制와 關聯하여」『韓國傳統文化研究』2, 1986.

19) 이남석,「百濟古墳과 益山 雙陵」『馬韓·百濟文化』15, 2001; 최완규,「益山地域의 百濟古墳과 武王陵」『馬韓·百濟文化』15, 2001.

하지만 한편으로는 서동설화는 단지 설화일 뿐 역사적 사실로 볼 수 없다는 반론도 제기되었다.[20] 이러한 주장은 2009년 익산 미륵사지 서탑에서 '사리봉안기'가 발굴되면서 더욱 확산되었다.[21] 그런데 이 양 쪽의 주장과는 달리 설화도 어느 정도의 역사적 사실을 기반으로 성립되는 것이기 때문에 무조건 그 내용을 부정할 것이 아니라 어느 정도까지 역사성을 인정할 지를 따져보는 노력이 필요하다는 주장도 나왔고,[22] 이 역시 많은 지지를 받고 있는 상황이다. 이처럼 무왕의 출자 문제는 서동설화에 대한 입장 차이에 따라 많이 달라지는 데, 지금까지 무왕을 몰락왕족으로 보는 설부터, 위덕왕의 아들로 보는 설,[23] 위덕왕 망왕자(亡王子)의 아들로 보는 설,[24] 법왕의 아들로 보는 설,[25] 법왕의 서자(庶子)로 보는 설[26]까지 다양한 설들이 제시되고 있다.

이상과 같이 위덕왕 대의 정치 상황, 혜왕의 즉위, 법왕의 사망, 무왕의 출자를 둘러싼 각 사안마다 다양한 의견들이 제시되어 서로 논쟁을 벌이고 있는 상황이다. 이 중 어떤 입장을 따르는가에 따라 사비시대를 나누는 기준점이 달라질 수밖에 없다. 그런데 이 부분은 각기 나눠진 사실이 아니라 하나로

---

20) 김주성, 「백제 법왕과 무왕의 불교정책」『馬韓·百濟文化』15, 2001, p.50; 李乃沃, 「미륵사와 서동설화」『歷史學報』188, 2005, pp.39~46.

21) 신종원, 「사리봉안기를 통해 본 삼국유사 武王條의 해석」『미륵사 사리장엄 연구의 쟁점과 전망』, 한국학중앙연구원 동아시아역사연구소, 2009, pp.23~40; 나경수, 「薯童說話와 百濟 武王의 彌勒寺」『韓國史學報』36, 2009, pp.410~419.

22) 김수태, 「백제 무왕의 대신라관계」『百濟文化』42, 2010, pp.73~76.

23) 문안식, 「앞의 논문」, pp.57~66.

24) 강종원, 「앞의 논문」, pp.7~18.

25) 김수태, 「百濟 武王代의 政治勢力」『馬韓·百濟文化』14, 1999, p.123; 강봉원, 「백제 무왕과 '서동'의 관계 재검토 - 신라와 백제의 정치적·군사적 관계를 중심으로 -」『白山學報』63, 2002, pp.147~154.

26) 김영태, 「미륵사 창건 연기설화고」『馬韓·百濟文化』1, 1975, pp.89~90; 이도학, 「앞의 논문」, 2005, pp.70~72.

연결되는 것이므로 전체를 묶어서 거시적인 입장에서 각 사실들을 정리할 필요가 있다. 이러한 정리를 바탕으로 사비시대 후기를 어느 왕부터 설정할 것인지의 문제를 해결할 수 있고, 또 각 시기의 특징을 잘 드러낼 수 있을 것으로 생각된다.

그런데 서동설화에 대한 이해 문제는 무왕의 출자 문제만이 아니라 무왕의 왕비, 무왕 대 정치 세력의 변화, 의자왕 초기 정변에 대한 이해 등의 문제와도 결부되어 있다. 이 때 서동설화의 역사성 문제에 직접적으로 관련된 사료가 2009년 익산 미륵사지 서탑에서 발굴된 사리봉안기의 내용이다. 이 사리봉안기에는 미륵사의 창건을 발원한 사람이 '백제왕후(百濟王后) 사탁적덕(沙乇積德)의 딸'로 기록되어 있어서, 서동설화의 내용과 상충되고 있다.

발굴 초기의 논쟁은 서동설화의 선화공주를 역사적 인물로 인정할 수 있는가와 관련하여 벌어졌는데, 1차 사료에 미륵사 창건의 발원자가 사탁왕후(沙乇王后)라고 기록됨에 따라 선화공주(善花公主)는 설화상의 인물로 이해해야 한다는 주장이 힘을 얻었다.[27] 그러나 무왕의 재위 기간이 길기 때문에 사탁왕후 외의 다른 왕비가 얼마든지 존재할 수 있음을 들어 선화공주가 무왕의 왕비였음을 부정할 수 없다는 주장[28]이 나오고, 다른 한편에서는 서동설화의 역사적 배경을 고려할 때 선화공주는 신라왕실의 공주가 아니라 익산 지역 출신으로 보인다는 견해[29]도 제시되었다. 이러한 견해들에 대해 여러 학자들이

---

27) 김상현, 「백제 무왕대 불교계의 동향과 미륵사」『韓國史學報』37, 2009, pp.24~26; 김주성, 「미륵사지 서탑 사리봉안기 출토에 따른 제설의 검토」『東國史學』47, 2009, pp. 30~32.

28) 李道學, 「彌勒寺址 西塔 「舍利奉安記」의 分析」『白山學報』83, 2009, pp.252~255; 노중국, 「금석문·목간 자료를 활용한 한국고대사 연구 과제와 몇 가지 재해석」『韓國古代史研究』57, 2010, pp.29~32.

29) 김수태, 「앞의 논문」, 2010, pp.76~79.

각기 다른 견해를 지지하는 논문들을 발표하면서 논쟁이 지속되고 있다.[30]

또한 무왕의 왕비 문제뿐만 아니라 무왕 대 정치 세력의 동향이나 변화에 대한 논고들도 지속적으로 발표되었다. 주로 사씨 세력이 언제부터 정국 운영을 주도했는가 하는 문제와 관련된 논쟁이 치열한데, 사리봉안기를 통해 사씨 세력이 익산 경영에 주도적 역할을 하였음을 알 수 있기 때문에 무왕 전기부터 국정 운영을 주도하였다고 하는 경향이 생겨났다.[31] 이에 대해 사씨 세력이 무왕 전기부터 정계를 주도했다고 보기는 어렵고 무왕 후기에 국정을 이끌었다고 보는 견해가 제기되었다.[32] 또 무왕 후기 사씨 세력이 국정을 주도한 가운데 태자로 책봉되는 의자 혹은 무왕과의 관계가 어떠하였는가 하는 문제가 논란이 되고 있다. 사씨 세력을 무왕의 왕권에 협력한 세력으로 보거나[33] 무왕 및 의자(義慈)와 타협한 것으로 보는 견해[34]도 있지만, 서로 대립한 것으로 보는 견해[35]도 제기되고 있다. 그리고 이와 같은 무왕 대 사씨 세력의 정치적 변화와 연관되어 의자왕 초기에 발생한 정변으로 축출된 세력은 어떤 세력인가를 두고도 학계의 의견이 갈리고 있는 실정이다. 많은 견해가 사씨 세력

---

30) 백제의 왕비와 관련해서 보다 기록이 풍부하게 남아있는 신라 왕실의 혼인 관계를 분석해 보는 것이 도움이 될 수도 있다고 생각한다. 이와 관련하여 이영호, 「국왕의 혼인과 귀족사회」『신라 중대의 정치와 권력구조』, 지식산업사, 2014가 참조된다.

31) 김주성, 「앞의 논문」, 2009, pp.34~39.

32) 김수태, 「백제 무왕대의 미륵사 서탑 사리봉안」『新羅史學報』16, 2009, pp.17~18; 정재윤, 「彌勒寺 舍利奉安記를 통해 본 武王・義慈王代의 政治的 動向」『韓國史學報』 37, 2009, pp.40~49.

33) 김수태, 「위의 논문」, 2009, p.17.

34) 정재윤, 「위의 논문」, pp.40~49; 姜鍾元, 「百濟 武王의 太子 冊封과 王權의 變動」『百濟研究』54, 2011, pp.141~147.

35) 김주성, 「위의 논문」, 2009, p.39; 김영심, 「舍利器 銘文을 통해 본 백제 사비시기 국왕과 귀족세력의 권력관계 - 沙氏세력과의 관계를 중심으로 -」『韓國史研究』163, 2013, pp. 24~32.

이 밀려난 것으로 보고 있는데,[36] 사씨 세력이 아니라 익산 세력이 축출되었다고 보는 견해들[37]도 있다. 이처럼 무왕 대와 의자왕 초기의 정치 세력 변화를 둘러싼, 다양한 견해들이 발표되었지만 논쟁이 정리되기보다 새로운 견해들이 계속 제기되면서 이 시기 정치 세력의 변화상에 대한 이해가 더 어려워지고 있는 느낌이다.

마지막으로 의자왕 후기 정치 세력의 변화와 태자 교체의 문제가 있다. 즉 태자가 바뀌었는지 그렇지 않은지, 바뀌었다면 누구에서 누구로 바뀌었는지를 둘러싼 문제로 치열하게 논쟁이 전개되었다. 먼저, 효(孝)를 태자로 보는 견해[38]가 제시되었으나 이를 비판적으로 계승한 연구에서 효에서 융(隆)으로 태자가 교체되었다는 견해[39]가 제기되었다. 그러나 곧 융에서 효로 태자가 교체되었다는 견해[40]와 융이 계속 태자였다는 견해[41]가 나오게 되었다. 이처럼 태자 문제에 대한 이해가 다름에 따라 태자와 연결된 정치 세력의 문제, 태자 교체와 더불어 정계 개편이 이루어진 배경, 이 정계 개편의 성격을 둘러싼 논쟁이 치열하게 전개되었다.

이와 같은 사비시대 후기 정치세력과 정국운영에 대한 이해는 노중국이 왕권과 대성팔족의 권력 관계를 대립 구도로 설정하였고,[42] 김주성이 보다 더 구체적으로 무왕 말기부터 신진귀족이 성장하였고 대성팔족과 신진귀족의 대립

---

36) 김주성,「앞의 논문」, p.39; 정재윤,「앞의 논문」, pp.50~53; 김영심,「앞의 논문」, p. 30.
37) 강종원,「앞의 논문」, 2011, p.161; 장미애,「의자왕대 정치세력의 변화와 대외정책」 『역사와현실』85, 2012, p.235.
38) 李基白,「百濟王位繼承考」『歷史學報』11, 1959, pp.15~16.
39) 金壽泰,「百濟 義慈王代의 太子册封」『百濟研究』23, 1992, pp.152~153.
40) 이도학,「百濟 義慈王代의 政治 變動에 대한 檢討」『百濟文化』33, 2004, pp.95~106.
41) 梁起錫,「百濟 扶餘隆 墓誌銘에 대한 檢討」『國史館論叢』62, 1995, pp.148~153.
42) 노중국,『앞의 책』, pp.192~213.

이 심화되면서 백제의 국력이 약화되었다는 연구 성과를 내놓으면서 정립되었다.[43] 한편 김수태는 왕권과 대성팔족의 관계를 대립적인 관계로만 파악하는 것은 맞지 않고, 왕권과 관련해서는 왕족들의 동향을 파악할 필요가 있고, 대성팔족도 왕권에 협력하는 측면이 있음을 강조하였다. 이들의 연구를 통해 사비시대 정치세력과 정국운영의 이해를 위해 고려해야 할 대상의 폭을 넓히고 좀 더 구체적인 이해를 할 수 있는 토대를 닦았다고 할 수 있다. 이렇게 이해의 폭이 넓어지는 가운데 세부적인 부분에 있어서는 논쟁이 지속적으로 전개되고 있어 어느 한 부분도 통일된 결론을 도출하지 못하고 있는 상황인 것이다. 이제 이러한 논쟁을 조금이나마 정리를 하고 사비시대 후기 정치세력과 정국운영에 대한 합리적인 이해를 위해서 새로운 관점에서 이 시대를 조망할 필요가 있다고 생각된다. 따라서 그동안에 크게 주목받지 못했던 사료들을 재음미하거나 지금까지 알려진 사료들도 다른 각도에서 재검토해 보고자 한다.

3) 연구의 범위와 방향

본 연구의 범위는 혜왕의 즉위부터 의자왕 때 백제의 멸망까지로 하고자 한다. 사비시대 후기의 가장 중요한 왕인 무왕의 출자 문제를 밝히기 위해서는 혜왕의 즉위와 법왕의 사망 문제를 정리할 필요가 있고, 이 시기는 혜왕계 왕실이 이어진 시기라고 생각하기 때문이다. 혜왕의 즉위와 관련해서는 위덕왕대의 정치 상황에 대한 이해가 전제되어야 하기에 위덕왕 대부터 언급을 하겠지만 본 연구의 주목적은 사비시대 후기의 정치세력과 정국운영의 변화이므

---

43) 김주성, 『앞의 박사학위논문』, pp.112~160.

로 혜왕의 즉위와 관련된 내용만 다루고자 한다. 또 의자왕 사후 백제 부흥 운동의 전개로 백제가 더 지속되었다고 볼 수 있지만, 정치적 성격이 완전히 달라진 시기이므로 백제 부흥 운동 시기는 본 연구에서는 제외하고자 한다.

다음으로 사비시대 후기 정치세력과 정국운영에 대한 연구의 한계와 그에 따른 새로운 연구 방향을 제시하면 다음과 같다.

첫째, 『일본서기(日本書紀)』황극기(皇極紀)의 백제 관련 기사에 대한 이해 문제이다. 사비시대 후기 정치사와 관련하여 다양한 견해가 제기되는 것은, 서동설화의 역사성을 어느 정도 인정할 것인가 하는 문제와, 사리봉안기의 기록과 상충되는 내용을 어떻게 이해할 것인가 하는 문제와 밀접하게 관련되어 있다. 여기에 더하여 최근 더욱 그 중요성이 강조되고 있는 사료가 바로 『일본서기』황극기의 백제 관련 기사이다. 642년 백제 정변을 전하는 기사부터 교기(翹崎), 사택지적(砂宅智積) 관련 기사들이 전하고 있는데, 이 내용들을 어떻게 해석하고 서동설화와 사리봉안기의 기록과 어떻게 관련지어 파악할 것인가에 따라 무왕 대와 의자왕 초기의 정치 상황에 대한 이해가 완전히 달라지게 되는 것이다. 그런데 지금까지 『일본서기』황극기의 백제 관련 기사에 대해 일본학계와 한국학계에서 많은 관심을 기울여 왔지만, 각각 그 주안점이 달랐다고 생각된다. 이 『일본서기』황극기의 기사들은 많은 착란(錯亂)을 보여주고 있는데, 일본학계에서는 주로 이러한 잘못을 바로잡는데 많은 관심을 기울여 왔고,[44] 특히 교기가 누구인지, 그의 도왜(渡倭) 시기와 도왜 목적은 무엇

---

44) 鈴木靖民, 「皇極紀朝鮮關係記事の基礎的研究」上·下 『國史學』82·83, 1970·1971; 山尾幸久, 「7世紀の國際政局と大化改新」 『歷史公論』91, 1982; 「640年代の東アジアとヤマト國家」 『靑丘學術論集』2, 1992; 奧田尙, 「皇極紀の百濟政變記事について」 『追手門學院大學創立二十周年記念論集』文學部篇, 1987.

인지 등에 관심을 기울여왔다.[45] 반면에 한국학계에서는 백제 정변과 관련된 기사를 중심으로 백제 정변의 성격과 정국 변동에 대한 연구가 주로 이루어졌다.[46] 그리고 『일본서기』 황극기의 교기보다는 『일본서기』 서명기(舒明紀)에 나오는 풍장(豊章)에 더 많은 관심을 보였다. 그러다가 사리봉안기의 발굴 이후 무왕 대의 정치 세력 변화를 다루는 논고들은 대부분 『일본서기』 황극기의 백제 정변 기사를 언급하고 있는데, 『일본서기』 황극기 기사에 대한 전체적인 이해보다는 자신의 논지 전개와 관련되는 부분만 언급하는 경우가 많다.

따라서 필자는 사비시대 후기 정치 상황의 합리적인 이해를 위해서는 『일본서기』 황극기의 백제 관련 기사들을 검토하여 『일본서기』에 나타난 백제 무왕 · 의자왕 대의 상황을 정리하는 것이 먼저라고 생각한다. 풍장과 교기가 도왜한 시기와 목적을 비롯하여 풍장과 교기의 관계를 파악하고, 『일본서기』 황극기 원년조에 기록된 '국주모(國主母)'가 누구인지, 교기와 사택지적의 관계는 어떠한지, 백제 대란의 성격은 어떠한지 등을 살펴보고자 한다. 이 부분에 대한 문제가 해결된다면 현재까지 논쟁이 지속되고 있는 사비시대 후기 정치사에 대한 새로운 이해에 도달할 수 있을 것이다.

둘째, 무왕의 왕비와 관련하여 『삼국유사』 무왕조의 서동설화를 어떻게 이해할 것인가의 문제와, 무왕의 왕비와 무왕 대 정치 세력의 변화를 연구하는

---

45) 西本昌弘, 「豊璋と翹岐-大化改新前後の倭國と百濟-」 『ヒストリア』 107, 1985; 鈴木英夫, 「大化改新直前の倭國と百濟-百濟王子翹岐と大佐平智積の來倭をめぐって-」 『續日本紀研究』 272, 1990; 渡邊康一, 「百濟王子豊璋の來朝目的」 『國史學研究』 19, 1993.
46) 金壽泰, 「百濟 義慈王代의 政治變動」 『韓國古代史研究』 5, 1992a; 「百濟 義慈王代의 太子冊封」 『百濟研究』 23, 1992b; 「百濟 義慈王代 王族의 動向」 『百濟研究』 28, 1999; 盧重國, 「7世紀 百濟와 倭와의 關係」 『國史館論叢』 52, 1994; 延敏洙, 「百濟의 對倭外交와 王族」 『百濟研究』 27, 1997; 鄭孝雲, 「7世紀 中葉의 百濟와 倭」 『百濟研究』 27, 1997.

순서의 문제이다. 사리봉안기에 사탁왕후가 기록됨에 따라 무왕 후기 왕후는 사탁왕후임이 증명되었다. 그런데 그 사실만으로 서동설화의 선화공주가 온전히 부정되어야만 하는 것은 아니라고 생각된다. 설화는 역사적 사실이 아니지만 그러한 설화가 생성된 데에는 어느 정도의 역사적 사실을 반영하고 있다고 생각한다. 또 한편으로는 설화에 나오는 내용을 그대로 믿는 것도 문제가 있다. 설화는 설화일 뿐 그 자체가 역사적 사실은 아니기 때문이다. 따라서 그러한 설화가 생성된 시대적 상황을 밝히고, 설화에 반영된 역사적 사실을 찾는 작업이 필요할 것이다. 이것은 지난한 작업임에는 틀림없지만, 다른 사료나 역사적 상황을 통해 그 작업을 지속해야 할 필요가 있다고 생각한다. 그리고 지금까지의 연구에서는 무왕 대의 정치적 상황 혹은 정치 세력의 변화에 맞추어 무왕의 왕비가 누구인지, 어떻게 변하였는지를 고찰하였다. 무왕의 왕비 문제 역시 정치 세력의 변화와 밀접한 관련이 있는 것은 틀림없는 사실이다. 하지만 그 순서를 바꾸어 볼 필요도 있다고 생각한다. 먼저 무왕의 왕비에 대해 밝히고 그에 따른 정치 세력의 변화를 찾아볼 수도 있는 것이다. 따라서 사리봉안기의 '사탁왕후'와 관련된 기록 내용을 꼼꼼히 따지고,『일본서기』황극기에 기록된 '국주모',『삼국유사』무왕조의 '선화공주'와의 관계를 밝혀서 무왕의 왕비가 어떻게 변하였는지, 더 나아가 의자왕의 생모는 누구인지를 먼저 살펴보고자 한다.

셋째, 특정 성씨 가문의 정치적 성향에 대한 이해 문제이다. 무왕·의자왕 대의 정치 세력 연구에서 특정 성씨 가문을 하나의 같은 정치 세력으로 보려는 경향이 많았다. 즉 사씨 세력이라면 그 성씨 전체가 같은 정치적 입장을 갖고 있는 것으로 보고 논지를 전개하는 경우가 많았다. 그러나 같은 성씨라 하더라도 가문에 따라 혹은 시기에 따라 정치적 입장이 얼마든지 다를 수 있다는 점을 인식할 필요가 있다. 특히 사씨처럼 사비시대에 큰 세력을 이룬 성씨라면 가문에 따라 정치적 입장이 다를 가능성이 큰 것이다. 이러한 면에 주목하여 당시 정치사를 재조명해 볼 필요가 있다.

넷째, 익산 세력의 동향에 대한 문제이다. 지금까지의 연구에서 무왕 대부터 익산 세력이 성장[47]하여 중요한 역할을 하였다는 것에는 많은 연구자들이 동의를 하고 있고 무왕과 익산 지역의 관련성을 중심으로 많은 연구가 이루어졌다.[48] 그런데 이 익산 세력은 어떻게 중앙 권력에 진입하였는지, 익산 세력의 대표적 인물로는 누가 있는지, 익산 세력이 의자왕 대에는 어떻게 되었는지 등에 대한 구체적 논의가 잘 이루어지고 있지 않다. 적어도 무왕 대에는 익산 세력 역시 중요한 정치 세력의 하나로써 기능한 것이 틀림이 없다고 한다면 익산 세력의 실체에 대한 규명이 필요할 것이다.

다섯째, 의자왕 후기의 정치적 변화가 나타난 원인에 대한 문제이다. 의자왕 후기 태자 교체 및 정계 개편과 관련하여 그러한 변화가 일어나게 된 원인에 대한 고찰이 부족했다는 생각이다. 즉 태자가 누구에서 누구로 교체되었는지, 그에 따라 어떤 정치 세력이 성장하였는지에만 관심이 모아지고 그러한 상황이 나타난 배경 혹은 직접적 원인은 무엇인지에 대한 논의가 많이 이루어지지 못하였다. 따라서 의자왕 후기 정계개편의 배경이 무엇인지에 대한 논의

---

47) 익산세력의 성장과 관련하여 유력 귀족가문이 아닌 세력이 왕의 측근 세력이 되면서 성장하는 경우가 많은데, 이와 같은 왕의 측근세력의 기능을 제도화하여 정치 기구로 만든 것을 內朝라 할 수 있다. 이 내조에 대해서는 李文基, 「韓國 古代國家의 內朝硏究 序說」『안동사학』9・10, 2005; 「泗沘時代 百濟 前內部體制의 運營과 變化」『百濟硏究』42, 2005가 참조된다.

48) 김주성, 「백제 사비시대의 익산」『韓國古代史硏究』21, 2001; 「百濟 武王의 卽位過程과 益山」『馬韓・百濟文化』17, 2007; 「7세기 각종 자료에 보이는 익산의 위상」『역사학연구』36, 2009; 「문헌사료로 살펴 본 금마지역의 백제 왕궁리와 미륵사」『歷史敎育論集』53, 2014.

가 필요하다. 그리고 태자 교체와 관련하여『삼국사기』의자왕 4년조에 '왕자(王子) 융(隆)을 태자로 책봉하였다'는 기사에서 융이 '왕자'로 표현된 점을 간과하고 있다. 많은 논고들이 태자 교체 문제를 언급하면서 효와 융 중 누가 의자왕의 장자인지를 놓고 치열한 논쟁을 벌였는데, 그 사실의 해명에 중요한 사료인 '왕자 융'에 대해서는 주목한 연구가 없는 것이다. 이것을 감안한 논의가 필요하다 할 것이다.

　이상과 같은 사비시대 후기의 정치세력과 정국운영의 변화에 대한 연구의 방향을 염두에 두면서 본 연구에서는 다음의 순서로 논의를 전개해 나가고자 한다.

　제2장에서는 사비시대 후기의 정치세력과 정국운영의 이해를 위한 밑바탕으로써, 1절에서는『일본서기』황극기의 백제 관련 기사를 검토하여, 그 속에 나타난 인물들과 백제의 상황에 대한 정리를 하고자 한다. 즉『일본서기』서명기의 풍장과『일본서기』황극기의 교기가 어떤 인물인지, 둘 사이의 관계는 어떠한 지, 그들이 도왜한 이유가 무엇인지를 밝히고,『일본서기』황극기의 백제 대란은 어떻게 왜로 전해졌으며 그 실체는 무엇인지를 알아보고자 한다. 2절에서는 무왕의 왕비와 의자왕의 생모 문제를 다루고자 한다.『삼국유사』무왕조의 '선화공주', 사리봉안기의 '사탁왕후',『일본서기』황극기 원년조의 '국주모'에 대한 사료와 선행 연구를 검토하여 무왕의 왕비가 누구인지, 세 기록상의 왕비들 간의 관계는 어떠한지, 의자왕의 생모는 누구인지를 밝혀보고자 한다.

　제3장에서는 혜왕~무왕에 이르는 시기의 왕권과 정치세력의 변화를 살펴보고자 하는데, 먼저 1절에서는 무왕의 출자 문제를 중점적으로 논의하고자 한다. 무왕의 출자를 밝히기 위한 선결 작업으로써, 위덕왕 대의 정국 운영과 혜왕의 왕위 계승, 법왕의 단명 문제를 검토해 보고자 한다. 2절에서는 무왕 대 정치 세력의 변화 과정을 살펴보고자 한다. 무왕 대 사씨 세력이 국정을 주도한

시기가 언제부터인지, 무왕 혹은 의자와의 관계는 어떠하였는지를 검토하고, 무왕 후기 사씨 세력이 성장하게 된 배경을 알아보고자 한다. 나아가 이 시기 익산 세력은 어떻게 성장하였고 어떤 변화를 겪었는지를 검토해 보고자 한다.

제4장에서는 의자왕 대의 정국 운영과 그 변화를 살펴보고자 하는데, 1절은 의자왕 전기를 중심으로 의자왕의 즉위 과정과 의자왕 초기 정변의 성격을 밝혀서 의자왕 전기 정국 운영의 특징을 찾아보고자 한다. 2절에서는 의자왕 후기 정계개편의 원인을 알아본 뒤, 태자 교체 문제를 검토하여 그러한 과정에 백제 지배층이 분열하면서 나·당연합군의 공격에도 국력을 결집하지 못하고 결국 멸망의 길을 걸었음을 밝히고자 한다.

제2장
사비시대 후기 정치사
관련 사료의 재음미

1. 『일본서기』 황극기 백제관련 기사의 재검토

백제사에서 무왕·의자왕 대는 7세기 삼국 항쟁의 격화 및 백제 멸망과 관련하여 지금까지 많은 연구가 이루어져 왔다. 특히 2009년 미륵사 서탑에서 사리봉안기가 출토되면서 무왕의 왕비와 무왕 대의 정국 운영에 대한 연구 논문들이 쏟아져 나왔다. 그러나 새로운 사료의 출현에도 불구하고 기존의 논쟁점들이 정리되기보다 오히려 더 큰 논쟁과 입장 차이를 나타내고 있다. 이는 사리봉안기에 기록된 내용만으로는 무왕 대의 정치 상황에 대한 정리가 이루어질 수 없음을 잘 보여준다고 하겠다. 이와 관련하여 무왕·의자왕 대의 정치 변화에 대한 올바른 이해를 위해 『일본서기』 황극기에 기록된 백제 정변 관련 기사의 중요성이 더욱 커졌다. 이 기사를 어떻게 바라보는가에 따라 무왕·의자왕 대의 정치적 상황이 크게 달라지기 때문이다.

『일본서기』 황극기 백제정변 관련 기사는 이미 오래 전부터 많은 학자들이 관심을 갖고 합리적인 해석을 위해 노력해왔다. 일본에서는 주로 『일본서기』 황극기에 보이는 대외관계 기사에 대한 이해와 왜에 도래한 교기(翹岐)가 누구인지, 또 그의 도래시기와 도래 목적 등을 중심으로 연구가 진행되었다.[1] 반면, 한국에서는 주로 이 시기에 일어난 백제 정변의 성격과 백제의 정국 변동에 대한 연구가 이루어졌다.[2] 그러나 이들 연구 성과들은 각기 바라보는 시각에 따라 접근하는 방향이 서로 다르고, 특정 부분을 중심으로 다루다 보니 전체적인 시각에서 각 사료들의 정합성 여부를 따져보는 접근이 부족하였다. 특

---

1) 대표적인 연구 성과는 다음과 같다.

　西本昌弘, 「豊璋と翹岐-大化改新前後の倭國と百濟-」『ヒストリア』107, 1985; 奧田尙, 「皇極紀の百濟政變記事について」『追手門學院大學創立二十周年記念論集』文學部篇, 1987; 鈴木英夫, 「大化改新直前の倭國と百濟-百濟王子翹岐と大佐平智積の來倭をめぐって-」『續日本紀硏究』272, 1990; 渡邊康一, 「百濟王子豊璋の來朝目的」『國史學硏究』19, 1993; 高寬敏, 「百濟王子豊璋と倭國」『東アジア硏究』10, 1995; 宋浣範, 「七世紀の倭國と百濟-百濟王子豊璋の動向を中心に-」『日本歷史』686, 吉川弘文館, 2005; 西本昌弘, 「豊璋再論」『日本歷史』696, 吉川弘文館, 2006.

2) 대표적인 연구 성과는 다음과 같다.

　鄭孝雲, 「7世紀代의 韓日關係의 硏究(上)」『考古歷史學志』5·6합집, 동아대학교 박물관, 1990; 金壽泰, 「百濟 義慈王代의 政治變動」『韓國古代史硏究』5, 1992a; 김수태, 「百濟 義慈王代의 太子冊封」『百濟硏究』23, 1992b; 山尾幸久, 「7世紀 中葉의 東아시아」『百濟硏究』23, 1992; 鈴木靖民, 「7世紀 中葉 百濟의 政變과 東아시아」『百濟史의 比較硏究』, 1992; 盧重國, 「7世紀 百濟와 倭와의 關係」『國史館論叢』52, 1994; 정효운, 「百濟의 內紛과 倭의 外交」『古代韓日政治交涉史硏究』, 學硏文化社, 1995; 延敏洙, 「百濟의 對倭外交와 王族」『百濟硏究』27, 1997; 李道學, 「『日本書紀』의 義慈王代 政變記事의 檢討」『韓國古代史硏究』11, 1997; 鄭孝雲, 「7世紀 中葉의 百濟와 倭」『百濟硏究』27, 1997; 김수태, 「百濟 義慈王代 王族의 動向」『百濟硏究』28, 1999; 金善民, 「『日本書紀』에 보이는 豊璋과 翹岐」『日本歷史硏究』11, 2000; 노중국, 「부흥백제국의 성립」『백제부흥운동사』, 일조각, 2003; 이도학, 「百濟 義慈王代의 政治 變動에 대한 檢討」『百濟文化』33, 2004; 김주성, 「백제 무왕의 정국운영」『新羅史學報』16, 2009a; 문안식, 「의자왕의 친위정변과 국정쇄신」『東國史學』47, 2009; 이용현, 「미륵사 건립과 사택씨- <사리봉안기>를 실마리로 삼아」『新羅史學報』16, 2009; 정재윤, 「彌勒寺 舍利奉安記를 통해 본武王·義慈王代의 政治的 動向」『韓國史學報』37, 2009; 남정호, 「義慈王 前期 政局 運營의 特徵」『歷史敎育論集』44, 2010; 姜鍾元, 「百濟 武王의 太子 冊封과 王權의 變動」『百濟硏究』54, 2011.

히 한국학계에서는 『일본서기』황극기에 보이는 교기에 대해, 일본학계와는
달리 『일본서기』서명기에 보이는 풍장(豊璋)과 다른 인물로 보는 연구가 많지
만 그럼에도 교기는 어떤 사람이고 어떤 역할을 하였는지에 대해서는 별 관심
을 가지지 않고 있다. 그런데 풍장과 교기가 동일 인물인지 아닌지, 아니라면
교기는 어떤 인물이며 왜 일본으로 파견되었는지 등에 따라 당시 백제의 정국
운영 및 대왜관계에 대한 이해가 달라질 수밖에 없다.

따라서 이 절에서는 『일본서기』에 보이는 풍장(豊璋, 豊璋) 및 교기 관련 기
사들을 꼼꼼히 따져보고 기존에 제기된 견해들을 종합적으로 살펴서, 『일본서
기』서명기에 보이는 풍장과 『일본서기』황극기에 기록된 교기의 관계를 파악
하고, 풍장 및 교기의 도왜 시기와 목적에 대해 재검토해보고자 한다. 또 이를
바탕으로 『일본서기』황극기에 보이는 백제 정변 기사를 검토하여 백제 정변
의 시기와 정변에 관련된 인물들, 그리고 그 정변의 성격이 무엇인지 살펴보
고자 한다.

1) 관련 사료 및 선행 연구 정리

『일본서기』황극기의 대외 관계 기사는 착란(錯亂)과 동사중복(同事重複)
기사들이 많다는 것이 일찍부터 제기되었고,[3] 이러한 『일본서기』황극기의 대
외관계 기사를 합리적으로 이해하기 위해 많은 노력들이 있어 왔다. 그러나,
이 기사들을 연월까지 맞추어 정합적으로 설명하기는 불가능하므로, 이들 기

---

3) 주로 일본학계에서 많은 지적이 있었고, 대표적인 논고로 西本昌弘, 「앞의 논문」,
   1985; 山尾幸久, 「앞의 논문」, 1992; 鈴木靖民, 「앞의 논문」, 1992이 있다.

사는 전체적 흐름에서 파악하는 것이 옳다는 견해[4]가 지지를 받고 있는 형편이다.

하지만 『일본서기』 황극기의 대외관계 기사를 어떻게 이해하는가에 따라 풍장과 교기의 관계, 백제 정변의 성격 등에 대한 이해가 전체적으로 달라진다. 따라서 『일본서기』 황극기의 대외관계 기사를 재음미해 볼 필요가 있다. 다소 사료의 양이 많지만, 편의를 위해서 관련되는 사료 전체를 제시하고 논의를 전개하고자 한다.[5]

　A. 풍장(豊章) 관련 사료

　① 서명 3년(631) 3월 경신삭. 백제왕 의자가 왕자 풍장(豊章)을 질(質)로 삼아 보냈다.

　B. 황극기 대외관계 사료 및 교기(翹崎) 관련 사료

　① 황극원년(642) 정월 을유. 백제에 사신으로 갔던 아담련비라부(阿曇連比羅夫)가 축자국에서 역마를 타고 와서 "백제국이 천황이 사망했다는 소식을 듣고 조문사를 파견했는데, 신은 그 조문사를 따라 함께 축자국에 도착하였습니다. 신은 장례식에 참석하고자 먼저 혼자 왔습니다. 그런데 그 나라는 지금 대란이 일어났습니다."라고 하였다.[6]

---

4) 鄭孝雲, 「앞의 논문」, 1997, p.223.
5) 다음에 제시하는 사료는 모두 『日本書紀』의 내용이다. 원문이 필요하다고 생각되는 경우만 각주에 원문을 제시하였다.
6) 皇極元年正月乙酉. 百濟使人大仁阿曇連比羅夫, 從筑紫國, 乘驛馬來言, 百濟國, 聞天皇崩, 奉遣弔使. 臣随弔使, 共到筑紫. 而臣望仕於葬, 故先獨來也. 然其國者, 今大亂矣.

② 2월 정해삭 무자. 아담산배련비량부(阿曇山背連比良夫), 초벽길사반금(草壁吉士磐金), 왜한서직현(倭漢書直縣)을 백제 조문사가 있는 곳에 보내어 그 쪽 소식을 물었다. 조문사는 "백제국주가 신들에게 '새상(塞上)은 항상 나쁜 짓을 한다. 귀국하는 사신에게 따라가기를 청하더라도 천조에서는 허락하지 않을 것이다.'라고 말했습니다."라고 대답하였다. 백제 조문사의 종자(傔人) 등이 "지난해 11월 대좌평(大佐平) 지적(智積)이 죽었습니다. 또 백제사인이 곤륜사(崑崙使)를 바다에 던져 버렸습니다. 금년 정월에 국주의 어머니가 죽었고, 또 제왕자아교기(弟王子兒翹崎), 그 모매여자(母妹女子) 4명, 내좌평(內佐平) 기미(岐味) 그리고 이름높은 사람 40여 명이 섬으로 추방되었습니다."라고 하였다.[7]

③ 2월 임진. 고구려 사신이 난파진에 다다랐다. 정미. 여러 대부들을 난파군에 보내어 고구려에서 바치는 금은 등과 아울러 물건을 살피게 하였다. 사신이 물건을 바치고는 "지난해 6월 제왕자(弟王子)가 죽고, 가을 9월에 대신 이리가수미(伊梨柯須彌)가 대왕과 이리거세사(伊梨渠世斯) 등 180여 명을 죽였습니다. 그래서 제왕자의 아들(弟王子兒)을 왕으로 삼고 자기와 같은 성씨인 도수류금류(都須流金流)를 대신으로 삼았습니다."라고 하였다.[8]

④ 2월 무신. 고구려, 백제 사신에게 난파군에서 잔치를 베풀었다. 대신에게 조서를 내려 "진수련대해(津守連大海)는 고구려에 사신으로 보내고, 국등길사

---

7) 二月丁亥朔戊子. 遣阿曇山背連比良夫·草壁吉士磐金·倭漢書直縣, 遣百濟弔使所, 問彼消息.. 弔使報言, 百濟國主謂臣言, 塞上恒作惡之. 請付還使, 天朝不許. 百濟弔使傔人等言, 去年十一月, 大佐平智積卒. 又百濟使人, 擲崑崙使於海裏. 今年正月, 國主母薨. 又弟王子兒翹岐, 及其母妹女子四人, 內佐平岐味, 有高名之人冊餘, 被放於嶋.

8) 二月壬辰. 高麗使人, 泊難波津. 丁未. 遣諸大夫於難波郡, 檢高麗國所貢金銀等, 并其獻物. 使人貢獻旣訖, 而諮云, 去年六月, 弟王子薨, 秋九月, 大臣伊梨柯須彌殺大王, 并殺伊梨渠世斯等百八十餘人. 仍以弟王子兒爲王, 以己同姓都須流金流爲大臣.

수계(國膽吉士水鷄)(수계(水鷄)는 우리말로 구비나(俱比邪, 쿠히나)라 한다.)는 백제에 사신으로 보내라. 초벽길사진적(草壁吉士眞跡)은 신라에 보내고, 판본길사장형(坂本吉士長兄)은 임나에 사신으로 보내라.”고 하였다.

⑤ 2월 경술. 교기(翹岐)를 불러 아담산배련(阿曇山背連)의 집에 머무르게 하였다.

⑥ 2월 신해. 고구려, 백제 사신에게 잔치를 베풀었다. 계축. 고구려, 백제 사신이 모두 돌아갔다.

⑦ 3월 병진삭 신유. 신라가 등극을 축하하는 사신과 조문사를 보냈다. 경오. 신라 사신이 돌아갔다.

⑧ 4월 병술삭 계사. 대사(大使) 교기가 그의 종자를 데리고 조정에 알현하였다. 을미. 소아대신(蘇我大臣)이 무방가에서 백제 교기 등을 불러 직접 이야기를 나누고 좋은 말 1필과 철정 20개를 주었다. 오직 새상은 부르지 않았다.

⑨ 5월 을묘삭 기미. 하내국 의망둔창 앞에 교기 등을 불러 활로 사냥하는 것을 관람하게 했다.

⑩ 5월 경오. 백제국 조사(調使)와 길사(吉士)의 배가 함께 난파진에 정박했다(대개 길사는 이전에 백제에 사신으로 갔었을 것이다). 임신. 백제사신이 조를 바치고 길사가 복명하였다.

⑪ 5월 을해. 교기의 종자 한 사람이 죽었다. 병자. 교기의 아들이 죽었다. 이때 교기와 그의 처가 아들이 죽은 것을 꺼려 상장에는 나아가지 않았다. 무릇 백제와 신라의 풍속에 죽은 사람이 있으면 비록 부모 · 형제 · 부부 · 자매라 하더라도 결코 자신은 보지 않는다. 이로 보건대 자애롭지 못한 정도가 어찌 금수와 다르다고 하겠는가? 무인. 교기가 그의 처자를 데리고 백제 대정가로 옮겨갔다. 이에 사람을 보내어 그의 아들을 석천에 장사지냈다.

⑫ 가을 7월 을해. 백제사신 대좌평(大佐平) 지적(智積) 등에게 조정에서 연

회를 베풀었다(혹본에는 백제사신 대좌평 지적과 그의 아들 달솔(達率) 모(某), 은솔(恩率) 군선(軍善)이 참석했다고 한다). 이에 건강한 사람에게 명해서 교기 앞에서 씨름을 하도록 하였다. 지적 등은 연회가 끝난 후 물러나와 교기의 문전에서 절하였다.[9]

⑬ 8월 기축. 백제사신과 참관(參官) 등이 돌아갔다. 큰 배와 동선(동선은 모려기주라 한다) 3척을 주었다. 이날 한밤중에 서남쪽에서 천둥소리가 울렸으며 바람이 불고 비가 왔다. 참관 등이 탄 배가 해안에 부딪쳐 부서졌다. 병신. 백제의 질(質) 장복(長福)에게 소덕(小德)의 관위를 주고 중객(中客)이하에게는 관위 1급씩을 주었다. 물품을 각기 차등있게 주었다. 무술. 백제 참관 등에게 배를 주어 떠나보냈다.[10]

⑭ 8월 기해. 고구려 사신이 돌아갔다.

⑮ 8월 기유. 백제, 신라 사신이 돌아갔다.

⑯ 10월 정유. 소아대신(蘇我大臣)이 하이(蝦夷)에게 집에서 잔치를 베풀고 몸소 위문하였다. 이날 신라 조문사의 배와 등극을 축하하는 사절의 배가 일기도에 다다랐다.

⑰ 황극2년(643) 3월 계해. 백제의 사신이 머물던 난파 백제객관과 민가에 불이 났다.

⑱ 4월 경진삭 경자. 축자대재(筑紫大宰)에서 역마를 달려 아뢰기를 "백제국주아교기제왕자(百濟國主兒翹崎弟王子)가 조사(調使)와 함께 왔습니다."라

---

9) 秋七月甲寅朔乙亥. 饗百濟使人大佐平智積等於朝.<或本云, 百濟使人大佐平智積及兒達率 闕名, 恩率軍善>. 乃命健兒, 相撲於翹岐前. 智積等, 宴畢而退, 拜翹岐門.

10) 八月甲申朔己丑. 百濟使參官等罷歸. 仍賜大舶與同船三艘.<同般, 母慮紀舟>. 是日夜半, 雷鳴於西南角, 而風雨. 參官等所乘船舶, 觸岸而破. 丙申. 以小德授百濟質達率長福, 中客以下, 授位一級. 賜物各有差. 戊戌. 以船賜百濟參官等發遣.

고 하였다.[11]

⑲ 6월 신묘. 축자대재에서 역마를 달려 아뢰기를 "고구려가 사신을 보내어 내조했습니다."라고 하였다. 여러 경들이 듣고서 "고구려는 기해년(639)부터 조공하지 않다가 금년에야 조공하는구나."라고 서로 말하였다.[12]

⑳ 6월 신축. 백제의 조공선이 난파진에 다다랐다.

㉑ 7월 신해. 몇 명의 대부를 난파군에 보내어 백제국이 바친 조와 물품을 점검하게 하였다. 이에 대부가 백제사신에게 "백제국에서 바치는 조는 예전에 비해 부족하다. 대신에게 보내는 물건은 지난해에 돌려보낸 품목과 같다. 여러 경에게 보내는 물건은 전혀 가져 오지 않았다. 모두 예전의 사례에 어긋나니 어찌된 일인가?"라고 물었다. 대사 달솔 자사(自斯)·부사 은솔 군선(軍善)이 모두 "지금 곧바로 갖추겠습니다."라고 대답하였다. 자사는 질(質)인 달솔 무자(武子)의 아들이다.

C. 여풍(餘豊) 관련 사료

① 황극2년(643) 시세(是歲). 백제 태자(太子) 여풍(餘豊)이 벌통 4개를 가져와 삼륜산에 방사하여 길렀으나 끝내 번식시키지 못했다.

D. 풍장(豊璋) 관련 사료

① 효덕 백치 원년(650) 2월 신유. 좌우대신과 백관 및 백제군(百濟君) 풍장(豊璋), 그 아우 새성(塞城)과 충승(忠勝), 고려의 시의모치, 신라의 시학사 등

---

11) 夏四月庚辰朔庚子. 筑紫大宰, 馳駅奏日, 百済國主兒翹岐弟王子, 共調使來.

12) 六月己卯朔辛卯. 筑紫大宰, 馳駅奏日, 高麗遺使來朝. 羣卿聞而, 相謂之曰, 高麗, 自己亥年不朝, 而今年朝也.

을 거느리고 중정에 이르렀다.[13]

② 제명 6년(660) 10월. 백제 좌평 귀실복신(鬼室福信)이 좌평 귀지(貴智) 등을 보내어 당나라 포로 100여 명을 바쳤다. … 또한 원군을 요청하고 아울러 왕자 여풍장(余豊璋)을 보내줄 것을 요청하였다. … 백제국이 천조에 보내 시위하도록 했던 왕자 풍장(豊璋)을 맞이하여 국주로 삼으려 합니다. … 왕자 풍장과 처자와 그 숙부 충승(忠勝) 등을 보냈다. 그들이 떠난 정확한 시기는 7년조에도 보인다. 혹본에는 천황이 풍장(豊璋)을 왕으로 세우고, 새상(塞上)을 보(輔)로 삼아 예를 갖추어 떠나보냈다고 하였다.[14]

③ 천지 즉위년 제명 7년(661) 9월. 황태자가 장진궁에 가서 백제 왕자 풍장에게 직관을 주고, 또 다신장부(多臣蔣敷)의 누이를 아내로 삼도록 하였다. 그리고 대산하(大山下) 협정련빈랑(狹井連檳榔), 소산하(小山下) 진조전래진(秦造田來津)을 파견하여 군사 5천여 명을 거느리고 본국까지 호위해 보내게 하였다. 이에 풍장이 입국할 때 복신(福信)이 맞이하러 와서 머리를 조아리고 나라의 정사를 모두 맡겼다.

④ 천지 원년(662) 5월. 대장군 대금중(大錦中) 아담비라부련(阿曇比邏夫連) 등이 수군 170척을 거느리고 풍장 등을 호위하여 백제국에 호송한 후 칙서를 내려 풍장이 그 왕위를 잇도록 하였다. 또한 복신에게 금책을 주어 그 등을 어루만지면서 작록을 포상으로 주었다. 이때에 풍장 등은 복신과 더불어 머

---

13) 孝德白雉元年二月甲申. 左右大臣, 乃率百官及百濟君豊璋, 其弟塞城·忠勝, 高麗侍醫毛治, 新羅侍學士等, 而至中庭.

14) 齊明天皇六年十月. 百濟佐平鬼室福信, 遣佐平貴智等, 來獻唐俘一百餘人. … 又乞師請救, 并乞王子余豊璋曰. … 迎百濟國遣侍天朝王子豊璋, 將爲國主. … 送王子豊璋及妻子, 與其叔父忠勝等. 其正發遣之時, 見于七年. 或本云, 天皇, 立豊璋爲王, 立塞上爲輔, 而以禮發遣焉.

리를 조아리고 칙서를 받으니 사람들은 눈물을 흘렸다.

⑤ 천지 원년(662) 12월 병술삭. 백제왕 풍장과 그 신하 좌평 복신 등은 협정련(狹井連)<이름이 빠졌다>, 박시전래진(朴市田來津)과 의논하였다.

⑥ 천지 2년(663) 6월. 백제왕 풍장은 복신이 모반하려는 마음을 품고 있다고 의심하였다.

⑦ 천지 2년 8월 기유. 이때 백제왕 풍장이 여러 사람과 배를 타고 고구려로 도망갔다.

E. 규해(糺解) 관련 사료

① 제명 7년(661) 4월. 백제 복신이 사신을 보내 표를 올려 그 왕자 규해(糺解)를 맞이하기를 요청하였다(석도현(釋道顯) 일본세기(日本世記)에는 백제 복신이 글을 올려 그 군(君) 규해의 송환을 동조(東朝)에 요청했다고 하였다.).

② 천지 2년(663) 5월 계축삭. 견상군(犬上君)<이름이 빠졌다>이 급히 고구려에서 군사의 일을 논의하고 돌아왔다. 석성에서 규해를 만났는데 이 때 규해가 복신의 죄를 말하였다.

위에 제시한 기사에서 오류 혹은 동사중복(同事重複) 기사로 볼 수 있는 대표적인 예를 들면 다음과 같다.

첫째, A-①에서 '백제왕 의자가 풍장을 질로 보냈다'고 되어 있으나, 서명 3년(631)은 백제 무왕 재위 시기로 의자가 왕이 되기 전이다.

둘째, B-②에서 죽었다고 한 지적(智積)이 B-⑫에 사신으로 왜에 오고 있다.

셋째, B-②에서 추방되었다고 한 교기(翹岐)가 B-⑧에 '대사(大使)'로 나오고 있고, B-⑱에 다시 왜에 도착하고 있다. 또 B-②에는 '弟王子兒翹岐'로 기록되어 있으나, B-⑱에는 '百濟國主兒翹崎弟王子'로 기록되어 있다.

넷째, B-③에서 고구려사신이 지난해 9월 연개소문이 정변을 일으켰다고 전했는데, 사신이 도착한 해는 황극 원년(642)이므로 지난해는 641년이다. 그런데 한국과 중국의 사서에는 연개소문의 정변이 642년 가을로 기록되어 있다.

다섯째, B-⑦에 신라에서 황극의 등극을 축하하는 사절과 서명의 조문사를 보냈다고 하였으나, B-⑯에 다시 신라에서 같은 사절이 도착하고 있다.

여섯째, B-⑲의 황극 2년(643)에 고구려가 기해년(639년)부터 조공하지 않다가 금년에 조공한다고 하였으나 B-③⑥⑭ 황극 원년(642)에 고구려 사신이 보이고 있다.

이와 같은 여러 문제점들을 해결하기 위해 많은 연구들이 이루어졌는데, 후술할 논의의 편의를 위해 선학들의 주요 견해를 간략히 표로 정리하면 다음과 같다.

【표 1】『일본서기』에 보이는 풍장과 교기 관련 기사에 대한 논쟁점과 제 견해[15]

논쟁점 \ 학자	풍장과 교기의 관계	풍장 및 교기 도왜 시기	풍장 및 교기 집단의 성격	새상 및 충승에 대한 이해	풍장 및 교기의 도왜 목적	대좌평 지적의 도왜 이유	백제 정변의 성격
西本昌弘 (85,06)	동일인물 豊璋=翹崎= 糺解= 의자왕의 아들	643년	대사(인질)	塞上 (禪廣,餘勇)= 풍장 동생 忠勝=풍장 숙부	왜가 백제의 임나점령에 대해 교기, 새상, 지적을 인질로 요구		왜의 인질 요구에 대한 거짓 정보로 정변은 없었음
鈴木英夫 (90)	翹崎= 의자왕의 아들	643년	弔使의 大使 (처자동반 및 장기체제한 사실상 인질)		대왜외교 담당, 백제의 임나점령을 전함	외교사절 (지적 생존 및 교기 추방이 풍설임을 알리기 위함)	백제 권력정쟁으로 교기 등은 백제왕권의 중추에서 멀어짐
鈴木靖民 (92)	豊璋=翹崎= 의자왕의 조카	643년	백제에서 추방된 망명집단	塞上= 풍장 동생 忠勝= 풍장 숙부	대왜외교 담당	망명	의자왕과 은고의 권력 강화로 豊이 폐태자됨

---

15) 여러 선행 연구의 내용은 주1), 주2)에 제시한 논문을 참조하여 정리하였고, 인명 뒤의 괄호 안 숫자는 논문 발표 연도를 표시한 것이다.

논쟁점 / 학자	풍장과 교기의 관계	풍장 및 교기 도왜 시기	풍장 및 교기 집단의 성격	새상 및 충승에 대한 이해	풍장 및 교기의 도왜 목적	대좌평 지적의 도왜 이유	백제 정변의 성격
山尾幸久 (92)	豊璋=翹崎= 의자왕의 아들	643년	백제 弔使 인질일행의 大使	塞上 (禪廣,餘勇)= 풍장 동생 忠勝= 풍장 숙부	대왜외교 담당	외교사절- 풍장이 정식 質임을 확인	대좌평 지적의 소외, 국주모 사후 은고의 간섭, 풍의 폐태자 및 대왜외교 담당
渡邊康一 (93)	豊璋=翹崎= 의자왕의 아들	642년	弔使로 백제측이 주체적으로 파견		백제가 임나 공격을 앞두고 백제,고구려, 왜의 삼국 동맹을 위해 파견	외교사절	質 파견은 사실상의 좌천
정효운 (90, 95, 97)	豊璋= 무왕의 아들 翹崎= 의자왕의 아들	豊璋 631년 翹崎 642년	풍장, 교기 둘 다 추방된 망명 집단	塞上≠餘勇	豊璋: 義慈와의 태자 경쟁 패배 翹崎: 隆과의 태자 경쟁 패배	교기 망명에 대한 사후 수습 사절	왕위 계승 (태자 책봉) 갈등+ 친고구려정책 반발 세력 숙청
김수태 (92,99)	豊璋 (扶餘豊)= 무왕의 아들 翹崎= 제왕자의 아들	642년 豊은 교기 추방과 함께 도왜	豊: 인질 翹崎: 추방	塞上, 忠勝= 무왕의 왕자 弟王子= 백제잔류	豊: 대왜외교 담당		의자왕의 직계중심 정치 표방-반발하는 왕족 및 귀족세력 제거, 제왕자 견제
노중국 (94,03)	서명기 豊章= 무왕의 아들, 제명기 豊璋= 의자왕의 아들 翹崎= 의자왕의 조카	豊章 631년 豊璋 (=扶餘豊) 653년 翹崎 642년	豊璋 2명: 質 (외교사절) 翹崎: 추방	忠勝= 백치년간 풍장의 弟, 제명기에 숙부로 기록 塞上=禪廣은 확인불가	豊章: 태자 책봉 갈등 豊璋(扶餘豊): 왜와 우호관계 수립 翹崎: 국주모와 연결된 귀족 세력 숙청	새상, 교기의 일 수습 및 소아씨의 대백제정책 변화를 위해 파견한 외교 사절	의자왕의 왕권 강화를 위한 정변, 의자의 태자 책봉 반대 세력 제거 (모후의 외척 +귀족 세력)
이도학 (97,04)	豊璋= 의자왕의 아들 翹崎= 제왕자의 아들	豊璋 631년 翹崎 655년	翹崎= 외교사절로 활동하다 추방됨				隆과 孝의 외가세력 사이의 갈등
연민수 (97,04)	동일 인물 豊璋=翹崎	642년	외교사절 (추후 弔使겸임)	塞上= 풍장 동생 忠勝= 풍장 숙부	백제의 대신라 공격 대비, 왜의 다국외교에 대한 친백제노선 유지하기 위함	豊璋과 함께 온 외교사절	정변은 허위사실이 고 왜국으로의 사 절 선발을 좌천으로 인식
김선민 (00)	풍장=? 翹崎= 의자왕의 조카 (반의자왕파)	豊璋 631년 翹崎 ?	翹崎: 망명집단		豊璋: 왜의 견당사 파견, 친신라 및 친당 정책 견제		태자 책봉을 둘러싼 대립, 강력한 왕권 중심 체제 지향
송완범 (05)	豊璋= 무왕의 아들 翹崎= 의자왕의 아들	豊璋 631년 翹崎 642년 혹은643년	豊璋: 외교사절 翹崎: 추방	塞上= 풍장 동생 忠勝= 풍장 숙부	豊璋: 왜의 견당사 파견에 대한 친백제정책 유지 翹崎: 백제대란으로 망명		백제대란 인정

논쟁점 / 학자	풍장과 교기의 관계	풍장 및 교기 도왜 시기	풍장 및 교기 집단의 성격	새상 및 충승에 대한 이해	풍장 및 교기의 도왜 목적	대좌평 지적의 도왜 이유	백제 정변의 성격
김주성 (09)	豊璋= 무왕의 아들 翹崎= 의자왕 동생 풍장의 아들	豊璋 631년 翹崎 642년			豊璋: 의자 태자 책봉 과정의 대립		의자왕의 권력 강화를 위해 정적 숙청 (사씨세력 축출)
문안식 (09)	豊璋= 무왕의 아들 翹崎= 풍장의 아들	豊璋 631년 翹崎 642년	翹崎: 망명		豊璋: 의자와 태자 책봉 갈등	망명	교기는 사씨와 연결되어 추방되고 사씨 세력 축출
강종원 (11)	豊璋= 무왕의 아들 翹崎= 풍장의 아들	豊璋 631년 翹崎 642년			豊璋: 의자와 태자 책봉 갈등		의자왕 친정체제 구축, 익산세력 축출

2) 풍장(豊章) 및 교기(翹崎)의 도왜(渡倭) 시기

먼저 『일본서기』 서명 3년조에 기록된 풍장(豊章)이 왜로 보내진 시기와 그 사실 여부를 검토해 보려 한다. 앞에 제시된 A-① 외에 풍장이 왜로 보내진 시기를 알려주는 사료로 다음과 같은 내용을 찾아볼 수 있다.

F-① 형부경(刑部卿) 종삼위(從三位) 백제왕경복(百濟王敬福)이 사망하였다. 그 선조는 백제국 의자왕에서 나왔다. 고시강본궁(高市岡本宮)에서 천하를 다스렸던 천황의 어세(御世)에 의자왕은 그 아들 풍장왕(豊璋王)과 선광왕(禪廣王)을 파견하여 천황을 모시게 하였다. … ② 풍장은 우리(일본)의 구원병과 함께 항전하였지만, 구원병은 전쟁에 패하고 풍장은 배를 타고 고구려로 도망하였다. 선광은 이 때문에 백제로 돌아가지 않았다. … ③ 선광의 아들 백제왕창성(百濟王昌成)은 유년 시절 아버지를 따라 일본에 입조하였는데 아버지보다 먼저 사망하였다(『續日本紀』 권27 天平神護 2년).

F-①에서 '고시강본궁에서 천하를 다스렸던 천황'은 서명천황이므로, 풍장과 선광이 서명조에 일본으로 갔음을 알 수 있다. 따라서 현재 남아있는 사료에 의거하는 한 풍장이 왜로 간 시기는 서명 3년(631)이다.

그런데 문제는 앞서 제기한 A-①의 오류가 문제가 된다. 서명 3년(631)에 백제왕은 의자가 아니라 무왕인 것이다. 이에 따라 A-①의 오류에 대한 견해로, ㉮백제왕 의자를 백제왕 장으로 고쳐 보는 견해, ㉯백제왕 의자를 추기(追記)로 보는 견해, ㉰서명 3년이라는 년기(年紀)가 오류라는 견해로 나누어진다.[16] 풍장의 도왜(渡倭) 시기는 풍장을 무왕의 아들로 보는가, 의자왕의 아들로 보는가 하는 문제와 맞물려 있다. 일본학계에서는 ㉰에 따라 풍장의 래왜(來倭) 시기를 조정하여 643년으로 하고, 풍장을 교기와 동일 인물로 보아 의자왕의 아들이라고 하는 경향[17]이 강하다. 반면 한국학계에서는 풍장을 무왕의 아들로 보고,[18] ㉮와 ㉯에 따라 풍장의 도왜 시기를 서명 3년(631)로 보려는 경향이 강하다. 따라서 이 문제를 해결하기 위해서는 풍장이 교기와 동일 인물인지, 무왕의 아들인지 의자왕의 아들인지를 살펴보아야 한다. 이에 대해서는 절을 달리하여 자세히 살펴볼 생각이다.

다음으로 교기의 도왜 시기에 대해서 살펴보도록 하겠다.

---

16) 각 견해를 표방한 논고는 金善民, 「앞의 논문」, 2000, p.24를 참조하여 정리하면, ㉮설은 井上光貞(「大化改新と東アジア」『岩波講座日本歷史』2, 1975), 山尾幸久(「7世紀の國際政局と大化改新」『歷史公論』91, 1982), ㉯설은 靑木和夫(「軍王小考」『日本古代の政治と人物』, 吉川弘文館, 1977), 胡口靖夫(「百濟豊璋について」『國學院雜誌』80-4, 1979), ㉰설은 西本昌弘, 「앞의 논문」, 1985를 들 수 있다.
17) 西本昌弘, 「앞의 논문」, 1985; 山尾幸久, 「앞의 논문」, 1992; 渡邊康一, 「앞의 논문」, 1993 참조.
18) 金壽泰, 「앞의 논문」, 1992b; 「앞의 논문」, 1999; 鄭孝雲, 「앞의 논문」, 1995; 盧重國, 「앞의 논문」, 1994 등을 들 수 있고, 노중국의 경우는 풍장을 동명이인이라 하여 무왕의 아들과 의자왕의 아들 2명이 있다고 하였다.

B-①에서 백제에 사신으로 파견되었던 아담련비라부가 왜 조정에 '백제대란(百濟大亂)'이 일어났음을 전하고 있고, B-②에 백제조사(百濟弔使)의 겸인(傔人)이 '제왕자아교기(弟王子兒翹崎)' 등이 섬으로 추방되었다고 백제대란의 구체적인 상황을 보고하고 있다. 그런데 앞에서 서술했듯이 교기는 B-⑧에서 '대사(大使)'의 직함을 갖고 왜에서 활동하는 모습을 보여 주고 있으며, B-⑱에 다시 왜로 오는 기사가 나오고 있다. 이에 대해서는 교기의 도왜 혹은 백제 정변의 시기를 642년으로 보는 견해,[19] 643년으로 보는 견해,[20] 655년으로 보는 견해[21]가 제기되고 있다.

먼저 655년으로 보는 설은 황극천황과 제명천황이 동일 인물로서 2번에 걸쳐 천황이 되다보니 제명기에 수록되어야 할 사실이 황극기에 잘못 기록되었다고 보고 있다. 제명 원년에 해당하는 의자왕 15년(655)에는 백제에서 정변이 일어난 것으로 볼 수 있는, 여러 상황이 『삼국사기』에 기록되어 있는 반면 의자왕 초기인 642년이나 643년에는 『삼국사기』나 중국 사서들에 정변과 관련되는 사실이 기록되어 있지 않다는 것이다. 그리고 B-②에 대좌평 지적이 사망하였다는 기사가 나오나 실제 사택지적은 사택지적비문에 의해 654년까지 생존하였음을 확인할 수 있다는 점을 들고 있다.[22] B-②를 제명 원년으로 옮기면 의자왕 초기 외교사절로 활동하던 교기가 655년 정변에 의해 섬으로 추방되었고, 작년에 사망했다는 사택지적의 실제 사망년도와 맞게 된다는 것

19) 渡邊康一, 「앞의 논문」, 1993; 鄭孝雲, 「앞의 논문」, 1997; 延敏洙, 「앞의 논문」, 1997.
20) 西本昌弘, 「앞의 논문」, 1985; 山尾幸久, 「앞의 논문」, 1992; 鈴木靖民, 「앞의 논문」, 1992.
21) 奧田尙, 「앞의 논문」, 1987; 李道學, 「앞의 논문」, 1997; 「앞의 논문」, 2004. 奧田尙의 경우 황극 원년의 기사를 제명기로 옮겨야 한다고 하면서 구체적인 年月의 확정은 미루고 있는데, 이도학은 제명 원년(655년)으로 옮겨야 한다고 주장하였다.
22) 이도학, 「앞의 논문」, 2004, pp.125~130.

이다.

그런데 이미 이 견해에 대해서는 많은 비판이 제기되었다. 황극 원년의 B-②를 옮기게 되면 황극기에 활동을 하고 있는 교기가 왜로 가게 되는 이유나 과정을 설명할 수 없게 된다거나,[23] 황극기의 교기 관련 기사는 소아(蘇我)대신이 교기를 만나는 기사 등 황극기에 배치하지 않으면 안 되는 기사[24]들이 존재함을 들어 비판하고 있다.[25] 또 이도학은 655년의 정변의 성격을 의자왕의 아들인 융과 효의 외척세력 간의 갈등으로 파악하였다. 그러나 B-②에 언급된 대좌평 지적, 교기, 내좌평 기미, 고명지인 40여 명은 왕족세력과 귀족세력으로 봐야 하기 때문에 융과 효의 외척 세력이 연루된 태자 교체 관련 사건으로 보기 어렵다.[26] 그리고 황극 원년의 기사를 제명 원년으로 옮기게 되면, 제명 원년 7월조와 시세조에 백제로부터 대규모 사신이 파견되고 있는 것과 상충된다는 문제도 있다.[27] 관련 사료를 제시하면 다음과 같다.

G-① 난파(難波)의 조정에서 북쪽<북월>의 하이 99인, 동쪽의<동륙오> 하이 95인에게 연회를 베풀었다. 아울러 백제의 조사(調使) 150인에게도 베풀었다(『日本書紀』 권26 제명 원년 7월).

② 이 해에 고구려 · 백제 · 신라가 함께 사신을 보내 조(調)를 바쳤다<백제 대사는 서부 달솔 여의수(余宜受), 부사는 동부 은솔 조신인(調信仁)으로 모두

---

23) 金壽泰, 「앞의 논문」, 1999, pp.314~319.
24) 제명 원년(655)으로 기사를 옮기게 되면 이미 다이카 개신으로 蘇我씨가 몰락한 상황으므로 蘇我 대신이 교기를 만날 수 없다.
25) 西本昌弘, 「앞의 논문」, 2006, p.4.
26) 金壽泰, 「앞의 논문」, 1999, pp.314~319.
27) 鄭孝雲, 「앞의 논문」, 1997, p.222.

100여인이었다>(『日本書紀』 권26 제명 원년 是歲).

필자도 655년설에 대한 위의 비판들이 옳다고 생각하고, 특히 백제 정변의 성격을 융과 효의 외척 세력 간의 권력 다툼으로 보기 어렵다는 점에서 655년설은 따르기 어렵다고 생각한다.

그렇다면 642년설과 643년설이 남는데, 이 두 설은 백제 정변을 중시하는 관점에서 바라보면 큰 의미 차이를 부여하기는 어렵다. 그렇기 때문에 한국학계에서는 정효운과 연민수의 견해[28]를 따라 642년으로 보려는 경향이 강하다. 642년과 643년은 1년 밖에 차이가 나지 않고 『일본서기』 황극기의 기사에 나타나는 여러 문제를 고려할 때, 정확하게 어느 해라고 단정하기 어려운 것이 사실이다. 그러나 이 부분에 대해서도 검토의 여지가 있다고 생각된다.

먼저 642년설과 643년설에 대한 연구사를 검토하여 그 주장의 근거를 정리하면 다음과 같다.

【표 2】교기 도왜 시기에 대한 선행 연구 정리

① 643년설	◦ 西本昌弘: 풍장과 교기는 동일인물로 『日本書紀』 서명 3년(631)은 辛卯年이고, 황극 2년(643)은 癸卯年으로 年紀의 착오가 있었다.[29] ◦ 鈴木靖民 및 山尾幸久: B-③에서 황극 원년(642)에 온 고구려 사신이 작년(641)에 연개소문의 정변이 있었음을 전하고 있는데, 실제 정변이 일어난 642년에 맞추어 생각하면 그 고구려 사신은 황극 2년에 와야 맞다. B-⑲의 황극 2년(643)에 고구려 사신이 도착하자, 여러 경들이 고구려가 기해년(639)부터 조공하지 않다가 금년에 조공한다고 말하는 것에서도 고구려 사신은 황극 2년(643)에 온 것으로 봐야 한다. 이 고구려 사신의 연기를 조정하는 것에 맞추어 황극 원년의 기사를 황극 2년으로 옮겨야 한다.[30]

---

28) 鄭孝雲, 「앞의 논문」, 1997, pp.221~224; 延敏洙, 「앞의 논문」, 1997, pp.206~207.

29) 西本昌弘, 「앞의 논문」, 1985, pp.11~14.

30) 鈴木靖民, 「앞의 논문」, 1992; 山尾幸久, 「앞의 논문」, 1992, pp.182~186 참조. 山尾幸久는 황극 원년의 기사는 기년을 17개월 내려서 조정해야 한다고 하고 있다.

② ①에 대한 642년설의 비판	◦ 정효운: 황극 원년의 고구려 사신의 기사만 황극 2년으로 옮기면 되고, 百濟使나 교기 관련 기사는 황극 원년에 집중적으로 나타나기 때문에 642년으로 보아도 무방하다.[31]
	◦ 연민수: 백제에 파견된 아담련비라부는 무왕의 조문사이므로, 그의 귀국이 643년 이후로 되면 백제에서의 체재 기간이 너무 길고, 641년 10월에 사망한 서명의 부음을 2년이나 뒤에 알고 급히 달려오는 것은 이해할 수 없다.[32]
	◦ 渡邊康一: 교기 일행이 백제에 파견된 아담련비라부와 함께 왔다. 아담련비라부는 서명천황의 告喪使로 백제로 파견되었는데, 축자에 도착하여 서명의 大葬[33]에 참가하기 위해 빠른 말로 급히 오고 있는 것을 볼 때 황극 2년으로 보기 곤란하고 황극 원년으로 보아야만 한다. 아담련비라부가 643년 정월에 축자에 도착했다면 이미 장례가 끝난 상황이므로 급히 입경할 이유가 없다.[34]
③ ②에 대한 643년설의 재비판	◦ 高寬敏: 황극 원년의 교기 기사는 「或本」에 의한 것이고, 황극 2년의 교기 기사는 大宰府의 기록을 바탕으로 한 것으로, 대재부의 기록이 더 신뢰할 수 있기 때문에 643년이 옳다.[35]
	◦ 西本昌弘: 서명의 사망(641년 10월)에 대한 백제의 조문사가 642년 정월에 오는 것은 시기적으로 너무 빠르고 그 해 백제는 대대적인 신라 공격을 준비하고 있었기 때문에 조문사를 바로 파견했다고 보기 어렵다. 아담련비라부가 642년 정월에 축자에 도착했다면 12월에 있었던 서명의 장례에 참가하기 위해 백제 조문사를 두고 빨리 입경했다는 것은 이해하기 어렵기 때문에, 643년 정월(혹은 4월)에 도착하여 서명의 매장에 참여하기 위해 빨리 입경했다고 보아야 한다.[36]

위와 같은 주장과 관련해서 아담련비라부가 무왕의 조문사로 백제에 파견되었다는 연민수의 지적[37]에 유의할 필요가 있다. 渡邊康一, 西本昌弘 등의 일본학자들은 아담련비라부를 서명의 고상사(告喪使)로 백제에 파견되었다고 보고 있는데, 그 이유를 『일본서기』에 당시 왜는 백제에 대해 대국으로 임하여 백제왕의 상에 조문사를 파견한 적이 없고, 천황의 사망에 대해서는 효덕, 천지, 천무 천황 때 고상사를 신라에 파견한 기사가 있음을 들고 있다. 그러나 이것은 『일본서기』 편찬 당시 일본의 대국의식이 반영된 것으로 보는 것이 옳지 않을까 한다. 만약 아담련비라부가 서명의 고상사로 백제에 파견되었

---

31) 鄭孝雲, 「앞의 논문」, 1997, p.224.
32) 延敏洙, 「앞의 논문」, 1997, pp.206~207.
33) 참고로 무왕은 무왕 42년(641) 3월에 사망하였고, 서명은 서명 13년(641) 10월에 사망하여 황극 원년(642) 12월에 大葬을 치르고 황극 2년(643) 9월에 릉에 매장되었다.
34) 渡邊康一, 「앞의 논문」, 1993, pp.40~42.
35) 高寬敏, 「앞의 논문」, 1995, pp.54~58.
36) 西本昌弘, 「앞의 논문」, 2006, pp.7~8.
37) 延敏洙, 「위의 논문」, 1997, p.207.

다면 다른 천황의 사망 시에 신라로 고상사를 보냈다고 한 것처럼 아담련비라부도 고상사로 백제에 파견되었음을 기록하였을 것이다. 오히려 그 이유를 밝히지 않은 것이 아담련비라부가 무왕의 조문사였음을 보여 주는 것이라 하겠다. 또 아담련비라부를 무왕의 조문사로 보는 것이 B-①의 기사를 이해하는 데 더 자연스럽다. 아담련비라부는 무왕 사후(641년 3월) 서명 사망(641년 10월) 이전에 백제로 파견되었기 때문에 서명의 사망 소식을 백제 체재 중에 혹은 축자에 도착한 후에 알았을 가능성이 높고, 그 때문에 급하게 입경하여 서명의 장례에 참여하려 한 것이다.[38] 그리고 아담련비라부의 백제 체재 기간을 고려해 볼 때도 무왕의 조문사로 보는 것이 가장 합리적이다. 그가 서명의 고상사로 641년 10월 이후 백제로 파견되었다가 642년 정월에 귀국하는 것은 너무 짧고, 643년 정월에 귀국하는 것은 백제 체재 기간이 1년 이상 되어 너무 긴 것이다. 무왕의 조문사로 641년 3월 이후 파견되어 642년 정월에 귀국한 것이 가장 적당하다고 판단된다.

이때 아담련비라부를 무왕의 조문사로 보는 것에 대한 비판도 있는데, 첫째는 백제의 조문사가 파견된 시기가 너무 빠르고, 둘째 만약 아담련비라부가 축자에서 서명의 사망 소식을 들었다면 백제의 조문사가 함께 파견될 수 없다는 것이다. 먼저 백제의 조문사가 너무 빨리 왔다는 西本昌弘의 지적은『일본서기』에 천지나 천무 천황 사후 신라의 조문사가 도착한 것은 2-3년 뒤였다는 것을 근거로 하는데, 효덕천황의 사례에서는 사망한 그 해에 바로 백제와 신라의 조문사가 파견된 경우도 있어서 조문사의 파견 시기를 일반화하기 어렵다. 둘째, 아담련비라부와 함께 왜로 간 백제사는 다른 이유로 파견되었다가

---

38) 延敏洙,「앞의 논문」, 1997, p.208.

조문사의 역할까지 겸하게 되었을 가능성이 있는 것이다. 후술하겠지만 이 때의 백제 조문사는 교기 일행으로 백제 대란에 연루되어 왜로 파견되었다고 판단되므로, 대왜외교를 위한 사절로 파견되었다가 조문사의 역할을 맡게 된 것으로 생각할 수 있다.

이상을 정리하면 서명기의 풍장(豊章)은 현재 남아있는 사료에 의하는 한 631년에 파견된 것으로 보이나, 풍장이 교기와 동일 인물인지 무왕의 아들 혹은 의자왕의 아들인지에 따라 달리 생각할 여지가 있다. 교기의 경우는 655년에 왜로 파견되었다고 보기는 어렵고, 642년과 643년 중 하나를 선택하여야 하는데, 642년에 도왜했다고 보는 것이 좀 더 설득력이 있다고 하겠다.

3) 풍장과 교기의 관계

풍장(豊璋)[39]과 교기를 어떻게 볼 것인가 하는 문제는 가장 견해 차가 크고 백제 무왕·의자왕 대의 정치 상황이나 대왜 관계에서 아주 중요한 문제라고 할 수 있다. 앞에서 언급하였듯이 일본학계에서는 西本昌弘이 풍장과 교기가 동일 인물이라는 설을 발표한 이래 거의 통설화되어 있는 반면에 한국학계에

---

39) 『日本書紀』에는 풍장에 대한 표기가 여러 가지로 나타나 혼란스러운데, 서명기에는 豊章, 황극기 시세조에는 餘豊, 효덕기와 제명기에는 豊璋으로 기록되어 있다. 또 중국 사서나 『三國史記』에는 扶餘豊으로 기록되어 있다. 일본학계나 한국학계 대부분의 학자들은 모두 같은 인물로 보고 있고, 노중국만 동명이인(豊章, 餘豊, 효덕기의 豊璋은 무왕의 아들, 제명기의 豊璋은 의자왕의 아들인 扶餘豊)으로 보고 있기 때문에 기존 견해를 언급할 때는 표기를 구분하지 않고 풍장(豊璋)으로 통일하고자 한다. 그러나 자세히 후술하겠지만 필자는 서명기의 豊章, 황극기의 餘豊, 효덕기의 豊璋은 동일 인물로 무왕의 아들, 제명기의 豊璋은 황극기의 翹崎(=豊璋의 아들, 의자왕의 조카)와 동일 인물로 보기 때문에 필자의 견해를 서술할 때는 전자는 풍장(豊璋)으로, 후자는 교기(翹崎=부여풍)로 구분해서 표기하고자 한다.

서는 풍장과 교기를 서로 다른 인물로 보려는 경향이 강하다. 이에 대한 연구사와 그 주요 근거를 정리하여 표로 제시하면 다음과 같다.

【표 3】 풍장과 교기에 대한 논쟁 및 주요 근거

① 풍장과 교기는 동일 인물이고 의자왕의 아들이라는 견해	①에 대한 비판: 풍장과 교기는 동일 인물이 아니고 풍장은 무왕의 아들이라는 견해
○ 풍장과 교기가 동일 인물이라는 근거 1) 西本昌弘[40] ㉠ 「日本書紀」 서명 3년의 풍장 기사는 백제왕 의자를 무왕으로 고치거나 백제왕 의자를 추기로 보는 것보다 年紀의 착오로 보는 것이 옳다. ㉡ 「續日本紀」 天平神護 2년에 풍장과 선광이 서명조에 입조했다는 기사는 「日本書紀」 서명기를 참조하여 서술하였을 가능성이 많아서 사료의 독자성이 의심스럽다. ㉢ 「續日本紀」 天平神護 2년에 나오는 풍장과 함께 來倭한 선광의 연령을 고려해야 한다. 선광은 유년의 아들 창성을 데리고 왔다.[41] 한편 선광은 「舊唐書」 유인궤전에 '餘豊在北 餘勇在南', '扶餘勇者 扶餘隆之弟也 是時走在倭國 以爲扶餘豊之應'에 나오는 부여융의 동생 부여용과 같은 인물로 보인다. 부여융 묘지명에 의해 부여융의 나이를 계산하면 서명 3년(631)에 17세가 되는데 동생인 부여용(선광)이 유년의 아들이 있기 어려우므로, 풍장과 선광의 내조 시기를 10년 정도 내려야 한다. ㉣ 「日本書紀」 황극 원년의 교기 來倭 기사는 고구려 사신에서 보이는 연기 착오로 볼 때, 황극 2년으로 보는 것이 맞다. 그러면 서명 3년(631년 辛卯)과 황극 2년(643년 癸卯)은 같은 卯年으로 연기 착오의 가능성이 높다.	○ 풍장과 교기를 동일 인물로 볼 수 없는 근거 ㉠에 대한 비판-기년의 착오가 아니라 631년에 무왕의 아들인 豊章이 왜로 보내졌다.[42] 사료의 의자왕은 추기로 볼 수 있다.[43] ㉢에 대한 비판-「舊唐書」 유인궤전에는 부여용이 백제 부흥군과 왜군이 나당연합군군에 패배하고 백제가 멸망하였을 때(是時) 왜로 달아났다고 되어 있는데, F-㉑에 선광은 豊璋과 함께 왜에 도착하여 귀국하지 않았다고 되어 있어 선광과 부여용이 같은 인물이라고 단정할 수 없다.[44] ㉣에 대한 비판-교기의 도왜는 643년이 아니라 642년으로 보아야 한다.[45]

---

40) 西本昌弘, 「앞의 논문」, 1985, pp.8~14. 풍장이 황극 2년 시세조에 '太子'로 기록된 점을 들어 풍장의 파견이 무왕 대에 의자가 태자로 책봉되기도 전인 서명 3년조에 이루어질 수 없고, 의자왕 초기에 태자로 임명되었다가 왜로 온 것으로 파악한 점도 있으나 2006년 논문에서 이는 철회하였기에 제시하지 않았다.

41) F-㉓참조

42) 鄭孝雲, 「앞의 논문」, 1995, p.91.

43) 남정호, 「앞의 논문」, 2010, p.142.

44) 鄭孝雲, 「위의 논문」, 1995, p.87.

45) 대부분의 한국학자들은 642년으로 보고 있다. 【표 1】 참조.

⓵ 풍장과 교기는 동일 인물이고 의자왕의 아들이라는 견해	⓵에 대한 비판: 풍장과 교기는 동일 인물이 아니고 풍장은 무왕의 아들이라는 견해
ⓐ 豊璋은 糺解라고도 불리는데,[46] 『釋日本紀』 秘訓에 糺解는 '키우케', 翹崎는 '케우키'로 훈하고 있어 양자의 음이 매우 비슷하고, 『三國史記』의 백제 지명 표기를 분석한 연구[47]에 의하면 '解'와 '崎'의 음이 비슷하여 규해와 교기는 동일 인물로 볼 수 있고, 따라서 풍장, 교기, 규해는 모두 같은 인물이다. 2) 渡邊康一[48] ⓑ 풍장은 사료 A-①과 C-① 이후에 등장하는데, A-①의 서명 3년(631) 이후 황극 2년(643)까지 풍장의 기사는 없이 교기의 기사가 집중되고, 황극 2년 이후는 교기의 기사가 없는 것이 부자연스럽다. ⓢ 풍장과 교기는 동시기에 오랫동안 왜국에 체재하고 있었는데, 풍장과 교기가 함께 기록된 사료가 없다. ⓞ 백제왕자가 비슷한 시기에 2번에 걸쳐 따로 내조한 것은 이례적인 일이다. ⓧ B-②를 보면 교기의 일행은 고관 사십 여명이 추방되어 도왜한 큰 사건인데, 그 이후 일행의 귀국기사도 보이지 않고 그들의 행동도 보이지 않는 것은 의심스럽다. 그런데 풍장의 일행은 D-①, ②의 사료에 등장한다. ㅇ 풍장을 의자왕의 아들로 보는 근거 ⓐ A-①에 '백제왕 의자가 王子 豊璋을 質로 보냈다.'는 것과 F-①에 豊璋과 선광이 의자왕의 아들로 표현되고 있다. ⓑ B-②에 '弟王子兒翹崎'로 표기된 것과 B-⑬에 '百濟國主兒翹崎弟王子'로 표기된 것 중 후자의 것이 신빙성이 높다.	ㅇ 풍장을 무왕의 아들로 보는 근거 ⓐ 의자왕과 풍장의 관계를 보여주는 것은 『日本書紀』와 『續日本紀』의 기사뿐이고 다른 한국과 중국의 사서에서는 풍장이 의자왕의 아들이라는 기록이 없다. 또 『日本書紀』 서명기의 '王子 풍장'이라는 표현도 무왕의 아들인지 의자왕의 아들인지 불명확하다.[49] 그리고 한국과 중국사서에 나오는 의자왕의 아들들인 융, 태, 효, 연, 강신, 숭 등은 모두 백제 멸망 당시 당으로 끌려가거나 백제에 존재했기 때문에 풍장과 같은 인물일 수 없다.[50] ⓑ 풍장은 『舊唐書』 백제전에 '故王子扶餘豊', 『三國史記』 의자왕 20년조에 '古王子扶餘豊'으로 기록되어 있는데, 여기서 '故王子' 혹은 '古王子'는 옛왕자(앞 시대의 왕자)라는 뜻으로 전왕인 무왕의 아들이다.[51] 또는 '故王子'는 '故王의 子'라는 뜻으로 볼 수 있어 역시 무왕의 아들로 파악할 수 있다.[52] ⓒ 의자왕이 정변을 일으키면서 자기 아들을 섬으로 쫓아낸 것이 아니기 때문에 교기를 의자왕의 아들로 보기 어렵고 '弟王子兒翹崎' 즉 의자왕 동생의 아들(의자왕의 조카)로 보아야 한다.[53] ⓓ 『日本書紀』에서 백제국왕의 아들을 '百濟國主兒'로 표기한 예가 없으므로 '弟王子兒翹崎'가 맞고 교기는 의자왕의 조카이다.[54]

그런데 이렇게 풍장과 교기가 동일 인물임을 부정하는 견해들을 종합해 봐도 ⓑ~ⓧ의 견해에 대해서는 반박하지 못하고 있음을 알 수 있다. 필자는 ⓑ~

46) 사료 D-②와 E-①을 통해 알 수 있다.

47) 都守熙, 「百濟地名研究」『百濟研究』11, 1980.

48) 渡邊康一, 「앞의 논문」, 1993, pp.37~38.

49) 鄭孝雲, 「앞의 논문」, 1995, pp.87~89.

50) 宋浣範, 「앞의 논문」, 2005, pp.4~5.

51) 鄭孝雲, 「위의 논문」, 1995, pp.88~89; 김수태, 「앞의 논문」, 1992b, pp.149~150.

52) 宋浣範, 「위의 논문」, 2005, p.4.

53) 盧重國, 「앞의 논문」, 1994, p.170.

54) 李道學, 「앞의 논문」, 1997, p.417.

ⓒ만으로도 풍장과 교기를 동일 인물로 볼 수 있는 소지가 많다고 생각한다. 특히 교기와 규해(=풍장)의 음이 너무 비슷하고, 같은 백제 왕족인 풍장과 교기가 오랫동안 왜에 같이 있었음에도 불구하고 풍장과 교기가 함께 등장하는 사료가 없다는 것은 풍장과 교기가 동일 인물이 아니라면 불가능한 것이 아닐까 한다.

그렇다면 풍장이 의자왕의 아들이 아니라 무왕의 아들이라는 점에 대해 검토해 보자.

먼저 【표 3】의 ⓐ에 제시된 내용은 충분히 수긍이 되므로 풍장을 의자왕의 아들로 볼 적극적인 근거는 없다고 판단된다.

【표 3】의 ⓑ에 대해서는 西本昌弘이 새롭게 반박을 했는데,[55] 『구당서(舊唐書)』에 '고왕자부여풍(故王子扶餘豊)'이 왜에서 백제로 귀국하는 시점은 의자왕이 이미 당에 끌려가서 죽은 다음이므로 '고왕(故王)'이라 함은 의자왕을 가리키는 표현이라고 하였다. 그러나 『구당서』 백제전에 부여융과 신라왕 김법민의 맹약문에서 "전에 백제의 선왕(先王)은…"이라는 표현을 쓰고 있고, '선왕'이 의자왕을 가리킨다고 보여진다. 같은 책에서 '고왕'과 '선왕'이라는 다른 표현을 사용하고 있다는 점에서 '고왕'은 의자왕을 지칭하는 말이 아니라고 볼수 있다. 더구나 '고왕자(故王子)'라는 표현은 '고왕(故王)의 자(子)'라기 보다 '고(故) 왕자(王子)'라고 파악하는 것이 옳다는 생각이기 때문에 西本昌弘의 주장에는 동의하기가 어렵다.

한편, 풍장을 무왕의 아들이라는 논자들이 간과하고 있는 문제도 있는데, 그에 대한 사료를 제시하면 다음과 같다.

---

55) 西本昌弘, 「앞의 논문」, 2006, pp.5~6.

H-① 백제 승려 도침과 옛 장수 복신이 무리를 거느려 주류성에 근거하여 반란을 일으켰다. 사신을 왜국에 가게 하여 고왕자(故王子) 부여풍(扶餘豐)을 맞이하여 왕으로 삼았다(『舊唐書』권199上 列傳 제149 東夷 百濟).

② 부여풍은 탈출하여 도망하였고 위왕자(僞王子) 부여충승(扶餘忠勝), 충지(忠志) 등은 백성과 왜의 무리를 거느리고 아울러 항복하였다(『舊唐書』권199上 列傳 제149 東夷 百濟).

③ 일찍이 왜국에 볼모로 가 있던 고왕자(古王子) 부여풍을 맞아다가 왕으로 삼았다(『三國史記』권 제28 百濟本紀 제6 義慈王 20년).

④ 왕자(王子) 부여충승(扶餘忠勝), 충지(忠志) 등이 그의 무리를 거느리고 왜인과 함께 모두 항복했다(『三國史記』권 제28 百濟本紀 제6 義慈王 20년).

『구당서』백제전에 부여풍은 '고왕자(故王子)'로, 부여충승은 '위왕자(僞王子)'로 칭하고 있고, 『삼국사기』의자왕조에서도 부여풍은 '고왕자(古王子)', 부여충승은 '왕자(王子)'로 표현하여 두 인물에 대한 표현이 다르다는 점이다. 풍장과 교기를 별개의 인물로 보는 견해에서는 부여풍과 부여충승을 모두 무왕의 아들(의자왕의 동생)로 파악하고 있는데,[56] 같은 무왕의 아들로 형제지간이라면 이렇게 칭호를 다르게 표현하지 않았을 것이다.[57] 이 점에서 부여풍과 부여충승을 형제지간으로 보기는 어렵다.

이와 달리 일본학계에서는 충승을 풍장의 숙부로, 새상을 풍장의 동생으로 보는 견해[58]가 많은데, 여기에도 문제점은 있다. 사료 D-①의 효덕백치원년

---

56) 金壽泰, 「앞의 논문」, 1992b, pp.149~150.
57) 남정호, 「앞의 논문」, 2010, pp.155~160.
58) 西本昌弘, 鈴木靖民, 山尾幸久 등이 해당된다.

기사에는 "백제군 풍장, 그 동생 새성과 충승(百濟君豊璋其弟塞城忠勝)"라고 되어 있어 새성(=새상)과 충승이 풍장의 동생으로 되어 있고, D-② 제명 6년 기사에는 "왕자 풍장과 처자, 그리고 그 숙부 충승등을 보내어(送王子豊璋及 妻子與其叔父忠勝等)"이라 하여 충승이 풍장의 숙부로 표현된 것이다. 일본학 자들은 새상을 풍장과 함께 도왜했다는 선광과 같은 인물로, 황극기에 교기와 함께 도왜한 제왕자를 충승과 동일 인물로 보기 때문에 쉽게 D-①과 D-② 기사를 분리하여 새상은 풍장의 동생으로, 충승은 풍장의 숙부(의자왕의 왕제)로 단정하고 있는 것이다. 이렇게 보면, 『구당서』 백제전에서 부여풍은 '고왕자(故王子)'로, 부여충승은 '위왕자(僞王子)'로 칭하는 문제는 풍과 충승은 숙질 간이므로 다르게 표현한 것으로 이해할 수 있다. 하지만, 의자왕의 아들인 풍을 왜 옛왕자 혹은 앞선 시기의 왕자라는 의미의 '고왕자(故王子)'라고 표현했는가 하는 문제는 여전히 해결할 수 없다. 그리고 효덕백치원년 기사에서 '그 동생(其弟)'라는 표현이 새성에게만 해당되고 충승은 왜 해당되지 않는지도 합리적으로 설명할 수 없다.

한편 D-①과 D-②에서 충승이 풍장의 동생과 숙부로 나오는 것에 착안하여 풍장을 동명이인으로 보려는 견해도 있다.[59] 여기서는 서명기에 파견된 풍장을 무왕의 아들로, 제명기에 나오는 풍장을 의자왕의 아들로 보면서 『삼국사기』 의자왕 13년조의 "왕이 왜국와 통호하였다(王與倭國通好)."라는 기사에 주목하여 이 시기에 부여풍(제명기의 풍장)이 왜로 파견되었다고 보고 있다. 그러나 의자왕이 자신의 아들을 동생의 이름과 똑같이 지었다는 것은 납득이 되지 않는다는 점과 제명기의 풍장이 의자왕의 아들이라면 『구당서』에서는 왜

---

59) 盧重國, 「앞의 논문」, 1994, pp.165~166.

'고왕자(故王子) 부여풍(扶餘豐)'이라고 표현했는지를 해명할 수 없다는 점에서 풍장을 무왕의 아들과 의자왕의 아들로 나누어 보는 견해는 수긍하기 어렵다. 다만 사료 D-①과 D-②에 보이는 충승에 대한 표현이 풍장의 동생과 숙부로 다르게 나타나는 점은 주목할 필요가 있을 것 같다.

그런데 풍장과 교기가 동일 인물이 아니라고 보면서 풍장은 무왕의 아들로, 교기는 의자왕의 아들로 보는 또다른 견해도 있다.[60] 이 견해는 B-② 기사는 '지적이 죽었다'는 풍문이 섞여 있어서 '제왕자아교기(弟王子兒翹崎)'라는 부분도 신빙성이 떨어진다고 보고, B-⑱의 '백제국주아교기제왕자(百濟國主兒翹崎弟王子)'가 맞다고 보았다. 그래서 교기는 의자왕의 아들이고, 제왕자는 교기의 제왕자로 보아 의자왕의 아들 2명이 도왜하였다고 보았다. 풍장은 무왕의 아들로 보았기 때문에 새상과 충승에 대해서는 일본학계의 견해대로 풍장의 동생과 숙부라 하였다.

이에 대한 반론을 위해 다시 돌아가 보면 필자는 【표 3】의 ⑱부분에 대한 비판이 제대로 이루어지지 못했다는 생각이 들어 그 부분을 언급하고자 한다. B-②의 '제왕자아교기(弟王子兒翹崎)'와 B-⑱의 '백제국주아교기제왕자(百濟國主兒翹崎弟王子)' 중 어느 것이 옳은가에 대한 문제인데, 앞 절에서 언급한대로 교기의 도왜 시기는 643년보다 642년이 좀 더 신빙성이 있다는 점과 황극 원년의 교기 관련 기사들이 황극 2년의 기사들보다 인명이나 사절명 등에서 구체적인 정보를 담고 있다는 점에서 B-②의 '제왕자아교기(弟王子兒翹崎)'가 맞다고 판단된다. 또 앞에서 이도학이 간략히 언급한대로 『일본서기』의 용례를 살펴보는 것도 중요하다고 생각된다. 『일본서기』에는 백제왕의 아들을 모

---

60) 宋浣範, 「앞의 논문」, 2005, pp.2~7.

두 '왕자(王子)'라고 표현하고 있고, '백제국주아(百濟國主兒)'라고 표현한 것은 B-⑱밖에 없다. 반면에 '제왕자아(弟王子兒)'라는 표현은 B-②와 B-③ 2군데에서 찾아진다. 큰 차이는 아니지만 전혀 그런 표현이 없는 것보다 한번이라도 그런 표현이 나온 것이 더 신빙성이 있다는 생각이 든다. 물론 이러한 점뿐만 아니라 백제 정변의 성격을 고려하면 더욱 교기를 의자왕의 아들로 보기는 어렵다는 생각이지만 백제 정변 관련 내용은 뒤에 서술하도록 하겠다.

또 풍장을 무왕의 아들(의자왕의 동생)로 보면서 충승을 숙부로 보는 것도 문제가 있다. 『구당서』나 『삼국사기』를 보면 충승은 백제 부흥군이 백강 전투에서 패배하고 부여풍이 고구려로 도망가자 항복하였다고 되어 있어, 최소한 663년까지 활동하였음을 알 수 있다. 이 무렵 의자왕은 60대 후반의 나이로 추정되고 당에 끌려간 후 곧 사망하고 있는데, 의자왕의 숙부인 충승이 계속 왕성한 활동을 하고 있다는 것은 연령을 고려해 볼 때 가능성이 떨어진다고 하겠다.

이상 검토한 내용을 정리해보면 다음과 같다.

첫째, 풍장과 교기가 동일 인물이라는 설은 여러 면에서 비판을 받고 있지만, 여전히 설득력이 있는 근거들(⑩~㉑)을 가지고 있어 쉽게 잘못이라 단정하기 어렵다.

둘째, 풍장과 교기 동일 인물설에 입각하여 풍장(=교기)이 의자왕의 아들이라는 견해는, 풍장을 의자왕의 아들로 해석할 사료가 거의 없다는 점, 교기의 도왜 연대가 642년일 가능성이 크다는 점, B-②의 사료가 B-⑱의 사료보다 신빙성이 높다는 점, 풍장을 『구당서』 백제전에서 '고왕자(故王子)'로 기록하고 있는 것을 설득력있게 해명하지 못한다는 점 등을 통해 받아들이기 어렵다.

셋째, 풍장을 교기와 별개의 인물로 보아 풍장은 무왕의 아들이고 충승은 풍장의 동생(무왕의 아들)으로 보는 견해는 『구당서』 백제전에 부여풍은 '고왕자(故王子)'로, 충승은 '위왕자(僞王子)'로 다르게 표기한 점을 해명하지 못하고 있다.

넷째, 풍장과 교기를 별개로 보면서 풍장은 무왕의 아들, 충승은 풍장의 숙부로 보는 견해는 의자왕과 충승의 연령을 고려하면 수긍하기 어렵다.

다섯째, 풍장을 동명이인으로 즉, 서명기의 풍장(豊章)은 무왕의 아들, 제명기의 풍장(豊璋)은 의자왕의 아들로 보는 견해는, 의자왕이 아들의 이름을 동생의 이름과 같게 지었을 것 같지 않다는 상식적인 의문과 제명기의 풍장(豊璋)인 부여풍이 의자왕의 아들이라면『구당서』백제전에 나오는 '고왕자(故王子)'라는 표현을 해명하기 어렵다는 점에서 받아들이기 어렵다.

여섯째, D-①과 D-②에 충승이 풍장의 동생과 숙부로 다르게 표현되고 있다는 점을 고려할 필요가 있다.

일곱째, B-②의 '제왕자아교기(弟王子兒翹崎)'라는 기사가 B-⑱의 '백제국주아교기제왕자(百濟國主兒翹崎弟王子)'라는 기사보다 구체적인 인명과 사절명을 많이 포함하고 있어서 신빙성이 더 높다.

이 때,『일본서기』에 보이는 풍장 및 교기는 서명기의 '왕자(王子) 풍장(豊章)', 황극기의 '제왕자아교기(弟王子兒翹崎)', '백제국주아교기(百濟國主兒翹崎)', 황극기 시세조의 '태자(太子) 여풍(餘豊)', 효덕백치기의 '백제군(百濟君) 풍장(豊璋)', 제명기의 '왕자(王子) 서풍장(余豊璋)', '왕자(王子) 풍장(豊璋)', 제명기의 '왕자(王子) 규해(糺解)' 등으로 매우 다양한 칭호와 이름 그리고 풍장이란 이름의 한자도 다르게 표현되고 있다. 이처럼 한 명에 대해 다양한 표기가 나타나기 때문에 풍장과 규해를 다른 인물로 보기도 한다.[61] 그 의견에 동의하는 것은 아니지만 그만큼『일본서기』에 보이는 풍장과 교기 관련 표현이

61) 노중국,「앞의 논문」, 2003b, p.105.

한 명이라고 파악하기에는 무리가 있다는 점은 충분히 수긍이 간다.

　필자는 【표 3】의 ⑩~ⓩ을 통해 풍장과 교기를 동일 인물로 볼 수 있는 점과 충승이 풍장에 대해 동생으로도 표현되고 숙부로도 표현되고 있는 점,[62] '제왕자아교기(弟王子兒翹崎)'는 의자왕 동생인 풍장의 아들 교기로 파악되는 점을 고려하여, 서명기(631)의 풍장(豊璋)(=황극기 시세조의 여풍(餘豊)=효덕백치기의 풍장(豊璋))이 도왜한 후 풍장의 아들인 교기(=제명기와 천지기의 풍장=규해=부여풍)가 642년에 다시 도왜하여 함께 활동을 하다 보니 『일본서기』에 풍장과 교기 관련 표기에 혼돈이 발생했다고 생각한다. 그러므로 필자는 서명조에 파견된 풍장(豊璋)은 무왕의 아들로, 황극기에 기록된 교기(翹崎)는 의자왕의 동생인 풍장의 아들[63](의자왕의 조카)로 보아, 백제부흥군에 의해 왕으로 추대되는 부여풍(扶餘豊)은 교기(翹崎)라고 보고자 한다.[64]

　이해를 돕기 위해 여러 견해들을 정리하여 풍장과 교기의 가계도를 그려보면 다음과 같다.

【표 4】 풍장과 교기의 가계도

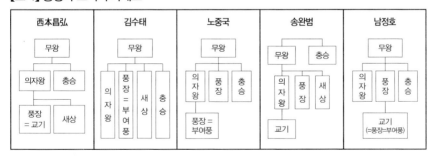

---

62) 새상은 충승과 함께 풍장의 동생으로 나오고 있는 점으로 보아 풍장의 동생, 교기의 숙부로 보고자 한다.

63) 김주성, 「앞의 논문」, 2009a, pp.276~277.

64) 남정호, 「앞의 논문」, 2010, pp.155~160.

이렇게 보는 것에 대해 『일본서기』에서 왜 풍장과 풍장의 아들 교기를 제대로 구분하지 못하고 서술하였는가 하는 의문이 제기될 수 있겠지만, 이렇게 해석을 하면 앞에서 제시한 여러 문제들을 모두 해결할 수 있게 된다.

앞서 언급된 문제들이 어떻게 해결되는지, 즉 풍장은 무왕은 아들이고 교기는 풍장의 아들이라는 주장의 근거를 정리하면 다음과 같다.

첫째, 풍장과 교기를 동일 인물로 볼 수 있는 근거들(【표 3】의 ㉠~㉣)이 여전히 유효한 것을 납득하게 된다. 풍장과 교기는 부자지간으로 2명이면서도 한 명인 것처럼 혼동되어 표기되어지고 있는 것이다.

둘째, 풍장은 무왕의 아들로 631년에 도왜하였고, 교기는 풍장의 아들로 642년에 도왜하였으며, 『구당서』 백제전에 부여풍이 '고왕자(故王子)'로 기록된 것은 당시 부흥백제국의 왕이 된 교기는 의자왕의 아들이 아니고 무왕의 손자였기 때문에 그렇게 표기된 것이다. 이처럼 '고왕자(故王子)'로 표기된 사례를 『구당서』에서 찾아보면 부여풍 외에는 다른 용례를 찾을 수가 없다. 이것은 그만큼 특이한 사례였음을 보여주는 것이라 하겠다.

셋째, 부흥운동기에 백제국왕이 된 부여풍(교기)은 의자왕의 조카이고 충승은 부여풍의 숙부(무왕의 왕자)이므로, 『구당서』 백제전에서 부여풍은 '고왕자(故王子)', 충승은 '위왕자(僞王子)'로 구분해서 다른 용어로 표기를 하고 있는 것이다.

넷째, D-①과 D-②에서 충승이 풍장의 동생과 숙부로 각기 다르게 나오는 것은, D-①의 풍장은 무왕의 아들 풍장을 가리키는 것이므로 충승과 형제지간이 되고, D-②의 풍장은 교기를 가리키는 것이므로 충승이 숙부가 된다.

다섯째, B-②의 '제왕자아교기(弟王子兒翹岐)'가 맞고 B-⑱의 '백제국주아교기제왕자(百濟國主兒翹岐弟王子)'가 오류임을 알 수 있고 이에 따라 의자왕의 동생인 풍장의 아들 교기가 642년에 도왜한 것으로 파악하게 된다.

4) 풍장 및 교기 일행의 성격과 도왜 이유 및 목적

여기에서는 풍장 및 교기 일행이 갖고 있는 성격과 그에 따른 도왜 이유 및 목적에 대해 고찰해 보려 한다.

먼저 631년에 도왜한 풍장에 대해서 살펴보면, 『일본서기』 서명기에는 "백제왕 의자가 왕자 풍장을 질(質)로 삼아 보냈다."고 되어 있다. 이때 '질(質)'의 의미에 대해서는 "질(質)은 당시의 국제관계 또는 국가 간의 외교에 있어서, 자국이 처한 상황이나 입장에 따라 때로는 수호사(修好使)·결호사(結好使)로, 또 경우에 따라서는 청병사(請兵使)·군사동맹체결사(軍事同盟締結使)로서의 중대한 임무를 띠고 보내진 외교특사(外交特使)였던 것이다."[65]라는 나행주의 관점을 따르고자 한다. 즉 '질(質)'은 백제의 대왜 외교 정책의 일환으로 파견된 외교 사절인 것이다.

풍장이 왜로 파견된 것의 성격에 대해서는 추방 및 망명 집단이라는 설[66]과 외교 사절이라는 설[67]이 있다. 망명 집단이라는 설은 백제가 전지(腆支)나 곤지(昆支)를 파견할 때와 달리 백제가 군사적으로 열세한 상황이 아니었기 때문에 외교 사절로 보기 어렵고, 풍장 파견 다음 해(632년)에 의자가 태자로 책봉되는 것으로 보아 의자와 풍장 사이의 태자 책봉 다툼에서 풍장이 패하여 왜로 망명한 것이라 하였다. 그러나 필자는 왜가 망명 집단을 받아들였다는 의견에 동조하기 어렵다. 만약 왜가 백제에서 추방된 세력을 받아들인다면 백제와 왜의 외교 관계가 정상적으로 유지되기 어려울 것이다. 하지만 사료상에

---

65) 羅幸柱, 1993, 「古代 朝日關係에 있어서의 '質'의 意味」, 『建大史學』8, p.351.
66) 鄭孝雲, 「앞의 논문」, 1995, pp.90~94.
67) 盧重國, 「앞의 논문」, 1994, pp.165~167.

풍장 파견 이후 백제와 왜의 관계가 나빠지는 모습은 찾을 수 없다. 7세기 백제와 왜의 외교 관계를 다룬 논문들에서도 이 시기 백제와 왜의 관계가 나빠졌다는 견해는 없고,[68] 오히려 그 이전보다 서명조에 들어와 백제와 왜의 관계가 더욱 긴밀해졌다고 하고 있다.[69] 따라서 필자는 풍장을 외교 사절로 보는 입장을 따르고자 하며, 이와 관련해 중요한 시사를 해 주고 있는 노중국의 견해를 인용하면 "무왕은 의자를 태자로 책립하는 과정에서 빚어질지도 모를 지배세력 간의 충돌을 방지할 수도 있고, 또 왜국 내에서 친백제계 세력의 재건도 도모하면서 왜와의 관계도 보다 굳건히 할 수 있는 방법으로써 풍장을 왜에 보내게 된 것이 아닐까 추론해 본다."[70]라고 하였다. 이는 백제 왕족 외교의 양면성을 지적하면서 곤지를 예로 들어, 자신의 적장자인 여기(餘紀)를 차기왕위 계승자로 염두에 둔 개로왕이 왕제인 곤지를 견제하기 위해 대왜외교를 맡겼는데, 이는 그의 능력에 부합하여 명분도 있고 한편으로 그를 왕권의 핵심부로부터 배제시킬 수 있었다는 견해[71]와도 일맥상통하는 것이다.

다음으로 교기 일행의 성격과 도왜 목적을 살펴보자. 교기 일행에 대해서도 역시 마찬가지로 망명 집단이라는 설[72]과 외교 사절이라는 설[73]이 대립하고 있다.

---

68) 鄭孝雲, 「앞의 논문」, 1997; 延敏洙, 「앞의 논문」, 2004.
69) 盧重國, 「앞의 논문」, 1994, p.167; 이주현, 「앞의 논문」, 2005, pp.122~123.
70) 盧重國, 「위의 논문」, 1994, p.167.
71) 延敏洙, 「앞의 논문」, 1997, p.215.
72) 鈴木靖民, 「앞의 논문」, 1992; 盧重國, 「위의 논문」, 1994; 鄭孝雲, 「앞의 논문」, 1997; 宋浣範, 「앞의 논문」, 2005.
73) 延敏洙, 「위의 논문」, 1997; 渡邊康一, 「앞의 논문」, 1993에서 합법적 혹은 백제가 주체적으로 파견한 외교사절로 보고 있다. 반면에 西本昌弘, 「앞의 논문」, 1985; 鈴木英夫, 「앞의 논문」, 1990; 山尾幸久, 「앞의 논문」, 1992 등은 인질 성격의 외교 사절로 보고 있다.

교기 일행의 성격이 망명 집단이라는 것에 대해 풍장과 같이 쉽게 부정하기는 어렵다. 왜냐하면 추방된 교기를 왜가 받아들임으로써 백제와 왜의 관계가 악화되었다는 주장[74]이 제기되기 때문이다. 그러나 당시 백제와 왜와의 관계를 다룬 논고들 중에는 백제와 왜의 관계에 특별한 변화가 없음을 지적하고 왜의 외교 정책도 추고기 이래로 균형외교 혹은 다국외교를 통해 백제와의 우호도 유지하면서 고구려, 신라, 수ㆍ당과도 외교를 지속하는 상황이었다[75]고 하는 견해가 더 많은 것 같다. 실제 교기의 도왜 이후 『일본서기』에 나타나는 백제와 왜의 교류 기사를 찾아보면, 643년, 645년, 646년, 650~654년에 백제 사신이 파견되고 있고,[76] 655년 제명기부터는 왜가 백제 일변도의 외교 정책을 펴고 있기 때문에 특별히 백제와 왜의 관계가 나빠졌다고 보기는 어려울 것 같다.

또 교기 파견 당시 백제가 군사적으로 우세한 상황이어서 청병사와 같은 특별한 외교 사절이 파견될 이유가 없고, 교기가 처자와 종자까지 거느리고 파견되었기 때문에 외교 사절이 아니라 망명 집단으로 보아야 한다는 견해[77]도 있다. 그러나 교기의 파견을 642년으로 보면, 대대적인 신라 공격을 앞둔 백

---

74) 盧重國, 「앞의 논문」, 1994, pp.169~173; 김수태, 「앞의 논문」, 2004, pp.148~150. 그러나 김수태의 경우는 추방된 왕족들에 의해 왜와의 관계가 나빠졌다고 하였으나, 백제와 왜의 관계가 그렇게까지 원만하지 않았던 것으로 지나치게 확대 해석할 필요가 없다고 하였다.

75) 鄭孝雲, 「앞의 논문」, 1997, pp.221~228; 延敏洙, 「앞의 논문」, 2004, pp.48~52. 특히 정효운은 교기 일행이 추방되었다고 보면서 백제와 왜의 관계는 전과 큰 차이가 없다고 하고 있다.

76) 김수태(「앞의 논문」, 2004, pp.152~154)는 646년 사신 파견 이후 650년에 다시 사신이 파견될 때까지 4년 정도 백제와 왜의 외교가 단절되었다고 하기도 하였으나, 延敏洙(「위의 논문」, 2004, p.51)는 사료의 잔존 형태로 이 시기의 외교 단절을 상정하는 것은 위험하다고 하면서, 풍장 등이 왜조정 내에서 친백제파의 형성을 꾀하고 있었다고 하고 있다.

77) 鄭孝雲, 「위의 논문」, 1997, p.224.

제가 대왜 외교를 강화하여 왜국의 친백제노선을 유지시키는 한편 신라와의 대외관계를 견제하기 위하여 교기 일행을 외교 사절로 파견했다고 볼 수 있다.[78] 또 '질(質)'로 표현되는 외교 사절은 장기 체재를 해야 하기 때문에 처자를 동반하고 파견되기도 하는 것이다.[79] 실제 백제 개로왕 대에 파견된 곤지도 처자를 동반하고 파견되었던 것이다.

따라서 필자는 앞서 풍장의 파견 목적에서 보았듯이, 백제 정변과 결부되어 다시 한 번 교기 등으로 구성된 대왜 외교사절단이 파견된 것이 아닌가 한다. 그런데 이렇게 교기 일행도 외교 사절이었다고 결론을 내리게 되면 의문점이 하나 생긴다. 불과 10여 년 전에 풍장이 외교 사절로 파견되어 왜에 체재하고 있는데 또다시 장기 체재할 외교 사절을 왜 보냈는가 하는 문제이다. 이러한 문제 때문에 풍장과 교기를 별개의 인물이라고 생각하는 학자들이 풍장은 외교사절, 교기는 추방되어 망명했다고 보고 있는 듯하다.

당시의 왜 조정도 이 문제를 놓고 의심한 것 같다. 특히 백제에 갔던 아담련비라부가 백제에 대란이 일어났다고 전하였기 때문에 더더욱 그러했을 것이다. 이에 따라 사료 B-②에 나오는 것처럼 아담산배련비량부 등을 백제 조사[80]에게 보내어 소식을 묻고 있는 것이다. 여기서 왜조정이 묻고자 하는 내용은 당연히 아담련비라부가 전한 '백제대란(百濟大亂)'에 대한 것이지만, 그 내용을 통해 도왜한 외교 사절단이 정식 외교 사절로서의 자격이 있는지의 여부도 판단하고자 하였다고 생각된다. 이에 대한 백제 조사의 대답을 일반적으로 "백제국주가 신들에게 '새상(塞上)은 항상 나쁜 짓을 하니 돌아오는 사신[還使]

---

78) 渡邊康一, 「앞의 논문」, 1993, pp.59~61; 延敏洙, 「앞의 논문」, 2004, p.49.
79) 羅幸柱, 「앞의 논문」, 1993, p.343.
80) 필자는 이 백제 조사의 대사를 교기로 보는 입장을 따른다.

에게 딸려 보내 주기를 청하더라도 천조에서는 허락하지 마십시오'라고 말했습니다."라고 해석하고 있다.[81] 특히 이 구절에 나오는 '환사(還使)'를 보통 '왜에서 백제로 돌아오는 사신'으로 해석하고 있다. 그런데 이렇게 해석을 하면 아담산배련비량부가 백제대란에 대해 질문하였는데, 조사의 대답은 엉뚱하게 왜에 체재하고 있는 새상에 대해 이야기하고 있어 동문서답을 하고 있는 것이 된다. 여기에 대해 西本昌弘은 『일본서기』에 나오는 '환사(還使)'의 용례를 검토하여[82] '백제에서 일본으로 돌아오는 사신'을 의미한다고 하면서 당시 왜조정의 풍장(=교기), 새상, 대좌평 지적 등의 인질 요구에 대해 백제왕이 새상이 나쁜 짓을 일삼기 때문에 인질로 보내더라도 천조가 거부할 것이라고 왜조정을 속이려는 발언을 하고 있다[83]고 하였다. 그래서 西本昌弘은 백제대란은 백제측의 허위 정보라고 하였지만, 필자는 그 부분은 따를 수 없고 다만 '환사(還使)'에 대한 해석은 주목해야 한다고 생각한다. 백제 조사의 대답을 새로 해석하면 "백제국주가 신들에게 '새상은 항상 나쁜 짓을 하니 백제에서 왜로 돌아가는 사신(還使)에게 따라가기를 청하더라도 천조에서는 허락하지 않을 것이다.'라고 말했습니다."가 되어야 한다. 이 부분은 사절단 중 새상(塞上)[84]만 문제가 있다고 한 발언인 것이다. 즉 백제에서 대란이 있었고 그에 따라 추방당한 것이 아닌가 하는 추궁에 백제 조사는 새상만 그런 면이 있다고 답한 것이

---

81) 김현구 · 박현숙 · 우재병 · 이재석 공저, 『일본서기 한국관계기사 연구Ⅲ』, 2004, p.109; 충청남도역사문화연구원, 『百濟史資料譯註集-日本篇-』, 2008, p.158.

82) 『日本書紀』 신공기 50년 5월, 흠명기 5년 2월, 흠명기 14년 6월, 민달기 6년 11월조에 나온다.

83) 西本昌弘, 「앞의 논문」, 1985, pp.10~11.

84) 塞上에 대해 대부분의 학자들이 塞城, 禪廣과 동일 인물로 보고 있다. 西本昌弘(「앞의 논문」, 1985)은 『舊唐書』 유인궤전에 나오는 부여융의 동생 부여용과도 동일 인물로 보는데, 이에 대해서는 확신하기 어렵다.

다. 특히 새상은 '부환사(付還使)'라 하였기에 교기의 외교 사절단과는 별개로 환사를 따라 간 인물임을 알 수 있다. 하여간 왜에서는 이런 대답을 들었기 때문에 B-⑧에서 소아대신이 교기 등을 불러 대화를 나누고 선물을 줄 때, 새상은 부르지 않은 것이다.

그러나 백제 조사의 대답에도 의심을 풀지 못한 아담산배련비량부 등은 겸인(傔人) 즉 사절단의 하급관리들에게까지 백제대란에 대해 물어보고 있다. 이는 매우 특별한 경우라 생각된다. 오늘날로 치자면 외교관인 대사가 아닌 대사의 수행원에게까지 정보를 얻으려 한 것이기 때문이다. 그만큼 왜에서는 이 사안을 중요하게 여겼다고 볼 수 있다. 만약 백제대란으로 인해 추방되어 망명해 온 사람들이라면 왜로서는 질(質)로서의 외교 사절로 인정하기 어려운 것이다.

이 문제와 관련하여 B-⑫의 황극기 원년 7월 기사에 보이는 대좌평 지적(智積)을 어떻게 볼 것인가 하는 문제가 있다. 지적을 교기와 함께 망명한 것[85] 혹은 교기와 함께 파견된 외교 사절[86]이라는 견해도 있고, 교기와는 별도로 파견된 외교 사절[87]로 보기도 한다. 필자는 대좌평 지적을 교기와 별도의 사절로 보는 견해를 따르고자 하는데, 이는 B-⑥에서 교기 등과 함께 온 백제 사신이 돌아간 후에 B-⑩에서 다시 왜에 온 백제 사신의 대사가 대좌평 지적이라 생각되기 때문이다. 이 때 대좌평 지적이 왜로 파견된 이유는, 교기와 별개의 외교 사절이라 생각하는 논고들에서 지적된 바대로 앞서 파견된 교기 일행에 대한 왜국의 의심을 잠재우기 위한 것이었다고 생각된다. 겸인의 말에 의해 죽었다고

85) 鈴木靖民,「앞의 논문」, 1992, p.185.
86) 延敏洙,「앞의 논문」, 1997, pp. 207~210.
87) 鈴木英夫,「앞의 논문」, 1990, pp.8~11; 山尾幸久,「앞의 논문」, 1992, pp.191~192; 渡邊康一,「앞의 논문」, 1993, pp.44~47; 盧重國,「앞의 논문」, 1994, 173~176.

표현된 대좌평 지적이 직접 도왜하여 그 사실이 풍문임과 교기 일행이 정식 외교 사절임을 알리고자 한 것이다. 이 때 도왜한 지적은 임무를 마치고[88] B-⑬에 보이듯이 무사히 백제로 돌아갔다. 물론 B-⑬ 기사에서 '백제사참관(百濟使參官)'이라는 구절을 '백제사인 참관[89]'으로 보아서 참관만 돌아가고 대사(大使)는 돌아가지 않았기 때문에 지적은 망명했다고 보는 견해[90]도 있다. 하지만, 이를 백제사들의 돌아가는 배 3척 중 참관의 배만 부서져 참관은 이틀 뒤에 다시 떠나야 했던 상황에서 뒷 문장의 주어인 참관을 설명하기 위해 '백제사와 참관'으로 기록하였다는 주장[91]이 더 신빙성이 있다고 판단된다.

　마지막으로 백제 내부의 권력 투쟁의 결과 패배한 측이 외교 사절로 파견 되어 졌을 때, 그들이 백제 본국을 위해 외교적 노력을 기울일 것인가 하는 문제가 남는다. 그러나 그들로서도 처형되는 것보다는 좌천 성격의 외교 사절로 나가는 것이 더 나을 수 있고, 그들이 왜에서 주어진 임무를 제대로 수행하지 못하여 본국과 단절된다면, 다시는 백제 본국으로 귀환하여 정치적으로 재기할 기회를 갖지 못하는 것이 된다.[92] 따라서 그들도 나름 불만이 많았겠지만 백제왕의 의도에 따라 활동할 수밖에 없었을 것으로 보인다.

---

88) 盧重國,「앞의 논문」, 1994, 173~176에서 지적이 추방된 교기가 왜로 가면서 악화된 백제와 왜의 관계를 회복하기 위해 파견되었으나, 임무를 완수하지 못하고 돌아와 의자왕에 의해 문책되었다고 하였다. 그러나 필자는 교기를 망명 집단이라 생각하지 않고, 교기 파견 이후 백제와 왜의 관계가 악화되었다고 보지 않기 때문에 이 견해를 따르지 않는다.

89) 백제사는 大使, 副使, 參官으로 구성되었다.

90) 渡邊康一,「앞의 논문」, 1993, pp.44~47.

91) 鈴木英夫,「앞의 논문」, 1990, pp.8~11.

92) 김수태,「앞의 논문」, 2004, pp.154~157. 그에 대한 방증으로 653년 왜와 통호한 것도 당시 왜에 머물고 있던 풍장 등의 활약으로 말미암은 것으로 보고 있다. 이러한 대왜 외교의 성과가 의자왕 후기의 왕족들의 재등장이 이루어지게 되는 기반이 되었다고 하고 있다.

이상의 논의를 정리하면 631년 왜로 파견된 풍장은 질(質)로 표기되는 외교 사절로 파견되었다. 이때 외교 사절 파견의 목적은 첫째, 백제 내부적으로는 의자와 태자 책봉 과정에 대립하던 풍장이 경쟁에서 패배하였거나 사전에 그러한 갈등을 예방하려는 것이었다. 둘째, 당시 견수사의 파견 등으로 백제 중심의 외교에서 벗어나 한반도 삼국 및 수와도 교류를 하고자 하는 왜에게 친백제 노선을 유지하게 하려는 것이었다.

642년 왜로 파견된 교기 일행도 추방되어 망명하였다기보다는 역시 외교 사절로 보아야 한다. 그러나 약 10년 만에 또다시 외교 사절단을 파견하였고, 백제대란이 일어났다는 소식을 들은 왜조정은 이들의 외교 사절로서의 자격을 의심하였다. 그 의심을 해소하기 위해 백제는 대좌평 지적을 다시 왜에 파견하였고, 지적은 임무를 완수하고 귀국하였다. 다만 풍장과 교기 일행을 비교해보면 풍장이 보다 더 정식 외교 사절에 가까웠고, 교기 일행은 역시 백제 정변과 관련하여 파견된 것으로 백제에서 보면 추방의 성격이 강하였다고 보여진다. 이 점에 대해서는 다음 절에서 백제 정변의 성격을 규명하면서 함께 서술할 것이다.

5) 『일본서기』 황극기 원년 기사에 보이는 백제 정변의 성격

이제 마지막으로 『일본서기』 황극기 원년 기사에 보이는 '백제대란(百濟大亂)'이 어떤 것인지를 검토해보자. 먼저 선학들이 이것을 어떻게 파악하고 있는지 【표 1】을 통해 살펴보면 매우 다양한 견해가 제시되고 있음을 알 수 있다. 개별적인 견해를 검토하기에 앞서 먼저 사료를 꼼꼼히 살펴보기 위해 다시 앞의 사료를 제시한다.

B-① 황극원년(642) 정월 을유. 백제에 사신으로 갔던 아담련비라부(阿曇連比羅夫)가 축자국에서 역마를 타고 와서 "백제국이 천황이 사망했다는 소식을 듣고 조문사를 파견했는데, 신은 그 조문사를 따라 함께 축자국에 도착하였습니다. 신은 장례식에 참석하고자 먼저 혼자 왔습니다. 그런데 그 나라는 지금 대란이 일어났습니다."라고 하였다.[93]

② 2월 정해삭 무자. 아담산배련비량부(阿曇山背連比良夫), 초벽길사반금(草壁吉士磐金), 왜한서직현(倭漢書直縣)을 백제 조문사가 있는 곳에 보내어 그 쪽 소식을 물었다. 조문사는 "백제국주가 신들에게 '새상(塞上)은 항상 나쁜 짓을 한다. 귀국하는 사신(還使)에게 따라가기를 청하더라도 천조에서는 허락하지 않을 것이다.'라고 말했습니다."라고 대답하였다. 백제 조문사의 종자(傔侍) 등이 "지난해 11월 대좌평 지적(智積)이 죽었습니다. 또 백제사인이 곤륜사(崑崙使)를 바다에 던져 버렸습니다. 금년 정월에 국주의 어머니가 죽었고, 또 제왕자아교기(弟王子·兒翹崎), 그 모매여자(母妹女子) 4명, 내좌평(内佐平) 기미(岐味), 그리고 이름높은 사람 40여 명이 섬으로 추방되었습니다."라고 하였다.[94]

⑱ 황극 2년 4월 경진삭 경자. 축자대재(筑紫大宰)에서 역마를 달려 아뢰기를 "백제국주의 아들 교기와 제왕자(弟王子)가 조사와 함께 왔습니다."라고 하

---

93) 皇極元年正月乙酉. 百濟使人大仁阿曇連比羅夫, 從筑紫國, 乘驛馬來言, 百濟國, 聞天皇崩, 奉遣弔使. 臣随弔使, 共到筑紫. 而臣望仕於葬, 故先獨來也. 然其國者, 今大亂矣(『日本書紀』권 제24 황극기).

94) 二月丁亥朔戊子. 遣阿曇山背連比良夫・草壁吉士磐金・倭漢書直縣, 遣百濟弔使所, 問彼消息. 弔使報言, 百濟國主謂臣言, 塞上恒作惡之. 請付還使, 天朝不許. 百濟弔使傔人等言, 去年十一月, 大佐平智積卒. 又百濟使人, 擲崑崙使於海裏. 今年正月, 國主母薨. 又弟王子兒翹岐, 及其母妹女子四人, 内佐平岐味, 有高名之人册餘, 被放於嶋(『日本書紀』권 제24 황극기).

였다.[95]

위의 내용을 재해석해서 상황을 구성해보면, 우선 B-①에서 왜조정은 아담련비라부의 보고로 백제에서 대란(大亂)이 일어났음을 전해 들었다. 하지만 아담련비라부도 백제 대란의 자세한 내용을 알지 못했기에 그[96]를 포함한 3명의 관리를 백제 조사(弔使)에게 보내 백제 대란에 대한 소식을 묻고, 이들이 정식 외교 사절로서의 자격이 있는지를 확인하고자 하였다. 이 때 백제로 파견되었던 아담련비라부가 백제 대란의 자세한 내용을 알지 못한 것에 의문이 들 수도 있는데, 백제로 파견되었다 하더라도 외교 사절이 그 나라의 자세한 사정을 다 알기는 어려운 것이고, 뒤의 해석처럼 아담련비라부는 자신을 따라온 새상에게 얼핏 백제 대란의 소식을 들은 것이라 생각된다.

아담련비라부의 질문에 대해 백제 조사는 "百濟國主謂臣言 塞上恒作惡之 請付還使 天朝不許"라고 하였다. 앞에서 거론한대로 '환사(還使)'가 백제에서 왜로 귀환하는 사절 즉 아담련비라부라고 보고 상황을 구성해 해석해보면, 의자왕에 불만을 품은 새상이 환사에게 청해 자신도 왜로 가려고 하였고, 이에 의자왕은 백제 조사 등에게 "새상이 항상 나쁜 짓을 하기 때문에 환사에 따라가기를 청해도 왜조정에서 허락하지 않을 것이다."라고 말한 것이 된다. 즉 교기 일행은 정식 외교 사절이지만 새상은 의자왕의 정식 외교 사절로서의 자격이 없음을 말한 것이라 생각된다.

---

95) 皇極二年夏四月庚辰朔庚子. 筑紫大宰, 馳驛奏曰, 百済國主兒翹岐弟王子, 共調使來.夏四月庚辰朔庚子. 筑紫大宰, 馳驛奏曰, 百済國主兒翹岐弟王子, 共調使來(『日本書紀』권 제24 황극기).
96) 아담련비라부와 B-②의 아담산배련비양부는 동일 인물로 파악된다.

그러자 아담련비라부 등은 그 말을 믿지 못하고 다시 백제 조사의 겸인들에게까지 백제 대란이 있었는지에 대해 확인을 하였다. 겸인들이 전한 정보는 세 가지인데, 첫째, 작년 11월에 대좌평 지적이 죽었다. 둘째, 백제사인이 곤륜사를 바다에 던져 버렸다. 셋째, 금년 정월에 국주의 어머니가 사망했다. 또 제왕자아교기(弟王子兒翹崎), 그 모매여자(母妹女子) 4명, 내좌평 기미 그리고 이름높은 사람 40여 명이 섬으로 추방되었다는 것이다.

이 정보를 분석해보면, 첫째는 분명히 잘못된 정보이다. 이미 많이 지적되었듯이 대좌평 사택지적은 황극 원년 7월에 대사로 왜에 오고 있고,「사택지적비문(砂宅智積碑文)」에 의해서 654년까지 생존하였음을 확인할 수 있는 것이다. 그렇다면 왜 이런 오보가 전해진 것일까? 이 소식을 전한 이들은 하급 관리들로 직접 사택지적을 만나본 사람들은 아닐 것이다. 따라서 백제에서 641년 11월에 대좌평이었던 사택지적이 대좌평 자리에서 쫓겨나고 자취를 감추었기 때문에 죽었다는 소문이 돌고 있었던 것을 전한 것으로 볼 수 있다. 이에 대해서는 앞서 언급하였듯이 이후 왜조정에서 문제가 되자 사택지적을 다시 등용하여 교기 일행의 정당성을 강조하기 위해 왜로 파견하였다고 보여진다.

둘째는 무엇을 의미하는지 정확한 내용을 파악하기 어렵다.

셋째가 가장 중요한데, 국주모가 사망하면서 교기 등이 섬으로 추방되었음을 알 수 있다. 즉 국주모의 죽음이 일련의 사태를 초래했던 것이다.[97] 추방된 인물 중 핵심적인 인물이 가장 먼저 거론된 제왕자의 아들 교기, 어머니의 여동생의 아들 4명, 내좌평 기미이다. 그럼 이들이 누구인가를 파악해야 한다.

먼저 '제왕자아교기(弟王子兒翹崎)'부터 살펴보면, 이때 역시 문제가 되는

---

97) 여기서 국주모 즉 의자왕의 어머니는 미륵사 서탑 사리봉안기에 기록된 사탁왕후로 보고자 하며 자세한 내용은 다음 절에서 서술할 예정이다.

것은 B-⑱의 '백제국주아교기제왕자(百濟國主兒翹岐弟王子)'라는 표현을 통해 교기를 백제국주의 아들 즉 의자왕의 아들로 보기도 한다는 점이다. 이미 여기에 대해서는 앞에서 여러 가지 이유를 들어 '제왕자아교기'가 맞다는 것을 설명하였다. 이것을 백제 정변과도 연결하여 다시 검증할 필요가 있다. 이미 '제왕자'를 풍장으로 보는 견해[98]가 제기되면서 【표 1】에 나타나듯이 많은 한국학자들은 이 견해를 따르고 있다. 필자도 풍장과 교기가 모두 의자왕의 모후와 연결되는 세력으로 의자왕에 의해 쫓겨났다는 점과 교기가 의자왕의 동생의 아들이라는 점을 들어 풍장을 교기의 아버지로 볼 수 있다고 지적한 바 있다.[99] 즉 무왕 대 원자였던 의자가 상당히 늦은 시기에 태자로 책봉되는 것은 무왕의 왕후와 관련하여 풍장이 강력한, 의자의 경쟁자로 존재하였기 때문이고, 그 경쟁자인 풍장을 왜로 보내고 의자는 태자로 책봉되었던 것이다. 그러나 풍장의 어머니로 생각되는 왕후[100]가 건재한 상황에서 풍장의 아들이었던 교기 세력이 여전히 의자왕에 대한 견제 세력으로 존재하고 있었다. 그러다가 왕후가 사망하자 의자왕에 의해 교기 세력이 쫓겨나는 상황인 것이다. 만약 교기가 의자왕의 아들이라면 국주모 즉 의자왕의 어머니가 사망한 것과 의자왕의 아들이 어떤 관계가 있어서 추방되었는지를 설명하기 곤란하다.

다음으로 '그 모매여자 4인(其母妹女子四人)'를 살펴보면, 교기의 어머니의 여동생(이모) 4명으로 해석하거나[101] '其'가 생략된 주어 '國主'를 받는다고 보아 의자왕의 어머니의 여동생 4명[102] 혹은 의자왕의 어머니의 여동생의 자식

---

98) 김주성, 「앞의 논문」, 2009a, pp.276~277.
99) 남정호, 「앞의 논문」, 2010, p.158.
100) 남정호, 「백제 무왕의 왕비와 의자왕의 생모에 대한 고찰」, 『역사교육론집』 55, 2015 참조.
101) 김수태, 「앞의 논문」, 2007, pp.368~369.
102) 이도학, 「앞의 논문」, 2004, p.137.

4명으로 해석[103]하는 견해가 있다. 여기서 '其'가 교기를 받는 것인지, 생략된 국주를 받는 것인지는 판단하기 어려운 면이 있는 것 같다. 먼저 교기를 받는 다고 보면 교기의 아버지인 풍장이 왜로 보내진 이후 교기를 돌봐준 이모들로 보아야 할 것 같지만, 앞에 국주모의 죽음이 언급되고 있다는 점과 당시 여자들인 이모보다 이모의 아들들이 정치적인 활동을 활발히 하였을 것으로 판단되어 의자왕의 어머니의 여동생(이모)의 아들 4명으로 보고자 한다.[104]

마지막으로 '내좌평 기미(岐味)'가 있는데, 기미는 무왕 대 전내부체제의 영수(領袖)로서 백제 내조(內朝)의 핵심 인물로 파악되고 있다.[105] 이를 통해 무왕 대 내조의 핵심 인물이 무왕 왕후와 연결되어 의자의 태자 책봉을 견제하다가 이때 밀려난 것으로 파악된다.[106]

정리하면 의자왕 모후의 사망으로 모후와 연결되어 있던 풍장의 아들 교기와 의자왕 이모의 자식 4명, 내좌평 기미가 의자왕에 의해 제거된 것으로 볼 수 있다. 그리고 '섬으로 추방되었다'는 것은 실제 사실 여부를 떠나서 당시 겸인들의 인식을 반영한 말로 생각된다. 이와 같은 말들을 통해 당시 왜조정은 백제 대란의 내용을 어느 정도 파악하고 교기 일행에 대해 의심을 품게 되었고 이에 따라 백제에서는 대좌평 지적을 다시 파견하게 되었던 것이다.

이러한 분석을 통해 기존 견해를 비판해보면, 먼저 백제 대란은 허보(虛報)라는 설[107]에 대해서는 이미 많은 비판이 가해졌듯이 겸인들의 정보가 대단히 상세한 점을 통해 모든 것이 허위로 꾸며진 것이라고 보기는 어렵다고 하겠다.

---

103) 노중국, 「앞의 논문」, 2003a, pp.29~30.
104) 남정호, 「앞의 논문」, 2010, p.151.
105) 李文基, 「앞의 논문」, 2005, pp.82~84.
106) 남정호, 「위의 논문」, 2010, pp.152~153.
107) 西本昌弘, 「앞의 논문」, 1985, pp.8~11.

이 정변을 655년에 일어난 의자왕의 아들 융과 효의 외척세력 간의 대립으로 보는 견해[108]는 이 정변이 국주모의 죽음에서 촉발되었고 제왕자의 아들 교기 등이 관련되는 것으로 의자왕의 아들인 융이나 효와 관련 있는 인물은 찾을 수 없다는 점에서 받아들이기 어렵다.

또 644년에 융이 태자로 책봉되는 것과 관련하여 의자왕의 아들들 간의 대립으로 보려는 견해들[109]도 있는데, 의자왕의 아들들 간의 대립은 655년을 전후한 시기에 있었음이 많은 논고[110]들을 통해 드러나고 있다. 의자왕 재위 초반과 후반 두 차례에 걸쳐 그것도 10여 년 만에 의자왕 아들들 간의 대립이 또 일어났다고 보기에는 의자왕 치세가 너무 후계 갈등으로 매몰되는 것 같아 동의하기 어렵다. 그리고 의자왕의 아들들이 국주모의 죽음과 어떤 관계가 있는지를 밝혀야 설득력이 있을 것이다.

한편 이때의 백제 정변을 상당히 강도가 약한 것으로 파악하여 교기 등이 백제 권력 핵심부에서 배제되었다거나[111] 왜로 파견된 것은 사실상의 좌천[112] 혹은 좌천으로 인식되었다[113]고 보는 견해들이 있다. 이 견해들은 교기 일행이 가지는 이중적인 의미에서 한 면을 강조한 것으로 보인다. 앞에서 이 교기 일행을 공식적인 외교 사절로 파악하였지만, 풍장과는 달리 백제 내부의 정변으로 인해 추방되는 성격을 강하게 갖고 있었음을 지적하였다. 즉 의자왕의 입장에서는 왜로 추방하는 한편 왜에서 백제를 위해 일하도록 기회를 준 것이

---

108) 이도학, 「앞의 논문」, 2004, p.131.
109) 鈴木靖民, 「앞의 논문」, 1992, pp.191~192; 山尾幸久, 「앞의 논문」, 1992, pp.193~ 194; 鄭孝雲, 「앞의 논문」, 1995, pp.91~93. 각각의 견해 차이는 【표 1】을 참조.
110) 이에 대한 자세한 연구사와 논쟁들에 대해서는 남정호, 「앞의 논문」, 2010 참조.
111) 鈴木英夫, 「앞의 논문」, 1990, pp.6~8.
112) 渡邊康一, 「앞의 논문」, 1993, pp.62~66.
113) 延敏洙, 「앞의 논문」, 1997, pp.208~210.

고 당시 백제 관가에서도 그러한 인식이 널리 퍼져 있었음을 알 수 있다. 그러나 왜의 입장에서는 질의 성격을 띠는 외교 사절인 것이다. 이 무렵 백제에서는 일반적으로 왕위 계승 분쟁이나 정변이 일어나면 그 상대를 숙청하지 않고 왜로 파견하는 모습을 보여 주고 있다. 곤지, 풍장, 교기 등이 그러한 모습을 보여 주고 있는데, 이는 당시 백제 외교의 중요한 특징으로 생각된다.

그렇다면 이 백제 정변은 다음과 같은 성격을 갖고 있다고 판단된다. 이 정변의 기본적인 대립 구도는 무왕 대부터 지속된 무왕의 원자 의자 대 무왕 왕후와 그 아들인 풍장 간의 대립이다. 무왕 대에는 원자인 의자와 이복동생으로 생각되는 풍장이 태자 책봉을 놓고 서로 경쟁하였는데, 여기서 의자가 승리하여 태자로 책봉되고 풍장은 왜에 파견된다. 그러나 의자가 태자가 된 뒤에도 풍장의 친모인 왕후와 풍장의 아들인 교기, 그리고 내좌평 기미 등이 의자를 견제하는 세력으로 존재하였다. 그러다가 의자왕 즉위 초 국주모가 죽자 의자왕은 자신의 반대 세력이었던 풍장의 아들 교기, 이모의 아들 4명, 내좌평 기미 등을 추방한 것이다. 이를 통해 의자왕은 왕권을 강화하는 한편 자신의 직계 왕자들을 중심으로 한 정치를 실시하고자 하였던 것이다.[114]

---

114) 노중국(「앞의 논문」, 2003a, p.30)은 이 사건은 '왕권을 강화하려는 의자왕과 모후를 등에 업은 귀족 세력 간의 마찰과 알력의 산물'이라 보고, 무왕 대에 성장한 외척을 중심으로 한 귀족 세력이 숙청 대상이라고 하였다. 김수태(「앞의 논문」, 2007, pp.365~374)는 이 정변이 의자왕이 왕제세력과 갈등을 벌였음을 보여주고 있고 정변을 단행한 이유는 전제왕권의 강화를 위한 것, 즉 왕족들의 정치적 참여와 성장을 막는 한편 자신의 직계 중심으로 정치를 하겠다는 것을 의미한다고 하였다. 김주성(「앞의 논문」, 2009a, p.277)은 의자왕에 대한 사씨 왕후 및 그 아들 풍장, 풍장의 아들 교기 세력의 대립으로 파악하고 있다. 필자는 기본적으로 이러한 김주성의 견해에 동조하면서도 국주모와 의자왕의 관계, 사씨 세력과의 관계 등에 대해서는 차이점도 있는데 이에 대해서는 후술하고자 한다.

2. 무왕의 왕비와 의자왕의 생모

    2009년 미륵사지 서탑에서 사리봉안기가 발굴된 이래 무왕 대의 정치 상황 변화 및 무왕의 왕비에 대한 논란이 지속되고 있다. 무왕의 왕비인 선화공주가 미륵사의 창건을 발원했다는『삼국유사』무왕조의 기록과 달리 미륵사지 서탑에서 출토된 사리봉안기[115]에는 '아백제왕후 좌평사탁적덕녀(我百濟王后 佐平沙乇積德女)'[116]가 미륵사의 창건을 주도하였다고 기록되어 있었기 때문이다. 새로운 자료의 발굴에 따라 많은 연구자들이 백제 무왕 대의 정치 상황과 정국 운영의 변화에 대한 논문을 발표하였다.[117] 특정 부분에 있어서는 다소 논쟁이

---

115) 이하 '사리봉안기'로 약칭함.

116) 이하 '사탁왕후'로 약칭함.

117) 미륵사지 서탑 사리봉안기의 발굴 이후 무왕 대의 정치 상황에 대해 발표된 주요 논문은 다음과 같다.

    김상현,「미륵사 서탑 사리봉안기의 기초적 검토」『대발견 사리장엄 彌勒寺의 再照明』, 2009a;「백제 무왕대 불교계의 동향과 미륵사」『韓國史學報』37, 2009b; 김수태,「백제 무왕대의 미륵사 서탑 사리봉안」『新羅史學報』16, 2009; 김주성,「백제 무왕의 정국운영」『新羅史學報』16, 2009a;「미륵사지 서탑 사리봉안기 출토에 따른 제설의 검토」『東國史學』47, 2009b; 문안식,「의자왕의 친위정변과 국정쇄신」『東國史學』47, 2009; 박현숙,「百濟 武王의 益山 경영과 彌勒寺」『韓國史學報』36, 2009; 李道學,「彌勒寺址 西

정리되어 가고 있는 점도 있지만 오히려 논란이 더 커지고 있는 부분도 발생하고 있다. 특히 많은 논란이 되고 있는 점은 무왕의 왕비가 누구인가 하는 것이다. 사리봉안기에 미륵사 창건의 발원자로 사탁왕후가 기록됨에 따라『삼국유사』무왕조의 '선화공주(善花公主)'는 설화 상의 인물로 간주해야 한다는 주장[118]이 제기되었지만, 한편 무왕의 재위 기간이 긴 점과 사탁왕후 외에 다른 왕비가 존재할 수 있음을 들어 선화공주 역시 무왕의 왕비로 인정해야 한다는 주장이 나오고,[119] 선화공주의 존재는 인정하되 신라왕실의 공주가 아니라 익산 세력으로 보아야 한다는 수정론[120]이 나오면서 무왕의 왕비를 둘러싼 논쟁이 지속되고 있다. 또 무왕의 왕비 중 의자왕의 생모가 누구인가 하는 문제가 결부되면서 각 연구자마다 다른 결론을 내고 있는 상황이다. 무왕의 왕비가 누구

塔「舍利奉安記」의 分析」『白山學報』83, 2009; 이용현, 「미륵사 건립과 사택씨 - <사리봉안기>를 실마리로 삼아 -」『新羅史學報』16, 2009; 정재윤, 「彌勒寺 舍利奉安記를 통해 본 武王·義慈代의 政治的 動向」『韓國史學報』37, 2009; 조경철, 「백제 익산 彌勒寺 창건의 신앙적 배경 - 彌勒信仰과 法華信仰을 중심으로 -」『韓國思想史學』32, 2009; 강종원, 「百濟 武王의 出系와 王位繼承」『역사와 담론』56, 2010; 김수태, 「백제 무왕대의 대신라 관계」『百濟文化』42, 2010; 남정호, 「義慈王 前期 政局 運營의 特徵」『歷史教育論集』44, 2010; 노중국, 「금석문·목간 자료를 활용한 한국고대사 연구 과제와 몇 가지 재해석」『韓國古代史研究』57, 2010a;「彌勒寺 창건과 知命法師」『백제사회사상사』, 지식산업사, 2010b; 문경현, 「백제 武王과 善花公主攷」『新羅史學報』19, 2010; 강종원, 「百濟 武王의 太子 册封과 王權의 變動」『百濟研究』54, 2011; 金榮洙, 「사리봉안기의 출현과「서동요」해석의 시각」『익산 미륵사와 백제 - 서탑 사리봉안기 출현의 의의』, 일지사, 2011; 신종원, 「사리봉안기를 통해 본『삼국유사』무왕조의 이해」『익산 미륵사와 백제 - 서탑 사리봉안기 출현의 의의』, 일지사, 2011; 주보돈, 「彌勒寺址 출토 舍利奉安記와 백제의 王妃」『百濟學報』7, 2012; 김영심, 「舍利器 銘文을 통해 본 백제 사비시기 국왕과 귀족세력의 권력관계 - 沙氏세력과의 관계를 중심으로 -」『韓國史研究』163, 2013.

118) 김상현, 「앞의 논문」, 2009b, pp.24~26; 김주성, 「앞의 논문」, 2009b, pp.30~32.
119) 노중국, 「앞의 논문」, 2010a, pp.29~32; 李道學, 「앞의 논문」, pp.252~255.
120) 김수태, 「앞의 논문」, 2009, pp.76~79.

이며, 그 중 의자왕의 생모는 누구인가에 따라 무왕 대의 정치 상황을 다르게 볼 수밖에 없기 때문에 이 문제는 무왕 대의 정치 상황을 제대로 이해하기 위해서는 반드시 해결을 해야 한다. 따라서 무왕 대 정치 상황에 대한 이해를 위한 토대로써, 논의의 범위를 좁혀 무왕의 왕비는 누구인지, 또 의자왕의 생모는 누구인지를 여러 사료와 당시 정치적 상황을 고려하여 밝혀 보고자 한다.

그런데 무왕의 왕비가 누구였는가 하는 문제는 현재까지 논란이 지속되고 있는 상황만 보아도『삼국유사』무왕조와 사리봉안기의 기록만으로는 해결하기 어렵다는 생각이 든다. 이의 해결을 위해서는『일본서기』황극기 원년조의 백제 관련 기사를 어떻게 이해할 것인가가 더욱 중요해졌다고 생각된다.『일본서기』에는 무왕의 왕비와 관련해서 '국주모(國主母)'가 나오고 있는데, 이 '국주모'를 사리봉안기의 사탁왕후(沙乇王后)와『삼국유사』무왕조의 선화공주 기사와 연결하여 무왕의 어떤 왕비인지 의자왕의 생모인지 그렇지 않은지를 파악할 필요가 있다. 따라서 세 사료를 꼼꼼하게 살피고 지금까지의 연구 성과들을 종합하여 무왕의 왕비에 대해 어떻게 이해할 것이고 의자왕의 생모가 누구인지를 추론해 보고자 한다.

1) 선행 연구 정리 및 논쟁점

사리봉안기 발굴 이후 여러 사학회의 발표회에서 수많은 논문들이 발표되었는데,[121] 그 중 무왕의 왕비에 대해 언급하고 있는 논문들의 내용을 정리하여 논쟁점을 뽑아 보고자 한다. 처음에는 기존에 무왕의 왕비로 인식되고 있

---

121) 여러 학회에서 발표된 논문들의 주요 내용은 김영수,「앞의 논문」pp.83~94에 잘 정리되어 있다.

던 '선화공주'와 사리봉안기에 기록된 '사탁왕후'의 관계를 중심으로 언급이 되다가, 차츰 『일본서기』 황극기의 기사를 중시하여 '국주모'에 대해서도 관심을 갖고 그 중요성을 표방하고 있는 상황이다. 주요 논문들의 내용을 정리하면 【표 5】와 같다.

【표 5】 무왕의 왕비에 대한 선행 연구 정리[122]

구분	『三國遺事』 무왕조의 '善花公主'	미륵사지 서탑 사리봉안기의 '沙乇王后'	『日本書紀』 황극 원년조의 '國主母'	의자왕의 생모(生母)
김수태 (09,10)	익산세력 무왕의 後妃	의자왕의 모후(생모)로 보기 어렵고, '국주모'도 아님	의자왕의 어머니, 무왕의 첫째 왕비로 사비 기반 세력 *교기와 관련된 왕비 상정	'국주모' 선화공주와 대립
김주성 (2009)	설화상의 인물	첫째 왕비 왕비는 정비를 의미하고 1명만 존재함.	사탁왕후	사탁왕후
문안식 (2009)	익산세력	무왕 즉위 초 혼인한 풍장의 모	사씨왕후	선화공주
박현숙 (2009)	진평왕의 셋째 딸, 무왕의 소비	무왕의 정비		
이도학 (2009)	진평왕의 셋째 딸로 무왕이 잠저시절 혼인한 첫째 부인이나 일찍 사망함	무왕의 後妃	(사탁왕후) 의자의 계모	선화공주
이용현 (2009)		무왕의 정처	사탁왕후	사탁왕후

---

122) 표의 내용은 주117)의 논문 내용을 정리한 것이다. 저자 뒤의 괄호는 논문 발표 연대이고, 저자의 순서는 논문 발표 연대순이다. 같은 연대인 경우 저자명을 가나다순으로 정리하였다.

구분	『三國遺事』 무왕조의 '善花公主'	미륵사지 서탑 사리봉안기의 '沙乇王后'	『日本書紀』황극 원년조의 '國主母'	의자왕의 生母
정재윤 (2009)	익산세력	미륵사 건립 주체 의자의 계모로 견제세력	사택왕후	사택왕후는 아님
노중국 (2010)	진평왕의 셋째 딸로 무왕의 先妃	무왕의 後妃 (사비 기반 세력, 나이 많아 보이지 않음)		
강종원 (2011)	익산세력으로 제1비	무왕 후기 혼인한 後妃	선화공주	선화공주
장미애[123] (2012)	익산세력		선화공주	사택왕후
김영심 (2013)		의자의 태자 책봉 반대 세력	사씨왕후	

위의 선행 연구들 속에서 논쟁점을 뽑아보면 다음과 같이 정리할 수 있다.

첫째, 『일본서기』 황극기의 '국주모(國主母)'[124]는 의자왕과 어떤 관계인가? 즉 '국주모'는 의자왕의 생모인가 그렇지 않은가 하는 문제를 해명할 필요가 있다.

둘째, 『일본서기』 황극기의 '국주모'와 사리봉안기의 '사탁왕후(沙乇王后)'는 어떤 관계인가? '국주모'와 '사탁왕후'는 동일인인가 다른 왕비인가 하는 문제이다.

셋째, 『삼국유사』 무왕조의 '선화공주(善花公主)'[125]는 어떤 사람이고, 의자 왕과의 관계는 어떠한 것인가? 하는 문제가 있다.

---

123) 장미애, 「의자왕대 정치세력의 변화와 대외정책」 『역사와현실』 85, 2012.
124) 이하 '국주모'로 약칭함.
125) 이하 '선화공주'로 약칭함.

사실 위와 같은 논쟁을 정리하기 위해서는 무왕 대의 정치 권력 관계를 분석해야 할 필요가 있고, 그 관계에 따라 무왕의 왕비나 의자왕의 생모에 대한 이해관계가 달라질 수밖에 없다. 앞의 연구들이 모두 그러한 입장에서 무왕 대의 권력 관계를 중심으로 무왕의 왕비와 의자왕의 생모를 찾고 있는 것이다. 필자는 그러한 관계를 거꾸로 추적해서 무왕의 왕비와 의자왕의 생모부터 찾아보고자 하는 것이다. 이렇게 하면 무왕 대의 정치세력에 대한 이해도 달라질 수 있을 것으로 생각된다.

2) 『일본서기』 황극기의 '국주모(國主母)'와 의자왕의 관계

『삼국유사』 무왕조에 기록된 '선화공주'를 무왕의 왕비로 볼 수 있는지, 사리봉안기에 기록된 '사탁왕후'는 어떻게 이해할 것인지와 관련하여, 필자는 『일본서기』 황극기 원년조에 기록된 '국주모'에 대한 이해가 먼저라고 생각한다. 해당 사료를 제시하면 다음과 같다.

> I. 황극 원년(642)[126] 2월 정해삭 무자. 아담산배련비량부(阿曇山背連比良夫), 초벽길사반금(草壁吉士磐金), 왜한서직현(倭漢書直縣)을 백제 조문사가 있는 곳에 보내어 그 쪽 소식을 물었다. 조문사는 "백제국주가 신들에게 '새상(塞上)은 항상 나쁜 짓을 한다. 귀국하는 사신에게 따라가기를 청하더라도 천조에서는 허락하지 않을 것이다.'라고 말했습니다."라고 대답하였다. 백제 조문사의 종자(從者) 등이 "지난해 11월 대좌평(大佐平) 지적(智積)이 죽었습니다. 또

---

126) 의자왕 2년에 해당된다.

백제사인이 곤륜사(崑崙使)를 바다에 던져 버렸습니다. 금년 정월에 ⊙국주의 어머니(國主母)가 죽었고, 또 제왕자아교기(弟王子兒翹崎), 그 모매여자(母妹女子) 4명, 내좌평(內佐平) 기미(岐味) 그리고 이름높은 사람 40여 명이 섬으로 추방되었습니다."라고 하였다[127](『日本書紀』권24 황극 원년).

먼저 사료 I의 ⊙'국주모'가 의자왕의 생모인지의 여부를 살펴보고자 한다. 현재 '국주모'를 의자왕의 생모로 보는 연구자와 의자왕의 생모가 아닌 것으로 파악하는 연구자로 갈려 있다.[128] 이 중 '국주모'를 생모로 보는 연구자들도 입장이 나뉘는데, 김주성과 이용현은 '선화공주'는 설화상의 인물이고 사리봉안기의 '사탁왕후'만을 사료상에 나타나는 무왕의 왕비로 인정하는 입장이기 때문에 '국주모'는 사탁왕후이고 의자왕의 생모라고 파악하고 있다. 김수태는 '국주모'라고 표현되었기 때문에 의자왕의 생모일 것이라고 추정하고 국주모가 어떤 인물인지에 대해서는 명확한 입장을 표명하지 않았다. 강종원은 '국주모'를 선화공주로 보는 입장에서 의자왕의 생모라고 설명하고 있다.

이러한 견해 중 첫 번째 견해에 대해 좀 더 깊게 검토를 할 필요가 있다. 무왕의 왕비가 당대 금석문인 사리봉안기에 기록된 '사탁왕후' 밖에 없다는 입장, 즉 후궁은 여러 명 있을 수 있지만 정비(正妃)는 한 명만 존재한다는 지적[129]이 있다. 이에 대한 검토를 위해서는 먼저 백제에서의 왕비에 대한 개념을 정리할

---

127) 二月丁亥朔戊子. 遣阿曇山背連比良夫·草壁吉士磐金·倭漢書直縣, 遣百濟弔使所, 問彼消息.. 弔使報言, 百濟國主謂臣言, 塞上恒作惡之. 請付還使, 天朝不許. 百濟弔使儐人等言, 去年十一月, 大佐平智積卒. 又百濟使人, 擲崑崙使於海裏. 今年正月, 國主母薨. 又弟王子兒翹岐, 及其母妹女子四人, 内佐平岐味, 有高名之人冊餘, 被放於嶋.

128) 【표 5】참조.

129) 김주성, 「앞의 논문」, 2009b, p.31.

필요가 있다. 백제 왕비의 칭호와 격에 대해서 백제에서는 '비(妃)'에 대한 범칭으로 '부인(夫人)'이라고 불렀고, '부인'은 후궁이 아니었으며, 그 소생이 태자로 책봉되거나 혹은 여타 공적이나 요인이 작용하여 '대부인(大夫人)=대비(大妃)=왕후(王后)'가 되었고 '왕후'가 정비(正妃)라고 한 견해[130]가 주목된다. 백제에서는 후궁이 아닌 왕비(=부인)가 복수로 존재한 것으로 볼 여지가 많은 것이다. 이와 관련하여 백제 왕실의 혼인 형태가 일부다처제(一夫多妻制)였는가[131] 일부일처다첩제(一夫一妻多妾制)였는가[132] 하는 문제가 제기되는데, 위와 같은 왕비의 개념에 비추어 보거나 적어도 무왕 대와 의자왕 대에 모계를 달리하는 왕자들 간의 왕위 계승 분쟁이 존재하는 상황을 고려하면 일부다처제가 실시되고 있었다고 보는 것이 옳을 것 같다. 물론 왕비(=부인)들 사이에 서열이 존재하고 사후 왕의 무덤에 함께 매장될 권리는 정비인 왕후(=대부인)에게만 주어졌겠지만, 다른 왕비들도 재산 상속권이나 아들의 왕위계승권은 갖고 있었던 것으로 보인다. 그리고 정비인 왕후도 사망이나 기타 정치적 요인에 의해 축출되거나 하여 교체될 수 있는 가능성도 충분히 있었다고 판단된다. 다른 연구자들도 무왕의 왕비가 사탁왕후밖에 없다는 견해에 대해 반론을 제기하였다.[133] 무왕의 재위 기간이 40여 년이나 될 정도로 긴 점과 백제를 포함한 삼국의 왕들에게 여러 명의 왕비가 존재하였음을 쉽게 찾을 수 있는 점을 고려하면 무왕의 왕비로 기록된 사료가 하나뿐이라고 해서 왕비를 한 명으로 보는 것은

---

130) 李道學, 「앞의 논문」, pp.244~247.

131) 주보돈, 「앞의 논문」, pp.39~47.

132) 김영심, 「혼인습속과 가족구성원리를 통해 본 한국 고대사회의 여성」『강좌 한국고대사』10, 2012, pp.341~343.

133) 【표 5】에서 김주성, 이용현을 제외한 다른 연구자들은 모두 무왕의 왕비가 여러 명이었음을 지적하고 있다.

문제가 있다는 지적들이 나오고 있는 것이다. 특히 사리봉안기에 그냥 왕후라고만 표현해도 되는 상황에서 굳이 '사탁적덕녀(沙乇積德女)'라는 표현을 쓴 것은 사탁씨의 딸 외에도 다른 가문 출신의 왕비가 여럿 있었기 때문에 어떤 왕비인지 명확히 하기 위해 그것을 명기하였다고 지적[134]한 내용을 유념할 필요가 있다고 본다. 해당 사료를 제시하면 다음과 같다.

J. 가만히 생각하건데, 법왕(法王)께서 세상에 출현하시어 근기(根機)에 따라 부감(赴感)하시고, 중생에 응하여 몸을 드러내신 것은 마치 물속에 달이 비치는 것과 같으셨다. 그래서 왕궁에 태어나시고 사라쌍수(娑羅雙樹) 아래에서 열반을 보이셨으며, 8곡(斛)의 사리(舍利)를 남기시어 삼천대천세계(三千大天世界)를 이익되게 하셨다. 마침내 오색(五色)으로 빛나는 (사리로) 하여금 일곱 번 돌게 하였으니 그 신통변화(神通變化)는 불가사의(不可思議)하였다.

ⓛ우리 백제왕후(百濟王后)께서는 좌평(佐平) 사탁적덕(沙乇積德)의 딸로 오랜 세월[曠劫]에 선인(善因)을 심으셨기에 금생(今生)에 뛰어난 과보[勝報]를 받아 태어나셨다. (왕후께서는) 만민(萬民)을 어루만져 길러주시고 삼보(三寶)의 동량(棟梁)이 되셨으니, 이에 공손히 정재(淨財)를 희사하여 가람(伽藍)을 세우시고, 기해년(己亥年) 정월 29일에 사리를 받들어 맞이하셨다.

원하옵니다. 세세토록 하는 공양이 영원토록[劫劫] 다함이 없어서 이 선근(善根)으로써 우러러 자량(資糧)이 되어 대왕폐하(大王陛下)의 수명은 산악과 같이 견고하고, 치세[寶曆]는 천지와 함께 영구하여, 위로는 정법(正法)을 넓히고 아래로는 창생(蒼生)을 교화하게 하소서.

---

134) 주보돈, 「앞의 논문」, p.40.

또 원하옵니다. 왕후(王后) 당신의 마음은 수경(水鏡)과 같아서 법계(法界)를 항상 밝게 비추시고, 몸은 금강(金剛)과 같아서 허공과 나란히 불멸(不滅)하시어, 칠세구원(七世久遠)토록 다함께 복되고 이롭게 하시고, 모든 중생들 함께 불도(佛道)를 이루게 하소서[135](미륵사지 서탑 사리봉안기).

만약 정비인 왕후가 한 명밖에 없다면 백제왕후라고만 기록을 하더라도 모두 누구를 말하는지 알 수 있는 것이다. 그런데 왕후가 사탁적덕의 딸임을 밝히고 있는 것은 사탁씨 이외의 왕비가 존재하기 때문에 어느 왕비인지 명확하게 하기 위해 출신을 적고 있는 것으로 보는 것이 옳을 것이다.

설령 정비인 왕후는 한 명만 존재한다는 것을 받아들인다고 해도 무왕의 왕비가 사탁왕후 밖에 없었다고 하기는 어렵다. 사리봉안기의 내용은 무왕 39년 당시에 무왕의 왕비가 사탁왕후였음을 알려줄 뿐이고 사탁씨가 무왕과 처음으로 혼인한 정비였다고 단정할 수는 없다는 견해[136]도 제시되고 있는 것이다. 즉 백제 왕실이 일부일처제를 유지했다고 보더라도 무왕 39년 이전에 다른 왕비가 있다가 사망 등의 이유로 왕비가 바뀌었을 가능성은 얼마든지 있는 것이다. 사리봉안기가 알려주는 정보는 무왕 39년에는 사탁왕후가 왕후였다는 것에 한정되는 것이다. 따라서 무왕의 왕비를 사리봉안기의 '사탁왕후' 한

---

135) 竊以, 法王出世, 隨機赴感, 應物現身, 如水中月. 是以, 託生王宮, 示滅雙樹, 遺形八斛, 利益三千. 遂使, 光曜五色, 行遶七遍, 神通變化, 不可思議. 我百濟王后, 佐平沙乇 積德女, 種善因於曠劫, 受勝報於今生. 撫育萬民, 棟梁三寶, 故能, 謹捨淨財, 造立伽藍, 以己亥年正月卄九日, 奉迎舍利. 願使, 世世供養, 劫劫無盡, 用此善根. 仰資, 大王陛下, 年壽與山岳齊固, 寶曆共天地同久, 上弘正法, 下化蒼生. 又願, 王后卽身, 心同水鏡, 照法界而恒明, 身若金剛, 等虛空而不滅, 七世久遠, 并蒙福利, 凡是有心, 俱成佛道.
136) 김영심, 「앞의 논문」, pp.17~18.

명만으로 보기는 어렵고, 여러 명의 왕비가 있었을 가능성을 인정하는 것이 옳다고 생각된다.

다음으로 '국주모'를 의자왕의 생모로 보려는 입장을 검토해보면, '국주모'라는 글자의 뜻에서 의자왕의 생모라고 판단할 가능성은 충분히 있지만, 그렇게 단정하기도 어려운 것 같다. '국주모'라는 용어의 용례가『일본서기』에서 이 기사 단 한 곳만 나오고 있고, 중국이나 한국의 고대 사서에서는 나오지 않기 때문에 글자의 뜻만으로 판단하기보다 다른 상황들을 고려해서 생모인지 아니면 생모가 아닌 어머니를 뜻하는지 파악할 필요가 있다.

따라서 '국주모'에 대한 이해를 위해서는 사료 H의『일본서기』황극 원년 기사를 찬찬히 따져보고, 이에 나타나는 백제 정변의 성격을 음미할 필요가 있다. 먼저 황극 원년의 기사를 보면 국주모의 사망에서 교기 등을 추방하는 정변이 일어났음을 알 수 있다. 그렇다면 국주모와 뒤에 추방되는 교기, 이모의 아들 4명, 내좌평 기미 등은 국주모와 연결된 세력이라고 할 수 있다. 따라서 이때의 정변은 의자왕에 대해 모후(국주모)를 중심으로 한 의자왕의 반대 세력(교기, 기미 등)이 대립하다가, 국주모가 죽자 의자왕이 왕권 강화를 위해 국주모와 연결되었던 반대 세력을 제거한 것이라 할 수 있다.[137] 특히 이 정변의 성격과 관련해서 주목되는 기사가 있다.

K. 서명 3년 3월 경신삭. 백제왕 의자(義慈)가 왕자 풍장(豊章)을 보내어 질(質)로 삼았다(『日本書紀』권23 서명 3년).

---

137) 『日本書紀』황극 원년조에 기록된 백제정변의 성격에 대해서는 남정호, 『『日本書紀』에 보이는 풍장과 교기 관련 기사의 재검토』『백제연구』60, 2014, pp.143~148을 참조하시기 바란다.

사료 K의 서명 3년은 631년으로 의자가 태자로 책봉되기 한 해 전이다.[138] 풍장은 무왕의 아들이자 의자의 이복형제[139]로 의자와의 태자 경쟁에서 패하여 왜에 외교 사절로 파견된 것으로 보인다.[140] 이 사료와 의자가 태자로 책봉되는 해가 무왕 33년으로 굉장히 늦은 점을 연결하면 의자가 태자로 책봉되기까지는 이복형제인 풍장을 지지하는 세력으로부터 견제를 받고 있었던 상황이었음을 짐작할 수 있다. 이렇게 풍장이 왜로 떠난 후 '국주모'를 중심으로 풍장의 아들인 교기[141] 등이 세력을 이루어 여전히 태자 의자를 견제하던 상황이었고, 그러던 중에 '국주모'가 사망하자 국주모와 연결된 세력들을 추방하고 의자왕이 친정 체제를 강화하려 한 것이 바로 642년 백제 정변인 것이다. 그렇다면 '국주모'와 의자왕은 서로 다른 권력 관계를 가진 것으로 이해할 수밖에 없고,[142] 국주모와 의자왕을 친모자 관계로 파악하기는 어려운 것이다.[143] 그래서 김주성은 이런 대립관계를 설정하면서도, '국주모'를 의자왕의 생모로 보았기 때문에 "왜 이렇게 의자왕이 자신의 외가 세력(사씨 세력)으로부터 배제되었는지 알 수 없다."[144]고 말하고 있는 것이다. 즉 '국주모'를 의자왕의 생모

---

138) 이 기사의 시점인 631년은 의자왕 치세가 아니라 무왕의 치세이기 때문에 기사의 기년에 오류가 있다고 보기도 하지만 필자는 이 시점을 인정할 수 있다고 생각한다. 자세한 내용은 남정호, 「앞의 논문」, 2014, pp.128~132를 참조하시기 바란다.

139) 남정호, 「위의 논문」, 2014, pp.132~138.

140) 남정호, 「위의 논문」, 2014, pp.139~140.

141) 풍장과 교기의 관계에 대해서는 김주성, 「앞의 논문」, 2009b, pp. 276~277; 남정호, 「위의 논문」, 2014, pp.132~138을 참조하시기 바란다.

142) 이도학, 문안식, 정재윤 등도 이 점을 지적하고 있다.

143) 국주모가 의자왕의 계모임은 이도학(「해동증자 의자왕의 생애」『백제실록 의자왕』, 부여군 문화재보존센터, 2008, pp.16~19.)이 가장 먼저 지적하였고 여러 가지 근거들을 잘 들고 있다.

144) 김주성, 「앞의 논문」, 2009a, p.277.

로 보게 되면 국주모와 의자왕 사이의 대립관계를 합리적으로 설명하기 어려운 것이다.

만약 의자왕과 '국주모'를 친모자 관계로 설정하려면 왜 모자간에 서로 다른 권력 관계를 가지게 되었는지, 의자왕이 왜 외가 세력으로부터 버림을 받았는지를 설명해야 할 필요성이 있는 것이다. 한 가지 가능한 설명이 있다면 『일본서기』 서명 3년에 왜로 보내진 '풍장'을 '국주모'의 또 다른 왕자로 인식하고 같은 동복형제끼리 태자 책봉을 위한 경쟁을 벌였다고 할 수 있다. 하지만 역시 그렇다면 왜 의자왕의 어머니와 외가 세력은 원자인 의자를 제쳐두고 그 동생을 지지했는가 하는 문제를 해명하지 않으면 안 되는 것이다. 아니면 이 정변이 의자왕과 모후세력의 대립에서 촉발된 사건이 아님을 밝혀야 할 것이다.[145] 이러한 문제가 해결되지 않는 한 '국주모'는 의자왕의 생모라고 보기는 어려운 것이다. 이상에서 살펴본 것처럼 『일본서기』 황극기의 '국주모'는 의자왕과는 권력 관계가 다르고, 의자왕의 생모로 보기는 어렵다고 판단된다.

3) '국주모'와 사리봉안기의 '사탁왕후(沙乇王后)'의 관계

그럼 『일본서기』 황극기의 '국주모'는 어떤 왕비인가? 하는 문제가 있는데, 【표 5】의 내용을 보면 역시 '국주모'를 사탁왕후로 보는 견해와 선화공주로 보는 견해로 갈리고 있다.

---

145) 김수태는 백제 정변의 성격을 의자왕과 왕제세력의 갈등으로 보면서도 '국주모'를 의자왕의 생모로 파악하다보니, 국주모가 사탁왕후는 아니고 선화공주와 대립한 왕비로 보이지만, 어떤 왕비인지는 알기 어렵다고 하고 있다. 한편 '교기'와 관련된 왕비를 따로 설정하고 이 왕비를 선화공주로 파악할 가능성이 있다고 하였다(김수태, 「앞의 논문」, 2009, pp.11~13).

먼저 '국주모'와 사리봉안기의 '사탁왕후'와의 관계를 살펴보도록 하겠다. 사리봉안기가 기록된 시점은 639년이므로 이 당시 무왕의 왕비는 '사탁왕후'임이 틀림없다. '국주모'가 사망한 시점은 642년으로 사리봉안기와 3년 밖에 시간 차이가 나지 않는다. 백제 왕실의 혼인 형태가 일부일처제였다면 1년 뒤 국왕이 사망하는 상황에서 왕비가 바뀌었다고 보기는 어렵기 때문에 '국주모'는 사탁왕후일 가능성이 높다. 하지만 앞에서 언급한대로 백제 왕실에서는 일부다처제가 시행되고 있었을 가능성이 크기 때문에 다른 왕비가 공존할 수 있어서 사탁왕후라고 확신할 수는 없을 것 같고 다른 요소들을 감안해서 살펴보아야 할 것 같다.

그런 점에서 사료 I를 살펴보면, 백제 정변으로 볼 수 있는 일련의 사건들 중 가장 먼저 언급된 것은 '대좌평 지적'의 죽음이었다.[146] 이 대좌평 지적은 사택지적과 동일 인물로, 사택씨 세력이 이 정변에 연루되어 있음을 알 수 있다. 일련의 사건들 중 첫 번째가 사택지적의 죽음이었던 것이다. 그리고 국주모의 죽음과 교기 등이 밀려나는 상황이 하나로 연결되어 있기 때문에, 이때의 '국주모'는 역시 사택씨와 관련 있는 인물일 수밖에 없는 것이다. 그렇다면 '국주모'는 바로 사리봉안기의 '사탁왕후'로 파악하는 것이 가장 합리적일 것이다.

한편 '국주모'를 선화공주(익산 세력)로 보는 강종원, 장미애의 견해가 있는데, 먼저 강종원의 견해를 검토해 보자. 강종원은 무왕이 신라 왕실의 선화공주와 결혼한 것이 아니라 익산 세력인 선화공주와 결혼한 것이라는 김수태의

---

146) 대좌평 지적의 죽음은 곧이어 지적이 백제사신으로 왜에 오고 있기 때문에 잘못된 내용이다. 하지만 필자는 이 기사는 대좌평 지적이 대좌평 자리에서 쫓겨나고 자취를 감추었기 때문에 하급 관리들 사이에서는 지적이 죽었다는 소문이 돌고 있던 것을 전한 것으로 보았다(남정호, 「앞의 논문」, 2014, p.145).

견해[147]와 사탁씨 왕후는 무왕의 제1비가 아니었을 가능성이 높다는 노중국의 견해[148]를 좇아, 무왕이 즉위하기 전에 출생한 의자[149]는 익산 출신인 선화공주의 소생이라고 보았다. 또 의자가 태자로 책봉되는 것은 사비 환궁 이후이기 때문에 사비를 기반으로 한 사씨 세력과 타협한 결과로 보고, 사씨 세력이 의자를 지지한 이유로는 무왕과 뒤늦게 혼인한 사씨 왕후 소생의 왕자가 아직 어렸기 때문이라고 하고 있다. 그러면서 '국주모'는 의자왕의 친모로 익산 출신의 무왕 제1비라고 하였다. 이 정변은 익산세력이 풍장 세력을 지지하자 의자왕이 사씨 세력과 함께 익산세력을 중앙정치에서 완전히 축출하려고 한 것이라고 파악하였다.[150] 그런데 그렇다면 당장 제기될 수 있는 문제가 '국주모'는 의자왕의 생모인데 왜 그 죽음에서 정변이 촉발되었는가 하는 것이다. 더군다나 익산 세력은 의자왕의 생모와 연결되는 세력인데 왜 의자가 아닌 풍장을 지지하였는지도 의문이다. 익산 출신인 '선화공주'가 의자왕의 생모인데, 익산세력과 생모인 선화공주가 의자왕에 적대적인 세력이었고, 의자왕의 생모가 아닌 사탁왕후와 사씨 세력이 의자를 지지하였다는 결론이 되고 마는 것이다. 이러한 결론이 도출되는 데에는 익산 출신의 왕비를 제1비로, 사씨 왕비를 제2비로 설정하였기 때문으로 보인다. 그래서 무왕 후반기에 새로 왕후가 된 사씨 왕비 소생의 왕자는 나이가 어려서 태자로 책봉되기 어려우니 의자를 지지한 것으로 보고 있는 것이다. 그런데 그 근거가 되는 노중국의 견해를 살펴보면, 사리봉안기에 나타난 사탁왕후는 그리 나이가 많아 보이지 않기 때문

---

147) 김수태, 「앞의 논문」, 2010, pp.78~79.
148) 노중국, 「앞의 논문」, 2010b, pp.430~432.
149) 의자왕의 아들인 부여융의 출생년(615년)에서 의자왕의 출생년을 추정하면 대략 595년 경으로 볼 수 있다.
150) 강종원, 「앞의 논문」, 2011, pp.150~161.

에 무왕의 제1비로 보기 어렵다는 것이다.[151] 하지만 필자는 사리봉안기를 통해 사탁왕후의 나이를 짐작할 수 있는지 의문이 든다. 오히려 사리봉안기에 나타난 사탁왕후가 3년 뒤에 사망하는 국주모라고 본다면 나이가 많았을 것으로 보인다. 국주모의 나이는 사리봉안기보다 『일본서기』를 통해 추론해 볼 수 있다.

> L. 황극 원년(642) 5월 병자. 교기(翹崎)의 아들이 죽었다. 이때 교기와 그의
> 처가 아들이 죽은 것을 꺼려 상장(喪葬)에는 나아가지 않았다(『日本書紀』 권24
> 황극 원년).

『일본서기』 황극기에 나오는 교기를 풍장의 아들이고 국주모의 손자로 보았을 때,[152] 사료 L처럼 교기가 왜로 건너간 해에 교기의 아들이 사망하였으므로 교기는 최소 20대로 볼 수 있고, 풍장은 40대, 국주모는 60대로 파악할 수 있다. 60대의 국주모가 노령으로 인해 사망한 것으로 보는 것이 자연스러운 것이다.

국주모(사탁왕후)의 나이를 통해 무왕의 왕비가 된 시점을 생각해보면, 사탁왕후는 무왕 후기에 젊은 나이로 새로 간택된 왕비로 보기 어렵다. 적어도 무왕 즉위 초기에 왕비가 된 것이다.[153] 무왕의 나이를 생각해봐도 역시 마찬

---

151) 노중국, 「앞의 논문」, 2010b, p.432.
152) 남정호, 「앞의 논문」, 2014, pp.132~138.
153) 최근 김영관(「백제 말기 중앙 귀족의 변천과 왕권 - 문헌 자료의 재해석과 금석문 자료를 이용한 새로운 이해 -」『한국고대사탐구』19, 2015)은 무왕 39년(638) '왕이 大池에서 嬪御와 뱃놀이를 하였다'는 『三國史記』 기록의 빈어를 사탁왕후로 보고, 뱃놀이 직후 무왕 639년에 후궁에서 정식 왕비로 책봉되었다고 하였다. 그 근거로 사리봉안기에 '오랜 세월 동안 善因을 심으시어 금생에 뛰어난 과보를 받으셔서, 만민을 어루만져 기르시고 三寶의 棟梁이 되셨'고 표현한 것은 왕비의 자리에 오른 것을 두고 한 말로

가지이다. 무왕은 615년에 출생한 부여융(의자왕의 아들)을 통해 나이를 계산하면 대략 575년 경에 출생한 것으로 볼 수 있다. 무왕을 법왕의 아들이라고 보고 위덕왕이 525년 생[154]임을 기준으로 계산하면 위덕왕의 동생인 혜왕을 528년 생 정도로 보고 아들인 법왕이 548년, 무왕이 568년 정도에 출생한 것으로 볼 수 있다. 대략적으로 계산을 해도 무왕은 즉위 시에 26세에서 33세 정도였음을 알 수 있다. 당시에는 20세가 되기 전에 결혼을 해서 출산을 할 수도 있으므로 출생 연도가 더 올라갈 가능성도 있다. 하여간 무왕 재위 후반기인, 사걸이 등장[155]하는 무왕 28년을 기준으로 계산하면, 무왕은 50대 중반에서 60대 초반의 나이가 되는 것이다. 가능성이 전혀 없는 것은 아니지만 당시로는 연로한 나이였다고 볼 수 있는 시점에 새로 젊은 왕비를 맞이하여 집권 세력을 바꾼다는 것은 현실성이 떨어진다고 하겠다. 이미 아들인 의자의 나이가 30대 중반 이상 되기 때문에 아들들의 혼인을 통해 권력 관계를 조정하려는 시도를 하는 것이 더 현실적이라고 하겠다.[156] 이런 관점에서 보면 '사탁왕후'는 나이가 많아 보이지 않기 때문에 '국주모'를 익산 출신의 선화공주라고 하

파악하였다. 이에 대해 필자는 무왕 39년에 사탁왕후가 왕후로 책봉되고 그에 따라 미륵사 서석탑 사리봉안을 주도하였다는 것은 가능성이 높다고 생각한다. 다만 대표적 귀족 세력이자 좌평인 사탁적덕의 딸을 후궁으로 삼았다고 보기는 어렵다고 생각한다. 백제 왕실이 일부다처제를 시행하고 있었다고 보면 사탁적덕의 딸은 무왕 초기 왕비(부인)가 되었다가 선화왕후의 사망이후 무왕 40년(639) 이전에 왕후(대부인)가 된 것이 아닐까 한다.

154) 『日本書紀』 권 제19 흠명기 14년조 고구려와의 전투 기사에서 위덕왕의 나이를 추산할 수 있다.

155) 『三國史記』 권 제27 백제본기 제5 무왕 28년.

156) 실제 의자는 615년 즉 무왕 즉위 15년에 부여융을 낳았기 때문에 그 전에 결혼을 하였음을 알 수 있고, 의자왕의 아들들이 최소 13명은 기록상으로 확인이 되므로 부인이 한 명이었다고 보기는 어렵다. 그렇다면 무왕 즉위 10년경부터 의자는 여러 귀족가문과 혼인관계를 맺었다고 보아야 한다.

기는 어려울 것 같다.

또, 장미애는 의자왕이 태자로 책봉되는 시점인 무왕 후기는 사씨 세력이 크게 부각되는 시기였기 때문에 의자왕이 '사탁왕후'의 아들이라고 보았다. 그리고 『일본서기』 황극기의 백제 정변은 의자왕과 국주모에 연결된 세력과의 대립으로 보고, '국주모'와 의자왕은 친모자 관계가 아니기 때문에 '국주모'는 선화공주라고 판단하였다.[157] 하지만 사씨 세력이 권력을 장악한 시점에 의자가 태자로 책봉되었다고 해서 반드시 의자왕이 사탁왕후의 아들이라고 볼 수는 없다. 의자가 당시의 집권 세력이나 왕비의 소생이 아니었기 때문에 태자로 책봉되는데 어려움을 겪었다고 볼 가능성이 더 크다고 생각된다. 그렇다면 거꾸로 '국주모'와 의자왕은 친모자 관계가 아니기 때문에 '국주모'는 '사탁왕후'여야 하는 것이 된다. 이상과 같이 『일본서기』 황극기의 '국주모'가 누구인가에 대해 살펴보았는데, 아무래도 '국주모'는 사리봉안기의 '사탁왕후'로 파악하는 것이 가장 합리적인 해석이라 판단된다.

4) 『삼국유사』 무왕조의 '선화공주(善花公主)'와 의자왕의 관계

그러면 의자왕의 생모는 누구인가 하는 문제가 남는데, 현재까지 사료상으로 남아 있는 무왕의 왕비는 『삼국유사』 무왕조에 나오는 '선화공주' 밖에 없다.

M. 제30대 무왕(武王)의 이름은 장(璋)이다. 그 어머니는 과부인데 서울의 남쪽 못가에 집을 짓고 살다가 못 속의 용과 관계하여 장을 낳았으니, 어릴 때 이름

---

157) 장미애, 「앞의 논문」, pp.231~235.

은 서동(薯童)이다. 재기(才器)와 도량(度量)이 커서 헤아리기가 어려웠다. 항상 마를 캐어 팔아서 생계를 이었으므로 나라사람들이 서동이라 이름을 지었다.

ⓒ신라 진평왕의 셋째공주 선화(善花)—혹은 선화(善化)라고도 쓴다—가 뛰어나게 아름답다는 말을 듣고 머리를 깎고 신라의 서울로 와서 마를 동네 아이들에게 먹이니, 이내 아이들이 친해져 그를 따르게 되었다. 이에 동요를 지어 아이들을 꾀어서 부르게 했는데 그 노래는 이러하다. "선화공주님은 남 몰리 얼려 두고 서동방을 밤에 몰래 안고 간다." 동요가 서울에 널리 퍼져서 대궐 안에까지 들리니 백관이 임금에게 극력 간하여 공주를 먼 곳으로 귀양 보내게 했다. 떠날 때 왕후는 순금 한 말을 노자로 주었다. 공주가 장차 귀양지에 이르려 하는데 도중에 서동이 나와 절하면서 모시고 가겠다고 했다. 공주는 비록 그가 어디서 왔는지는 알지 못했으나 우연히 믿고 좋아했다. 이로 말미암아 서동을 따라오게 하여 남몰래 관계를 맺었다. 그런 후에야 서동의 이름을 알았으며, 동요의 영험을 알았다.

함께 백제에 이르러 모후(母后)가 준 금을 꺼내 놓으며 장차 살아갈 계획을 세우려 하자 서동은 크게 웃으며 말했다. "이것이 무엇이오?" 공주가 말했다. "이것은 황금입니다. 한평생의 부를 이룰 만합니다." "나는 어릴 때부터 마를 캐던 곳에 황금을 흙덩이처럼 쌓아두었소." 공주는 이 말을 듣고 크게 놀라면서 말했다. "그것은 천하의 진귀한 보배이니 당신이 지금 그 금이 있는 곳을 알면 그 보물을 부모님이 계신 궁전으로 보내는 것이 어떻겠습니까?" 서동이 말했다. "좋소." 이에 금을 모아 산더미처럼 쌓아놓고, 용화산(龍華山) 사자사(師子寺)의 지명법사(知命法師)에게 가서 금을 실어나를 계책을 물으니 법사는 말했다. "내가 신통한 힘으로 보낼 수 있으니 금을 가져오시오." 공주가 편지를 써서 금과 함께 사자사 앞에 갖다놓으니, 법사는 신통한 힘으로 하룻밤 사이에 신라 궁중으로 보냈다. 진평왕은 그 신비로운 변화를 이상히 여겨 더욱 서동을

존경했으며 항상 편지를 보내어 안부를 물었다. 서동은 이로 말미암아 인심을
얻어 왕위에 올랐다.

어느 날 무왕이 부인과 함께 사자사에 가려고 용화산 밑의 큰 못가에 이르
니 미륵삼존(彌勒三尊)이 못 가운데서 나타나므로 수레를 멈추고 절을 올렸다.
부인이 왕에게 말했다. "이곳에 큰 절을 세워주십시오. 진실로 제 소원입니다."
왕은 그것을 허락했다. 지명법사에게 가서 못을 메울 일을 물었더니 법사는 신
통한 힘으로 하룻밤 사이에 산을 헐어 못을 메워서 평지로 만들었다. 이리하여
미륵삼존의 상을 만들고, 전(殿)과 탑과 낭무(廊廡)를 각각 세 곳에 세우고 절
이름을 미륵사(彌勒寺)『국사』에서는 왕흥사(王興寺)라 하였다-라 하였다. 진평
왕이 많은 공인(工人)을 보내어 그 역사를 돕게 하니 그 절은 지금도 보존되어
있다<『삼국사』에는 이 분을 법왕(法王)의 아들이라 했는데, 여기서는 독녀(獨
女)의 아들이라 했으니, 자세히 알 수 없다>(『三國遺事』 권2 紀異2 武王).

사료 M의 ⓒ선화공주에 대해 미륵사지 서탑 사리봉안기의 발굴 이후 실존
인물이 아니라 설화상의 허구로 보려는 경향이 있는데, 최근 고고학적인 검토
를 통해 선화공주의 실존을 주장한 연구[158]가 발표되어 주목된다. 이 연구에서
는 익산 쌍릉의 편년을 출토 유물을 통해 검증하여 소왕묘가 먼저 만들어지고
대왕묘가 나중에 만들어진 것으로 추정하고, 대왕묘의 경우 대소형의 좌금구
(座金具)와 목관장식금구(木棺裝飾金具)의 상대편년이 7세기 중엽에 해당하고
미륵사지 서석탑 출토 사리용기보다 기술적으로 퇴화하였기 때문에 639년보
다 늦게 축조된 것으로 보았다.[159] 그리고 소왕묘의 주인공을 소왕묘 출토 금

---

158) 李炳鎬, 「百濟 泗沘期 益山 開發 時期와 그 背景」 『百濟研究』 61, 2015.
159) 李炳鎬, 「위의 논문」, pp.71~83.

동제투조좌금구(金銅製透彫座金具)의 제작 시기가 7세기 전엽에 해당하기 때문에 6세기 말에 사망한 혜왕이나 법왕이라거나 642년에 사망한 무왕의 왕비로 보기 어렵고, 무왕보다 먼저 죽은 또 다른 왕비 즉, 선화공주일 가능성이 가장 높다고 보았다.[160] 이러한 고고학적 검토 결과나 무왕 대의 정치 상황을 고려한다면 선화공주의 실존을 인정하는 것이 큰 무리는 아니라 할 것이다.

또 선화공주가 진평왕의 딸인가 익산세력인가 하는 문제는 뒤에 검토하겠지만, 새로운 금석문이나 사료의 발굴로 무왕의 다른 왕비가 나타나지 않는 이상은 선화공주를 의자왕의 생모로 파악하는 것이 맞다고 생각한다. 물론 현재 알려진 사료만으로 의자왕의 생모를 추정하는 것도 문제점이 있다. 사료로 알려지지 않은 무왕의 왕비가 더 있었을 가능성이 있기 때문에 현재 남겨진 사료 상으로는 의자왕의 생모가 누구인지 특정하기 어렵다고 볼 수도 있다. 그러나 의자왕의 태자 책봉 및 즉위 초기의 정변이 발생하게 된 배경을 생각해보면, 의자왕의 생모가 '선화공주'였다고 보는 것이 당시 정치적 상황에 비추어 가장 합리적이라 할 것이다.

먼저 의자왕은 태자 책봉뿐만 아니라 즉위할 때까지도 상당한 어려움을 겪었던 것으로 보인다.

> N. 의자왕(義慈王)은 무왕(武王)의 원자(元子)이다. 웅걸차고 용감하였으며 담력과 결단력이 있었다. 무왕이 재위 33년에 태자로 삼았다. 어버이를 효성으로 섬기고 형제와는 우애가 있어서 당시에 해동증자(海東曾子)라고 불렀다 (『三國史記』권 제28 百濟本紀 제6 義慈王 즉위년).

---

160) 李炳鎬, 「위의 논문」, pp.89~91.

사료 N은 의자왕이 무왕의 원자임에도 무왕 33년이라는 늦은 시기에 태자로 책봉되었기에 태자 책봉 경쟁이 있었음과, 친모가 아닌 다른 왕비를 효성으로 섬기고 이복형제들에게도 우애있게 행동함으로써 즉위할 수 있었음을 암시하고 있다.[161] 사료 K에서 풍장이 왜로 보내진 상황과 사료 N을 결부시켜 보면 무왕의 원자인 의자가 치열한 태자 경쟁을 거치고 즉위할 때까지도 어려움을 겪었음을 짐작할 수 있고, 이러한 대립관계가 결국 의자왕 2년(642) 정변의 형태로 나타나게 되었음을 알 수 있다. 일련의 과정은 의자가 자신의 생모가 아닌 왕비와 그 왕비의 본가 세력과 지속적으로 대립하고 있었다는 해석을 가능하게 한다. 의자의 모계 쪽에 문제가 없었다면 이러한 대립이 발생하기 어려운 것이다. 따라서 많은 연구자들이 의자의 생모는 선화공주이고, 무왕 후기에 권력을 장악한 사탁왕후 및 사탁씨 세력과 대립하였다거나[162] 혹은 대립하다가 타협을 하였다고 보고 있는 것이다.[163]

한편 의자가 당시의 권력을 장악한 사탁씨 및 사탁왕후와 대립하고 있었는데, 어떻게 태자로 책봉되고 즉위할 수 있었는가 라는 의문이 제기될 수 있다. 이것은 의자가 원자로 표현되고 있음에 유의할 필요가 있을 것 같다. 의자의 가장 강력한 지지세력은 원자를 차기 왕위계승자로 삼고자 한 무왕이었다고 생각된다. 당시 대왕 폐하로 불릴 정도로 강력한 왕권을 구축한 무왕의 지지가 의자의 가장 든든한 버팀목이 되었을 것이고, 그러한 지지에도 불구하고 사탁씨 세력이 강하였기 때문에 의자는 자신을 낮추는 처신을 해야 했고, 태자 책봉 시기도 늦어질 수밖에 없었다고 생각된다.

---

161) 남정호, 「앞의 논문」, 2010, pp.140~142.
162) 【표 5】의 이도학, 문안식, 정재윤, 김영심 등이 이런 입장에 있다.
163) 【표 5】의 강종원의 견해이다.

그렇다면 의자왕의 생모인 선화공주는 어떤 사람인지를 파악할 필요가 있는데, 이에 대해서는 사료 M의 ㉢에 따라 진평왕의 셋째 딸로 보려는 입장과 서동설화를 재해석하여 익산 세력의 딸로 보려는 입장으로 나뉘어져 있다.[164]

먼저 많은 연구자들이 따르고 있는 선화공주가 익산세력이라는 주장을 살펴보도록 하자. 앞에서 살펴 본대로 의자왕의 생모를 선화공주로 보면, 무왕 대에는 선화왕비와 그 아들인 의자, 그리고 그들을 지지하는 익산세력 대 사탁왕후와 그 아들인 풍장, 그리고 사비지역을 기반으로 한 사탁씨 세력[165]의 대립 관계를 설정할 수 있다. 이러한 대립 관계는 의자의 태자 책봉을 거쳐 642년 의자왕 초기 정변으로 인해 결과적으로는 의자왕의 승리로 귀결되었다고 할 수 있겠다.

하지만 선화공주를 익산세력이라고 보면 이렇게 정리를 하는데 여러 문제점들이 발생하게 된다. 먼저 익산세력을 대신라 관계에서 평화 공존을 추구한 세력으로 규정한 연구[166]를 따르면, 의자왕 초기 정변으로 결과적으로 의자왕을 지지했던 익산세력이 정치권력을 차지했을 가능성이 큼에도 불구하고, 의자왕 대에 지속적인 대신라 공격이 전개되고 있는 상황을 설명하기 어려워지는 문제가 생긴다.[167]

---

164) 【표 5】참조, 김수태가 선화공주를 익산세력으로 보는 견해를 발표하면서 그 견해를 따르는 연구자들이 많다.

165) 최근 사탁씨의 세력 기반을 익산 지역으로 보려는 경향도 있으나 일반적으로 사탁씨의 세력 기반은 사비지역으로 보는 견해들이 많다. 사탁씨의 세력 기반에 대한 내용은 김영심, 「앞의 논문」, 2013, pp.20~24를 참조하시기 바란다.

166) 김수태, 「앞의 논문」, 2010, pp.79~81.

167) 김수태는 『日本書紀』 황극기의 '국주모'를 의자왕의 생모로 보고, 그녀가 누구인지에 대한 견해는 유보하였지만, 문안식, 정재윤, 강종원 등 상당수의 연구자들은 의자왕의 생모를 선화공주라고 보고, 그 선화공주는 익산 세력이라는 김수태의 견해를 수용하고 있다.

O. 2년 가을 7월. 왕이 친히 군사를 거느리고 신라를 쳐서 미후성(獼猴城) 등 40여 성을 함락하였다. 8월 장군 윤충(允忠)을 보내 군사 1만 명을 거느리고 신라의 대야성(大耶城)을 공격하였다.

3년 겨울 11월. 왕이 고구려와 화친하고 신라의 당항성(黨項城)을 빼앗아 (당나라에) 조공하는 길을 막고자 하였다.

5년 여름 5월. 왕은 (당) 태종이 친히 고구려를 정벌하면서 신라에서 군사를 징발하였다는 소식을 듣고 그 틈을 타서 신라의 일곱 성을 습격하여 빼앗았다.

7년 겨울 10월. 장군 의직(義直)이 보병과 기병 3천 명을 거느리고 신라의 무산성(茂山城) 아래로 나아가 주둔하고, 군사를 나누어 감물성(甘勿城)과 동잠성(桐岑城) 두 성을 공격하였다.

8년 봄 3월. 의직이 신라 서쪽 변방의 요거성(腰車城) 등 10여 성을 습격하여 빼앗았다.

9년 가을 8월. 왕이 좌장(左將) 은상(殷相)을 보내 정예 군사 7천 명을 거느리고 신라의 석토성(石吐城) 등 일곱 성을 공격하여 빼앗았다.

15년 8월. 왕은 고구려와 말갈과 더불어 신라의 30여 성을 공격하여 깨뜨렸다.

19년 4월. 장수를 보내 신라의 독산성(獨山城)과 동잠성(桐岑城) 두 성을 쳤다(『三國史記』 권 제28 百濟本紀 제6 義慈王).

의자왕 대에는 사료 O와 같이 전 시기에 걸쳐서 신라를 지속적으로 공격하고 있다. 이러한 상황을 감안하면 대신라 관계에서 평화적 우호적 관계를 지향하는 익산 세력이 권력을 잡고 있다고 보기는 어렵다.[168] 의자왕이나 당시

---

168) 남정호, 「앞의 논문」, 2010, p.148.

의 집권 세력은 신라에 대한 공격을 우선 과제로 삼고 있었다고 보는 것이 합리적일 것이다.

만약 익산 세력이 대신라 관계에서 가지는 성격은 제외하고 단순히 의자왕의 생모가 익산 출신이라는 견해만 따른다고 해도 해결하기 어려운 문제가 있다. 흔히 무왕의 생모는 익산 출신이라고 인정되고 있는데, 의자왕의 생모도 익산 출신이라면 당연히 익산 세력은 의자왕을 지지하였을 것이다. 지역적으로 무왕 대에 익산 천도 등의 논의와 시도가 있으면서 자연스럽게 익산 세력은 그러한 정책을 지지하였을 것이고, 반대로 사비 지역에 권력 기반을 둔 세력은 반대를 하였을 것이라는 점은 누구나 동의하고 있다. 그렇다면 의자왕은 아버지 무왕의 뒤를 이어 익산 지역에 관심을 가지고 익산 세력을 중용해야 하는 것이 순리에 맞지 않을까 한다. 적어도 의자왕이 642년 정변을 통해 자신의 왕권을 안정시켰다고 볼 수 있는 시점에는 익산 세력이 권력의 중추에 있었다고 보아야 할 것인데, 현재까지의 연구에서는 익산 세력의 실체가 밝혀진 바가 없는 것이다. 의자왕의 생모가 익산 출신이고 익산 세력이 의자를 지지하였다면 의자왕 대 중용되는 익산 세력의 실체를 규명해야 할 필요성이 있다고 하겠다.

또 무왕 후기 의자가 태자로 책봉된 시점 이후, 지역적으로 익산보다는 사비 지역이 중시되고 있는 모습이 나타나고 있다. 무왕 후기에는 사비궁의 중수,[169] 왕흥사의 완공,[170] 궁남지의 조성,[171] 사비하 북포에서의 연회[172] 등이

---

169) 『三國史記』권 제27 백제본기 제5 무왕 31년.
170) 『三國史記』권 제27 백제본기 제5 무왕 35년.
171) 『三國史記』권 제27 백제본기 제5 무왕 35년.
172) 『三國史記』권 제27 백제본기 제5 무왕 37년.

사비 지역을 중심으로 이루어지고 있는 것이다. 이러한 기사를 통해 무왕 대에 익산 경영이 이루어지다가 무왕 후기에 와서는 익산 경영이 실패하였다고 보는 것이다.[173] 이와 달리 무왕 대에 익산으로 천도가 이루어졌다고 보는 경우에도 무왕 후기[174] 혹은 의자왕 초기[175]에는 다시 수도가 사비로 옮겨졌다고 파악하고 있다. 백제 멸망 당시 나당연합군의 공격을 받은 백제 수도가 사비성이었으니, 그 시점의 수도가 사비임은 두말할 필요가 없다. 익산 세력이 의자의 지지 세력이었다면 왜 의자가 태자로 책봉되는 시점인 무왕 후기부터 사비 지역이 다시 주목되고 있는지 해명이 필요하다고 하겠다. 이러한 상황이므로 강종원은 의자의 생모는 익산 출신의 선화공주라고 파악을 하면서도 의자의 지지 세력은 사비 지역을 기반으로 한 사씨 세력이라고 파악하고 있는 것이다.[176] 당시의 권력 관계의 정황에서 보면 어느 정도 이해가 되지만, 의자왕의 생모가 누구인지를 중심으로 보면 납득하기 어렵다고 하겠다.

이상과 같이 의자왕의 생모인 선화공주를 익산 출신으로 보는 것이 어렵다면, 선화공주를 『삼국유사』 무왕조에 나오는 것처럼 진평왕(眞平王)의 셋째 딸로 보는 견해가 남는데, 필자는 이 또한 문제가 있다고 생각한다. 선화라는 이름은 미륵선화(彌勒仙花)와 음이 유사하다는 점에서 백제나 신라에서 미륵신앙과 관련해서 사용되는 이름으로, 진평왕은 자신의 가계를 석가모니의 가계와 동일시하는 진종설(眞種說)을 형성시켰기 때문에 진평왕의 딸로 보기 어렵다는 지적이 있다.[177] 또, 진평왕 대가 가장 가족의 신성 개념이 강하던 시대라

173) 노중국, 「무왕 및 의자왕대의 정치개혁」 『백제정치사연구』, 일조각, 1988, pp.197~203.
174) 이도학, 「백제 무왕대 익산 천도설의 재검토」 『경주사학』22, 2003, pp.82~86.
175) 최완규, 「백제 말기 무왕대 익산 천도의 재해석」 『마한·백제문화』20, 2012, p.88.
176) 강종원, 「앞의 논문」, 2011, pp.152~157.
177) 김수태, 「앞의 논문」, 2010, pp.75~78.

성골 간의 혼인 이외에는 절대로 불가능한, 족내혼이 이루어진 시기였고, 선화공주는 정사에 그 이름이 전하지 않을 뿐만 아니라 백제왕실과 신라왕실이 혼인을 했다면 그 중요한 사실이 정사에 기록되지 않았을 리가 없다는 지적[178]이 이미 나와 있다. 필자도 이러한 견해가 타당하다고 생각한다. 석종의식이 강하게 형성된 진평왕 대에 공주의 이름을 미륵신앙과 관련지어 짓거나 공주를 타국에 시집보냈다고 보기는 어려울 것이다.

여기에 몇 가지 선화공주를 진평왕의 셋째 딸로 보기에 어려운 점을 더 보태자면, 먼저 진평왕의 셋째 딸이 무왕과 혼인을 하였다고 보기에는 당시 선화공주의 나이가 너무 어리다. 이도학은 김춘추의 출생 시점인 603년을 지표로 삼아 선화공주의 연령을 추산하였는데, 선화공주의 언니라고 할 수 있는 천명부인(天明夫人)이 580년 무렵 출생하고 선화공주는 583년경 출생한 것으로 보았다.[179] 무왕은 600년에 즉위하였고 의자는 595년경에 출생한 것으로 추정되는데, 그렇게 보면 선화공주는 13세 쯤 의자왕을 낳은 것이 되는 것이다. 아무래도 선화공주가 의자왕을 낳았다고 보기에는 나이가 너무 어린 것이다. 이러한 문제점으로 인해 이도학은 선화공주가 진평왕의 셋째 딸이라는 것은 설화적 재미를 더하기 위해 가장 아름답다고 하는 셋째 딸로 나오는 것이고 진평왕의 딸임은 분명하다고 결론을 내리고 있다.[180] 하지만 필자는 선화공주의 나이를 추산한 결론을 내리자면, 셋째 딸이라는 것만 설화적 허구로 간주할 것이 아니라 진평왕의 딸이라는 것도 설화적 허구로 보아야 한다고 생각한다.

---

178) 문경현, 「앞의 논문」, pp.325~326.
179) 이도학, 「앞의 논문」, 2009, p.260.
180) 이도학, 「위의 논문」, 2009, p.261.

또, 신라가 타국과의 혼인동맹을 추진한 사례가 두 차례 남아 있는데, 백제 동성왕과의 혼인, 그리고 대가야와의 혼인이다. 이 경우를 보면 전자는 이찬 비지(比智)의 딸,[181] 후자는 이찬 비조부(比助夫)의 누이[182]를 보내 혼인하였다. 왕실과 가까운 사이임에는 틀림없겠지만 왕실의 공주를 보낸 것은 아닌 것이다. 물론 당시 왕실의 공주가 없었을 수도 있지만, 신라에서 공주를 타국에 시집보낸 사례는 없는 것이다.

거기에다가 혼인의 상대인 무왕을 살펴보아야 한다. 선화공주가 의자왕의 생모라면 의자왕이 출생한 시점으로 추정할 수 있는 595년보다 이른 시기에 혼인을 해야만 한다. 그렇다면 그 당시는 위덕왕의 치세였다. 무왕이 당시 백제 왕실의 유력한 왕자도 아니었고 아직 뚜렷한 두각을 나타내기 어려운 시기였던 것이다. 이런 무왕에게 신라 왕실이 공주를 출가시켰다는 것은 상식적으로 납득하기 어려운 일이라 하겠다.

하지만 『삼국유사』 무왕조의 내용을 완전히 설화적 허구라고 간주하기도 어렵다는 생각이다. 분명히 의자왕은 태자 책봉이나 즉위 시에 모계 문제에 기인하는 것으로 보이는 어려움을 겪었고 그 생모를 익산 출신으로 보기 어렵다면, 『삼국유사』 무왕조에도 어느 정도 귀를 기울여야 할 것이다. 이와 관련하여 『삼국유사』 기이편에서 백제의 왕 가운데 유독 신라에 공세적이었던 무왕의 이야기만을 기록한 것은 선화공주와의 결혼이야기 때문이고, 무왕과 선화공주의 이야기는 그 당시 특기할 만한 사건이었기에 역사 기록으로 남았다고 파악한 견해[183]가 주목된다. 아무런 근거가 없이 상상에 의해서만 백제왕과 신라공주

---

181) 『三國史記』 권 제26 백제본기 제4 동성왕 15년.
182) 『三國史記』 권 제4 신라본기 제4 법흥왕 9년.
183) 박현숙, 「앞의 논문」, p.336.

의 결혼이야기가 남았다고 보기는 어려운 것이다.『삼국유사』무왕조에서도 서동이 선화공주와 혼인한 것을 통해 인심을 얻어 왕위에 올랐음을 밝히고 있는 것처럼 무왕의 즉위에는 신라 여인과의 혼인이라는 당시로서는 특기할만한 사실이 있었다고 보아야 할 것이다. 다만 당시의 상황을 따져볼 때, 선화공주라는 표현은 설화적 윤색일 가능성이 크고 실제로는 신라 왕족이나 귀족의 딸과 혼인하였다고 볼 가능성이 크다고 생각된다.[184] 아직 유력한 왕위계승자로서 두각을 나타내지 못하고 있던 시절의 무왕이 신라 여인과 혼인하게 되면서 차츰 이름을 알리게 되었고, 이후 무왕이 왕위에 즉위하면서 이러한 설화가 남게 되었다고 볼 수 있는 것이다. 따라서 서동과 선화공주의 혼인은 백제왕실과 신라왕실이 정략적으로 혼인을 맺었다고 보기는 어렵다. 백제와 신라 사이에 평화가 지속되고 있던 시기에 아직 왕위 계승과는 거리가 멀었던 왕족인 서동이 모종의 사건을 통해 신라 여인과 혼인을 하였고, 그것이 설화의 형태로 전해지면서 신라공주와의 혼인으로 미화된 것이라 생각된다. 다만 서동도 왕족의 일원이었으므로 신분이 낮은 신라 여인과 혼인하였다고 보기는 어려우므로 신라 왕족 혹은 귀족의 딸과 혼인하였을 가능성이 높다고 생각한다.

마지막으로 무왕이 '선화공주' 및 '사탁왕후'와 혼인한 시점을 살펴보면, 선화공주는 무왕 즉위 전 최소 595년 이전에 혼인한 것으로, 사탁왕후는『일본서기』황극기의 교기로부터 나이를 계산하면 정확하게 알 수는 없지만 무왕 즉위 초 이전에 혼인한 것으로 정리할 수 있다. 무왕이 즉위하기 전에 이미 여러 명과 혼인을 하였다고 보기는 어렵기 때문에 사탁왕후는 무왕이 즉위한 후 얼마 되지 않은 시점에 혼인한 것으로 파악하고자 한다. 따라서 선화공주와의

---

184) 남정호,「앞의 논문」, 2010, pp.145~146.

혼인이 먼저고 그 이후에 사탁왕후를 맞이하였을 것으로 보인다. 그렇다면 선화왕비와 사탁왕후가 왕비로 존재한 시기가 어느 정도는 겹치게 되는데 누가 정비(正妃)인가 하는 문제가 생긴다. 이는 백제 왕실의 혼인 형태가 일부일처제인가 일부다처제인가 하는 문제와 결부되는데, 필자는 일부다처제로 보기 때문에 선화왕비가 선비(先妃), 사탁왕후가 후비(後妃)라 하겠다. 만약 일부일처제라고 해도 선화왕비가 정비였다가 후에 사탁왕후가 정비가 되었다고 볼 수 있다. 그러나 적어도 무왕 대나 의자왕 대에 후계를 놓고 갈등이 지속되는 상황을 놓고 볼 때, 정비의 소생만 왕위 계승권을 갖는다고 보기는 어렵기 때문에 여러 명의 왕비가 존재하고 그 왕비들의 소생이 모두 왕위 계승권을 갖고 있었다고 보는 것이 좋지 않을까 한다. 이러한 상황은 고고학 연구를 통해서도 뒷받침이 되는데, 익산 쌍릉의 소왕묘는 7세기 전엽에, 대왕묘는 그보다 늦은 7세기 중엽에 축조된 것으로 파악하였다.[185] 대왕묘는 축조 시기가 무왕의 사망 시기와 일치하고 고분 양식이나 출토 유물로 볼 때 왕릉으로 추정되기 때문에 무왕의 릉일 가능성이 많다고 하였다. 소왕묘는 6세기 말에 사망한 혜왕이나 법왕, 642년에 사망한 국주모(사탁왕후)로 보기에는 시기적으로 맞지 않으므로, 선화공주의 릉일 가능성이 가장 크다는 것이다. 이와 같은 추정이 맞다면 선화공주는 무왕의 선비로 먼저 왕후의 자리에 있다가 일찍 사망하였고, 그 뒤에 사탁왕비가 왕후로 되었을 가능성이 큰 것이다.

이상의 내용을 정리하면, 현재까지 알려진 사료 상으로는 선화공주를 의자왕의 생모라고 보는 것이 가장 합리적이다. 선화공주를 익산 출신으로 보거나

---

185) 李炳鎬, 「앞의 논문」, pp.71~83. 이병호는 한 세기의 시작과 끝 10년은 初와 末로 쓰고, 1세기를 1/3로 나누어 전엽, 중엽, 후엽으로 표기한다고 하였다. 따라서 7세기 전엽은 630년대 정도, 7세기 중엽은 630년대 중반에서 660년대 정도로 생각된다.

진평왕의 셋째 딸로 보기에는 여러 문제가 있고, 선화공주는 신라 왕족이나 귀족의 딸로 볼 것을 대안으로 제시하였다. 그리고 선화공주는 무왕 즉위 이전에, 사탁왕후는 무왕 즉위 초에 혼인하여 선화공주가 선비, 사탁왕후가 후비라고 보았다.

제3장
혜왕~무왕 대의 왕권과
정치 세력의 변화

1. 혜왕~무왕의 계위(繼位)와 무왕의 출자(出自)

　무왕의 치세는 사비시대의 상당 기간을 차지하고 있을 뿐만 아니라, 대내적으로는 '대왕'으로 불리며 강력한 왕권을 구축하였고, 대외적으로는 신라에 대한 공격을 강화하여 옛 가야 지역의 대부분을 차지하여, 백제 역사상 중요한 시기였다고 할 수 있다. 이에 따라 백제 무왕 대에 대한 많은 연구가 이루어졌고, 특히 미륵사지 서탑에서 사리봉안기가 발굴된 이후 무왕 대의 정치와 관련하여 많은 논문들이 발표되었다.

　그러나 무왕의 출자에 대한 여러 다양한 설들이 제시되면서 논란이 지속되고 있다. 무왕의 출자와 관련해서 위덕왕 대에 귀족중심의 정치 운영이 이루어지다가 혜왕, 법왕을 거치면서 왕권을 강화하려는 움직임이 나타나자 실권 귀족세력들이 법왕을 제거하고 몰락왕족인 무왕을 옹립하였다는 몰락왕족설[1]이 제시되었다. 이러한 연구 결과는 『삼국유사』 무왕조의 서동설화에 역사적 사실이 담겨있음을 인정하여 도출한 것이었다. 그러나 이에 대해 『삼국유사』

---

1) 盧重國, 『百濟政治史硏究』, 일조각, 1988.

무왕조의 서동설화보다는 『삼국사기』를 비롯한 많은 사서에 무왕이 법왕의 아들로 기록되어 있는 점을 들어 무왕은 법왕의 아들이라는 설[2]과 『삼국사기』와 『삼국유사』의 기록을 절충하여 무왕은 법왕의 서자라는 설[3]이 제시되었다. 그 이후 새롭게 위덕왕의 서자설,[4] 위덕왕 망왕자의 아들설[5]이 나오고, 몰락왕족설이 논리를 보강하여 다시 제시[6]되는 등 논란이 심해지고 있다. 이러한 상황에 따라 무왕의 출자 문제에 대해 재검토를 할 필요성이 있다고 생각한다. 따라서 여러 설들이 주장하고 있는 논리를 검토하여 합리적인 해결을 모색해 보고자 한다.

그런데 무왕의 출자 문제를 해결하기 위해서는 무왕 바로 앞의 법왕과 혜왕의 왕위 계승 문제를 검토하여야 한다. 하지만 두 왕의 재위 기간이 너무 짧기 때문에 결국 위덕왕 대의 정치 상황까지 검토할 필요성이 있다. 그래서 먼저 위덕왕 대부터 혜왕과 법왕 대의 정국 운영을 살핀 후 무왕의 출자 문제를 언급하고자 한다.

---

2) 金壽泰, 「百濟 武王代의 政治勢力」 『馬韓・百濟文化』14, 1999; 강봉원, 「백제 무왕과 '서동'의 관계 재검토-신라와 백제의 정치적・군사적 관계를 중심으로-」 『白山學報』63, 2002.

3) 김영태, 「미륵사 창건 연기설화고」 『馬韓・百濟文化』1, 1975; 이도학, 「百濟 武王의 系譜와 執權 基盤」 『百濟文化』34, 2005.

4) 문안식, 「의자왕의 친위정변과 국정쇄신」 『東國史學』47, 2009.

5) 강종원, 「百濟 武王의 出系와 王位繼承」 『역사와 담론』56, 2010.

6) 노중국, 「彌勒寺 창건과 知命法師」 『백제사회사상사』, 지식산업사, 2010a.

1) 위덕왕 대의 정국 변화

(1) 위덕왕 대 왕권의 추이

위덕왕 대의 정국 운영이 어떻게 이루어졌는가에 따라 위덕왕 사후 왜 위덕왕의 아들이 왕위를 계승하지 못하고 그 동생인 혜왕이 계위를 하였는가 하는 문제와 혜왕의 아들인 법왕이 즉위한 지 1년도 되지 못해 사망하였는지에 대한 이해가 달라질 수밖에 없다.

위덕왕 대의 정국 운영에 대해서는 두 가지 견해가 대립하고 있다. 위덕왕 대는, 왕자 시절에 국력을 총동원한 관산성 전투를 주도적으로 이끌었다가 참패를 당하고, 성왕마저 전사하는 위기를 초래한 책임을 추궁당하여, 왕권이 약화되고 귀족 중심의 정국 운영이 이루어졌다는 견해[7]가 있다. 다른 하나는, 위덕왕 초기에는 왕권이 약하였지만, 성왕 추복을 위한 능산리 사원의 창건을 통해 성왕계 왕족들의 결합과 성왕 대의 전제 왕권을 다시 확립하고자 하였고, 대중국 외교의 강화와 대왜 외교의 회복을 통해 왕권이 점차 안정되었다고 본 견해[8]이다.

먼저 위덕왕 대에는 왕권이 약화되고 귀족 중심의 정국 운영이 이루어졌다는 견해들은 다음의 사료들을 통해 도출되었다.

---

7) 盧重國,「泗沘時代의 支配勢力」『百濟政治史研究』, 一潮閣, 1988; 金周成,「百濟 武王의 卽位過程과 益山」『馬韓·百濟文化』17, 2007.

8) 梁起錫,「百濟 威德王代 王權의 存在形態와 性格」『百濟研究』21, 1990; 양기석,「百濟 威德王代의 對外關係-對中關係를 중심으로-」『先史와 古代』19, 2003; 金壽泰,「百濟 威德王代 扶餘 陵山里 寺院의 創建」『百濟文化』27, 1998; 김수태,「百濟 威德王의 정치와 외교」『韓國人物史研究』2, 2004.

A-① 여창(餘昌)이 신라를 정벌할 것을 모의하니 기로(耆老)가 말하기를 "하늘이 아직 우리와 함께하고 있지 않습니다. 화가 미칠까 두렵습니다."라고 간하였다. 여창이 "늙었구려, 무엇을 겁내는가. 우리는 대국을 섬기고 있는데 어찌 두려울 것이 있는가."라고 하였다. 드디어 신라국에 들어가 구타모라(久陀牟羅)에 성책을 쌓았다 (『일본서기』 권19 흠명기 15년).

② 백제 여창은 여러 신하들에게 "소자(少子)는 이제 돌아가신 부왕을 받들기 위해 출가하여 불도를 닦고자 한다."라고 말하였다. 여러 신하와 백성들이 "지금 군왕(君王)께서 출가하여 불도를 닦고자 하신다면 일단 명령을 받들겠습니다. 아! 전의 생각이 바르지 못하여 후에 큰 우환이 있었으니 누구의 잘못입니까? 무릇 백제국은 고려와 신라가 다투어 멸망시키고자 하였습니다. 개국한 이래 지금까지도 계속되고 있습니다. 지금 이 나라의 종묘사직을 장차 어느 나라에게 주려고 하십니까? 모름지기 도리를 명확하게 보여주십시오. 만약 기로(耆老)의 말을 들었다면 어찌 이런 상황에까지 이르렀겠습니까? 앞의 잘못을 뉘우치고 속세를 떠나는 수고로움은 하지 마십시오. 만약 원하는 바를 이루고자 한다면 모름지기 국민(國民)을 출가시키면 됩니다."라고 하였다. 여창이 "좋다"라고 승낙하고, 곧 신하들에게 의논하도록 하였다. 신하들은 마침내 상의하여 100명을 득도시키고 번개(幡盖)를 많이 만들어 여러 가지 공덕을 쌓았다고 한다(『일본서기』 권19 흠명기 16년).

③ 봄 3월 경자삭(1일). 백제 왕자 여창이 왕위에 올랐다. 이가 위덕왕(威德王)이다(『일본서기』 권19 흠명기 18년).

A-①에서 기로(耆老)들이 반대를 하였음에도 불구하고 여창(餘昌)이 관산성(管山城) 전투(553년)를 주도한 사실을 알 수 있고, 이 관산성 전투에서 성

왕이 전사하고 백제군은 대패를 당하였다.[9] 이러한 상황에 대해 A-②에서 여창이 여러 신하들에게 책임 추궁을 당하고 있고, A-③에 나타나듯 위덕왕은 3년 뒤에나 왕위에 오를 수 있었다는 것이다. 이러한 상황 속에 위덕왕이 주도적으로 정국을 이끌어가지 못하고 귀족들이 중심이 되어 정치 운영을 해 나갔다고 파악한 것이다.[10] 또한 능산리사지에서 발굴된 '창왕명 석조사리감'에서 '백제(百濟) 창왕(昌王)'으로 칭하고 있는 것은, 성왕의 개혁 정치 중 중요한 내용인 국호를 '남부여'로 개칭한 것이 부정되고 있는 것이고, 위덕왕 대의 대중국 외교도 형식적으로는 남북조 균형외교로 보이지만, 항상 뒷북만 치고 있는 셈이라서 이러한 대중외교를 통해 얼마나 국왕권이 회복되었는지 의문을 제기하기도 하였다.[11]

그러나 필자는, 능산리 지역에서 '창왕명 사리함기'가 발견되어 위덕왕 13년에 능산리 사원이 창건되었음을 들어 위덕왕 대에는 점차 왕권이 안정되어 가고 있었다고 본 견해가 옳다고 생각한다.

    B. 百濟昌王, 十三季太歲在, 丁亥, 妹兄公主, 供養舍利(창왕명 석조사리감 명문).

사료 B를 통해 위덕왕 13년(567)[12]에 위덕왕의 여동생인 공주가 사리를 공양한 사실을 알 수 있는데, 위덕왕의 즉위가 『일본서기』의 기록처럼 성왕 사후

---

9) 『三國史記』권 제4 신라본기 제4 진흥왕 15년조, 『日本書紀』권 제19 흠명기 15년조.
10) 盧重國, 『앞의 책』, 1988, pp.179~183; 金周成, 『百濟 泗沘時代 政治史 硏究』, 전남대 박사학위논문, 1990, pp.62~63.
11) 金周成, 「앞의 논문」, 2007, pp.206~210.
12) 丁亥는 567년으로 『三國史記』백제본기에 따르면 위덕왕 14년이다.

3년이 지난 시점이 아니라 성왕 사후 바로 이루어졌음을 알 수 있다.[13] 또 사료 A-②에서도 위덕왕이 '군왕(君王)'으로 언급되고 있어 이미 즉위를 한 상황임을 알 수 있다.[14] 이처럼 위덕왕의 즉위에 별 문제가 없었을 뿐 아니라, 능산리 사원의 창건은 조상숭배를 통해 가계 결합을 꾀하고, 성왕 추모를 통해 성왕이 추진한 전제왕권을 다시 확립하려는 의도로 볼 수 있다.[15] 또 성왕의 권위와 위엄을 계승하고 혼란하였던 지배질서를 극복하였다는 사실을 천명하는 백제 왕권의 상징물로 이해할 수 있다.[16]

그리고 성왕의 주요 개혁 성과였던 남부여로의 국호 변경이 위덕왕 대에 부정되었다는 견해는 좀 다른 각도에서 볼 필요가 있을 것 같다. 다음 절에서 좀더 상술하겠지만 이러한 조치는 위덕왕의 왕권이 약화되어 그렇게 되었다기보다 남부여라는 국호가 부여계 왕실의 정체성을 강조한 것이기 때문에 마한계 귀족과 주민들을 포섭하여 왕권을 강화하고자 한 의도로 취한 조치였다고 판단된다.

또 위덕왕 대의 대중국외교가 큰 성과를 거두지 못하였다는 시각에도 문제가 있어 보인다. 위덕왕은 570년 북제로부터 책봉을 받았는데, 고구려와 같은 정1품하인 표기대장군을 수여받은 것은 백제의 대외적인 지위뿐만 아니라 대내적으로 왕권 강화에도 큰 도움을 주었을 것[17]이다. 그리고 백제가 북주에 외교사절을 파견한 것은, 북주가 주례의 6관제를 채용하여 왕권 강화를 위한 정치 개혁을 단행하였기에 당시 왕권을 강화하려는 위덕왕의 입장에서는 북

---

13) 김수태, 「앞의 논문」, 2004, pp.162~163.

14) 김수태, 「위의 논문」, 2004, p.164.

15) 김수태, 「위의 논문」, 2004, pp.167~173.

16) 양기석, 「앞의 논문」, 2003, p.232.

17) 양기석, 「위의 논문」, 2003, pp.238~240.

주의 정치적 경험과 선진 문물[18]이 절실히 요청되었기 때문이라는 주장[19]도 주목된다. 그리고 위덕왕 대의 대왜외교가 555년 이후 20년간 중단되었던 것은 그 기간동안 대내적인 왕권의 안정에 치중하였던 것[20]으로 볼 수 있고, 575년 이후 다시 대왜외교도 강화하여 밀접한 관계를 맺고 있음을 보면 나름대로 성과가 있었다고 하겠다.

또 위덕왕 대 대성팔족 특히 사씨 세력을 국왕과 정치적 입장을 달리한 세력으로 파악[21]하였지만, 국왕과 귀족들의 관계를 그렇게 대립적으로만 파악하기는 어려울 것 같다. 사씨 세력이 사비천도 이후 백제 말기까지 최상위 귀족으로 군림할 수 있었던 것은 끊임없이 국왕과 대립하기보다 정치적 사안에 따라 타협한 결과[22]라고 할 수 있다. 지속적으로 왕권에 대립하는 귀족 세력이 있다면 자신들이 왕을 허수아비로 만들고 권력을 장악하지 않는 이상 국왕의 견제로 인해 세력이 약화되는 것이 일반적이지 않을까 한다. 또 같은 성씨라 하더라도 사씨처럼 대귀족 세력이라면 가문에 따라 친왕적인 가문도 있고 반왕적인 가문도 있는 것이지 한 성씨 전체가 같은 입장을 갖는다고 보기는 어려울 것이다. 따라서 관산성 전투라든가 위덕왕 대의 대신라정책, 왕권 강화 노력 등에 사씨 세력이 모두 반대했다기보다 사안에 따라 혹은 가문별로 왕을 지지하거나 타협하는 상황이 있었다고 보는 것이 합리적일 것이다.

하지만 위덕왕 재위 기간 내내 왕권이 지속적으로 강화되어 갔다고 보기는

---

18) 양기석, 「앞의 논문」, 2003, p.241 주50)에서 위덕왕대 북조 문물이 유입된 여러 사례를 들고 있다.

19) 양기석, 「위의 논문」, 2003, p.241.

20) 김수태, 「앞의 논문」, 2004, p.174.

21) 양기석, 「앞의 논문」, 1990, pp.38~43; 김주성, 「聖王의 漢江流域 占領과 喪失」『百濟史上의 戰爭』, 2000, pp.311~313.

22) 전우식, 「백제 위덕왕대 대신라 정책의 전개와 결과」『한국학논총』32, 2009, pp.137~139.

어려울 것 같다. 이러한 점은 2007년 왕흥사지에서 발굴된 사리기 명문을 통해 유추해 볼 수 있다.

    C. 정유년 이월 십오일 백제왕 창이 망왕자(亡王子)[23]를 위하여 탑[24]을 세웠다[立刹]. 본래 사리는 2매였으나 묻을 때 신묘한 변화로 3매가 되었다(왕흥사지 사리기 명문).

사료 C에서 577년 위덕왕이 죽은 왕자를 위하여 탑을 세웠음을 알 수 있다. 그런데 능산리 사원의 창건과 달리 위덕왕 자신이 발원자로서 주도적 역할을 한 것으로 볼 때, 죽은 왕자는 위덕왕의 차기 왕위 계승권자인 적통의 맏아들이었을 가능성이 높다.[25] 갑작스런 왕자의 죽음은 왕권의 약화와 정치적 혼란을 가져올 수 있는 상황이었기에 죽은 왕자에 대한 대대적인 추복을 통해 왕권의 건재함을 드러내게 되었고, 남북조 국가들을 상대로 외교 활동을 강화하여 새롭게 왕권을 강화해 나갔다고 볼 수 있다.[26]

하지만 왕흥사 탑의 건립만으로 왕권의 동요를 막을 수 있는 것은 아니었을 것이다. 내부적으로 왕실을 안정시키기 위해 능산리 사원의 창건 때보다 더욱

---

23) 李道學, 「<王興寺址 舍利器 銘文> 分析을 통해 본 百濟 威德王代의 政治와 佛教」 『韓國史研究』142, 2008, pp.3~8에서 '三王子'로 판독하고 있으나, '亡王子'나 '三王子' 어느 것으로 판독하더라도 당시 상황을 판단하는데 큰 차이는 없을 것으로 판단되어 일단 다수설인 '亡王子'를 따른다.

24) 탑이 아니라 사찰을 세운 것으로 해석할 수도 있으나 사찰이 건립되었다 하더라도 당시는 탑이 중심이었을 것이라는 생각에 이도학의 견해(『위의 논문』, pp.9~11)에 따라 탑으로 해석하고자 한다.

25) 梁起錫, 「百濟 威德王代 王興寺의 創建과 背景」 『文化史學』31, 2009, p.13.

26) 양기석, 「위의 논문」, 2009, pp.14~19.

더 성왕계 왕실의 결속을 도모하였을 가능성이 높다. 따라서 위덕왕 초기부터 대왜 청병사로 파견되는 등 상당한 정치적 활동을 한 왕제 계(季, 혜왕)가 중요한 역할을 담당하였을 가능성이 높다고 하겠다. 이미 위덕왕 초기부터 말기까지 왕제 계의 정치적 위치가 매우 높았음을 지적한 연구[27]가 있는데, 위덕왕의 왕자가 사망한 이후 왕제 계의 정치적 비중이 더욱 높아졌을 것이다. 이처럼 위덕왕 후기 왕제 계의 비중이 높아지면서 자연스럽게 위덕왕 사후 왕제 계가 왕위를 계승하는 결과로 이어졌을 것으로 보인다.

(2) 익산 경영의 시작

그렇다면 왕제 계는 위덕왕 후기 어떻게 정치적 비중을 확대할 수 있었을까? 이와 관련하여 익산 지역의 개발이 주목된다. 무왕 대에 본격적으로 개발된 것으로 알려진 익산 지역 유적에 대해 최근 고고학 연구에서 무왕 대보다 이른 위덕왕 후기에 이미 왕궁리 유적 등이 조성되기 시작하였음을 지적하고 있다. 먼저 궁성유적 내부에서 출토된 중국제 청자연화준편을 토대로 궁성이 6세기의 제3/4분기에서 멀지 않은 시기에 초축되었을 가능성이 높다는 견해[28]가 있다. 또 왕궁리 유적에서 출토된 인각와 중 '丁巳'명이 597년에 제작된 것으로 여겨지는 것을 고려하면 늦어도 590년대 중반에 궁성유적 건립이 시작되었다고 봐야 한다는 의견[29]과 왕궁리 유적의 와당과 '丁巳'명 인각와를 부여 지역에서 출토된 기와 및 와당과 비교하여 왕궁리 유적의 기와 건물은 590

---

27) 김수태, 「앞의 논문」, 2004, pp.181~184.
28) 林淳發, 「泗沘都城과 益山 王宮城」『馬韓 · 百濟研究』17, 2007, pp.111~114.
29) 崔鈆植, 「彌勒寺 創建의 歷史的 背景」『韓國史研究』159, 2012, pp.15~16.

년대에 만들어졌다는 견해[30]도 있다. 이러한 고고학의 연구 성과들을 존중하는 입장에서 보면 익산 경영은 적어도 590년대에는 시작된 것으로 보인다. 공사가 그 무렵 시작되려면 그에 대한 논의는 그보다 더 빨리 이루어져야 하므로 위덕왕 후기에는 익산 경영을 위한 논의가 있었다고 할 것이다.

그렇다면 이러한 논의와 익산 경영을 이끌어간 세력은 누구인지, 왜 익산 지역이 주목되었는지에 대한 해명이 필요하다. 먼저 익산 경영을 주도한 세력과 관련하여 이미 법왕과 무왕 모의 혼인을 통해 혜왕계가 익산 세력과 결합하였다고 보거나[31] 왕궁성 건립의 주체를 혜와 그 아들로 파악한 견해[32]가 있다. 이러한 연구들을 참조하면, 위덕왕 후기인 왕흥사 탑이 건립되는 577년 이후, 왕제 계와 그 아들 선(宣, 법왕)을 중심으로 익산 지역 개발 혹은 천도 논의가 이루어지고 늦어도 590년대에 왕궁성 공사가 시작되었을 것이다. 이처럼 혜왕계가 익산 지역 경영을 중심으로 정치적 역할을 확대하는 상황 속에 위덕왕이 사망하자 큰 저항 없이 혜왕이 왕위를 계승할 수 있었을 것이다.

왜 익산 지역이 주목되었는가와 관련해서는 이미 익산의 군사적, 경제적 중요성을 지적한 연구들이 많은데, 그러한 점들에 더하여 백제의 정체성 문제와 관련하여 익산 경영을 중시하였다는 견해[33]가 주목된다. 즉 관산성 전투 패전 이후 위기를 극복하는 과정에 마한계 귀족세력과 주민들을 통합하기 위해 마한적 전통이 강한 익산[34]을 중시하였다는 것이다. 백제 왕실이 마한계 세력의

---

30) 李炳鎬, 「百濟 泗沘期 益山 開發 時期와 그 背景」 『百濟研究』 61, 2015, pp.83~89.
31) 장미애, 「위덕왕대 혜왕계 정치세력의 성장과 성격에 대하여」 『역사와 현실』 80, 2011, pp.80~85.
32) 최연식, 「앞의 논문」, pp.15~16.
33) 김기흥, 「백제의 정체성(正體性)에 관한 일 연구」 『역사와 현실』 54, 2004, pp.214~219.
34) 崔完圭, 「墳墓遺蹟에서 본 益山勢力의 傳統性」 『馬韓·百濟文化』 17, 2007, pp.21~23.

통합을 위해, 새로운 국정 운영 동력을 만들기 위해 내건 국정 과제였던 것이다. 이러한 관점에서 성왕이 남부여로 국호를 개칭하여 부여계 정체성을 내세웠던 것과는 달리 다시 마한계 세력들까지 함께 공유할 수 있는 백제라는 국호로 돌아갔던 것으로 보인다.

2) 혜왕과 법왕의 왕위 계승과 사망

(1) 혜왕의 즉위와 사망

『삼국사기』에 의하면 위덕왕 사후 혜왕과 법왕이 연이어 계위를 하는데, 두 왕의 재위 기간이 1년 6개월 정도 밖에 되지 않아서, 혜왕의 즉위를 바라보는 시각이 엇갈리고 있다. 먼저 위덕왕 사후 위덕왕의 아들이 아닌 고령의 혜왕이 즉위한 것에 대해 모종의 정치적 사건이 있었다거나,[35] 귀족들의 입김이 강하게 작용한 비상한 상황이 전개되었다고[36] 하거나 고구려의 침략을 저지하는데 주도적 역할을 한 선(법왕)이 아버지 혜를 추대하여 즉위시킨 정변으로 이해[37]하는 등 비정상적인 상황으로 보는 견해가 있다. 한편으로는 위덕왕 대 계의 정치적 지위가 매우 높았고 성왕계의 지속적 결합을 위해 위덕왕이 자신의 정치적 동반자이자 동생인 계에게 왕위를 물려준 것[38]이라거나 위

---

35) 노중국, 『앞의 책』, 1988, pp.195~196.
36) 김주성, 「앞의 논문」, 2007, pp.211~214.
37) 李道學, 「泗沘時代 百濟의 4方界山과 護國寺刹의 成立」 『百濟研究』 20, 1989, pp.116~ 120. 이후 이도학(「앞의 논문」, 2008)은 혜왕의 즉위는 위덕왕의 직계 아들이 없어진 상황에서 이루어진 것이라고 수정하였으나, 이 정변설을 따르는 연구자들이 있기 때문에 이 견해도 소개한다.
38) 김수태, 「앞의 논문」, 2004, pp.181~184.

덕왕의 직계 아들이 소진된 상황에서 왕제 계가 즉위한 것[39]으로 보는 견해가 있다. 이렇게 혜왕의 즉위를 상반되게 이해하는 것은 597년 왜로 보내진 '아좌(阿佐)'를 어떻게 파악하는가 하는 문제와 직결되어 있다.

     D. 백제왕이 왕자 아좌(阿佐)를 보내 조공하였다(『日本書紀』 권22 추고기 5년).

사료 D는 597년, 위덕왕이 사망하기 1년 전에 왕자 아좌를 왜로 보냈음을 알려주고 있다. 그런데 이 아좌를 위덕왕의 아들로 파악[40]하는 쪽에서는 위덕왕의 아들이 존재함에도 불구하고 왕제인 계가 즉위하는 상황이 비정상적이라고 보고 있고, 아좌를 위덕왕의 동생으로 파악[41]하는 쪽에서는 왕제 계의 즉위를 자연스러운 상황으로 이해하고 있다.

아좌를 위덕왕의 아들로 보는 이유는 아좌가 왕자라고 기록되어 있고 당시는 위덕왕의 재위 시기이기 때문이다. 그러나 이도학은 『일본서기』에 왕자라는 호칭이 왕제를 가리키기도 한다는 점과 일본 북구주(北九州) 좌하현(佐賀縣) 저도군(杵島郡) 도좌신사(稻佐神社)의 역사를 적어놓은 목판에 "三柱神者百濟國聖(王)同妣王子阿佐乃靈也"라고 적혀있는데, 이는 백제국의 성왕, 성왕의 비(妣)인 왕비, 성왕의 왕자인 아좌를 모신다는 것임을 들어 아좌가 위덕왕의 동생이 맞다고 하였다.[42] 최연식은 당시 위덕왕이 70세가 넘은 고령인데 왕위 계승권을 가진 왕자가 외국으로 파견되는 것은 상상하기 힘들고, 일본의

---

39) 이도학, 「앞의 논문」, 2008, pp.15~18.
40) 김주성, 「앞의 논문」, 2007, p.211; 문안식, 「앞의 논문」, p.63.
41) 이도학, 「위의 논문」, 2008, pp.15~19; 최연식, 「앞의 논문」, p.17.
42) 이도학, 「앞의 논문」, 2008, pp.15~19.

126   백제 사비시대 후기의 정국 변화

전승에 성왕의 셋째 아들로 전하는 임성태자와 아좌가 일본 입국 연대 등의 면에서 비슷하여 동일 인물이 가능성이 높다는 점을 들어 아좌는 위덕왕의 동생이라고 하였다.[43]

아좌가 성왕과 위덕왕 중 누구의 소생인지는 밝히기 어려운 면이 있지만, 필자는 성왕의 왕자일 가능성이 더 높다고 생각한다. 앞선 연구들이 들고 있는 근거만 보더라도 성왕의 왕자로 보는 쪽이 좀 더 구체적 근거를 들고 있음을 알 수 있고, 무엇보다 왜로 보내진 외교 사절인 아좌를 정변이나 귀족 세력에 의해 축출되었다고 보기는 어렵기 때문이다. 백제가 왜에 왕족들을 보낸 경우를 보면 개로왕 때 곤지를 파견한 것이나 무왕 때 풍장을 파견한 것 등의 사례가 위덕왕 때 아좌를 보낸 상황과 비슷하다. 모두 차기 왕위 계승권과 관련하여 잠재적 위협이 될 수 있는 왕제를 왜로 보내어 장기 체류시킴으로써, 왕위 계승상의 분쟁을 방지하고 왜와의 우호적 외교 관계도 유지하고자 하였던 것이다. 이러한 백제의 왕족 외교는 백제와 왜의 외교 관계에 나타나는 백제 외교의 한 특징이다.

따라서 필자는 위덕왕 사후 왕제 계가 즉위한 것은 위덕왕 후기 차기 왕위 계승권을 가진 아들이 사망한 상황 속에서 위덕왕을 정치적으로 뒷받침해왔던 왕제 계가 자연스럽게 왕위를 계승한 것으로 보고자 한다. 한편 혜왕의 사망에 대해서는 당시 혜왕의 연령이 70세를 넘는 고령[44]이었기 때문에 모든 연구자들이 고령에 의한 사망으로 파악하고 있고 필자 역시 그렇게 파악하고자 한다.

---

43) 최연식, 「앞의 논문」, p.17.
44) 위덕왕의 나이는 『日本書紀』 권19 흠명기 14년조 기사에서 추산할 수 있는데, 525년 생이다. 그렇다면 사망 당시 위덕왕은 74세이고, 위덕왕의 바로 아래 동생인 혜왕도 70세를 넘겼을 가능성이 높다.

(2) 법왕의 사망 원인

혜왕의 사망 이후 혜왕의 맏아들인 법왕이 즉위를 하였다.[45] 아좌를 성왕의 왕자로 보게 되면 법왕이 혜왕의 맏아들이므로 혜왕 사후 왕위를 계승하는 것은 지극히 자연스러운 상황이다. 혜왕은 즉위와 사망 기사 밖에 남기지 못하였지만, 법왕은 짧은 재위 기간에도 불구하고 왕흥사를 창건하거나 금살생령을 내리는 등의 기사를 남기고 있다. 하지만 법왕도 재위 기간이 1년, 실질적으로는 1년이 채 되지 않기 때문에 법왕의 사망에 대한 시각도 엇갈리고 있다.

대부분의 연구들이 법왕의 사망과 무왕의 즉위 과정을 비정상적인 상황으로 보고 있는데, 그 속에서도 법왕이 금살생령과 왕흥사의 창건 등을 통해 왕권의 신장을 도모하여 위덕왕 이래 지속된 귀족 중심 체제의 실권 귀족들과 충돌하였다[46]거나, 귀족들의 정변[47]으로 단명하게 되었다고 보는 견해와 상당한 귀족들의 협조를 받은 무왕이 주도적으로 정변을 일으켜 법왕의 적자들을 제거하고 즉위하였을 가능성을 지적한 견해[48]가 있다. 그러나 혜왕이 70세가 넘은 고령으로 자연사한 것으로 보면 법왕도 사망 시의 연령이 50대를 넘은 것으로 볼 수 있고 그렇다면 법왕 역시 고령으로 인해 사망했을 가능성이 있다는 견해[49]도 제기되고 있다.

---

45) 『三國史記』 권 제27 백제본기 제5 혜왕 즉위년.

46) 노중국, 『앞의 책』, 1988, p.196; 김주성, 「앞의 논문」, 2007, pp.212~214.

47) 문안식, 「앞의 논문」 p.64.

48) 이도학, 「百濟 武王의 系譜와 執權 基盤」 『百濟文化』34, 2005, pp.73~75; 강종원, 「앞의 논문」, pp.24~25.

49) 박현숙(「百濟 武王의 益山 경영과 彌勒寺」 『韓國史學報』36, 2009, pp.332~333)은 위덕왕의 사망시 연령을 78세로 추정하고 이에 근거하여 혜왕과 법왕의 사망 시 연령을 계산하여 혜왕은 77세, 법왕은 59세 정도에 사망했다고 하였으나, 이는 잘못인 것으로 보

다양한 견해들이 제시되고 있지만 법왕의 사망 원인을 직접적으로 알려주는 사료가 없기 때문에 어떤 것이 옳다고 속단하기는 어렵다. 위덕왕 대부터의 정국 운영 방식을 어떻게 보는가와 무왕의 출자를 어떻게 이해하는가에 따라 달라질 수밖에 없는 문제인 것이다. 즉 위덕왕 대부터 귀족중심의 정치 운영이 이루어졌다고 보게 되면 법왕이 왕권 강화를 추진하다가 단명하였다고 할 수 있고, 무왕이 법왕의 적자가 아니라고 보게 되면 귀족들 혹은 무왕이 정변을 일으켜 즉위하였다고 할 수 있다. 따라서 법왕의 사망 원인에 대해서는 후술할 무왕의 출자 문제와 직결되기 때문에 여기서는 상술하지 않겠지만, 일단 필자는 위덕왕 대의 정국 운영이 완전히 귀족 중심으로 이루어지지는 않았고 차츰 왕권이 안정되고 왕권 강화의 방향으로 나아갔다고 보기 때문에 귀족들에 의해 법왕이 제거되었다고는 생각하지 않는다. 다만 무왕의 출자를 법왕의 적자라고는 생각하지 않기 때문에 귀족들의 협조를 받은 무왕이 법왕의 적자들을 제거하고 즉위하였을 가능성은 있다고 하겠다.

하지만 당시 50대를 넘은 법왕의 나이를 볼 때 갑작스런 사망도 생각해 볼 수 있고, 법왕의 적자가 없었을 가능성도 있다. 또 무왕이 정변을 통해 즉위하였음을 직접적으로 나타내는 사료도 없기 때문에 정력적으로 왕권 강화 작업을 추진하고 있던 법왕을, 법왕의 서자였을 것으로 생각되는 무왕이 다른 귀족세력들을 모아 정변을 일으켜서 아버지를 제거하고 왕위를 이었다고 보기

인다. 『日本書紀』흠명기 14년조에 따라 위덕왕의 나이를 추산하면 525년생이 되기 때문에 위덕왕 사망시의 연령은 74세가 된다. 이러한 잘못은 『日本書紀』와 『三國史記』에 위덕왕 즉위년에 차이가 있는데, 이것을 고려하지 않고 계산한 때문으로 보인다. 따라서 새로 법왕 사망시의 연령을 추정해보면 50대 초반 정도였을 것으로 생각된다. 또 윤선태(「武王과 彌勒寺 - 익산의 역사지리적 환경과 관련하여 -」『백제 불교문화의 보고 미륵사』학술심포지엄 논문집, 국립문화재연구소, 2010, p.59)도 법왕이 고령으로 사망하였을 가능성을 언급하고 있다.

에는 무리가 있다고 판단된다. 따라서 조심스럽게 추정해 본다면, 『삼국유사』 무왕조의 서동설화에 '서동이 인심을 얻어 즉위하였다.'는 구절이 나오는 것으로 보아, 법왕의 적자가 없는 가운데 법왕이 사망하자 법왕의 서자였던 무왕이 여러 귀족 세력들의 지지를 얻어 즉위를 한 것이 아닐까 한다.

3) 무왕의 출자(出自)

그럼 이제 본격적으로 무왕의 출자 문제를 살펴보기 위해 먼저 무왕의 출자를 알려주는 사료들을 제시하면 다음과 같다.

E-① 무왕은 이름이 장(璋)이고 법왕의 아들이다. 풍채와 거동이 빼어났고 뜻과 기개가 호방하고 걸출하였다. 법왕(法王)이 즉위한 이듬해에 죽자 아들이 왕위를 이었다(『三國史記』 권 제27 백제본기 제5 무왕 즉위년).

② 제30대 무왕의 이름은 장이다. 어머니가 서울 남쪽 연못가에 집을 짓고 과부로 살다가 그 못의 용과 관계하여 낳았다. 어렸을 때 이름을 서동(薯童)이라고 하였고 도량이 커서 헤아리기 어려웠다. 늘 마를 캐다 팔아서 생업으로 삼았으므로 나라 사람이 그로 인해 이름을 지었다(『三國遺事』 권2 紀異2 무왕조).

③ 삼국사에는 이를 법왕의 아들이라고 했는데 여기서는 홀어미의 아들이라고 했으니 자세히 알 수 없다(『三國遺事』 권2 紀異2 무왕조 세주).

④ 백제 29대 법왕의 이름은 선(宣)인데, 효순(孝順)이라고도 한다. … 이듬해 경신에 30인의 도승을 두고 당시의 수도인 사비성에 왕흥사(王興寺)를 창건하였는데, 겨우 터를 닦다가 승하하였다. 무왕이 왕위를 계승해서 아버지가 터를 닦은 것을 아들이 일으켜 수십 년이 지나서 마침내 완성하니 그 절 이름이 역시 미륵사(彌勒寺)이다. … (고기에 실려 있는 것과는 조금 다르다. 무왕

은 바로 가난한 어머니가 못 속의 용과 관계하여 낳은 이로, 어릴 때 이름은 서동으로서 즉위한 뒤에 시호를 무왕이라고 하였다. 이 절은 처음 왕비와 함께 이룩한 것이다.)(『三國遺事』 권3 興法3 法王禁殺條).

    ⑤ 창(昌)이 죽으니 아들 여선(餘宣)이 즉위하였다. 그가 죽으니 아들 여장(餘璋)이 즉위하였다(『隋書』 권81 열전 제46 동이 백제).

    ⑥ 여창(餘昌)이 죽고 아들 여장(餘璋)이 즉위하였다(『北史』 권94 열전 제82 백제).

사료 E를 통해 알 수 있듯이 무왕의 출자에 대해서는 다양한 기록이 남아 있고 이러한 사료들을 바탕으로, 무왕의 출자에 대해서는 다양한 견해가 제시되고 있다. 이제 이와 같은 각 견해들을 꼼꼼히 살핀 다음 필자의 견해를 밝히고자 한다.

(1)『삼국유사』 무왕조에 대한 이해

무왕의 출자 문제를 해결하기 위해서는 먼저 『삼국유사』 무왕조의 서동설화를 어떻게 이해할 것인가 하는 부분부터 입장 정리가 필요하다. 서동설화를 단지 설화일 뿐이고 역사적 사실과는 상관이 없는 이야기라고 하게 되면 『삼국사기』에 기록된 대로 무왕은 법왕의 아들일 수밖에 없다. 그러나 설화라는 것도 어느 정도의 역사적 사실을 내포하고 있다는 관점에 서게 되면 다른 해석들이 얼마든지 가능하게 된다. 이 경우 설화의 내용 중 어디까지를 역사적 사실로 볼 것인가 하는 부분은 정말 어려운 작업일 수밖에 없고 그것을 증명하기는 더더욱 어렵다. 그렇지만 필자는 설화의 화소들이 당시의 역사적 사실을 반영하고 있는 부분이 있다고 생각을 하고 있고, 당시의 상황과 여러 사료 및 고고학적 자료들을 동원하여 역사적 사실로 인정할 수 있는 부분을 밝혀내는 작업이 필요하다고 생각한다.

『삼국유사』 무왕조의 서동설화에 대해 상세하게 거론하는 것은 본 논문의 주제에서 벗어나게 되므로 상세한 논의는 하지 않겠지만, 결국 무왕의 출자 문제를 해결하기 위해서는 서동설화에 대한 기본적인 입장 정리가 필요하다고 생각되어 몇 가지 문제만 언급을 하고자 한다.

먼저 서동설화가 어느 정도 역사적 사실을 포함하고 있다는 점을 지적하고 싶다. 이미 많은 연구들에서 지적된 것처럼 미륵사 창건과 관련된 부분 즉 못을 메워 절을 지었다든가 삼원의 구조를 가진 사원을 창건했다든가 하는 내용은 고고학 발굴의 결과와 일치하고 있다. 물론 이러한 사실을 들어 서동설화의 내용 중 무왕이 미륵사를 창건한 것 이외에는 역사적 사실이라고 보기 어렵고 나머지는 불교적 상징으로 받아들여야 한다거나,[50] 설화의 역사화 오류를 지적하는 견해들도 많다.[51] 그러나 이러한 견해들을 그대로 따르기도 어렵다. 고대의 역사서술에서 설화를 통해 역사적 사실을 표현하고 있다는 점을 고려해야 하고, 설화이기 때문에 부인할 것이 아니라 설화에서 어느 정도까지 역사성을 추구할 수 있느냐의 문제를 따져보는 노력을 기울여야 한다는 지적[52]도 있기 때문이다.

두 번째는 백제 익산 지역의 설화였던 서동설화가 삼국통일 후 신라의 입장

---

50) 李乃沃, 「미륵사와 서동설화」 『歷史學報』188, 2005, pp.39~46.
51) 김주성, 「백제 법왕과 무왕의 불교정책」 『馬韓·百濟文化』15, 2001, p.50; 신종원, 「사리봉안기를 통해 본 삼국유사 武王條의 해석」 『미륵사 사리장엄 연구의 쟁점과 전망』, 한국학중앙연구원 동아시아역사연구소, 2009, pp.23~40; 나경수, 「薯童說話와 百濟 武王의 彌勒寺」 『韓國史學報』36, 2009, pp.410~419.
52) 김수태, 「백제 무왕의 대신라관계」 『百濟文化』42, 2010, pp.73~76.

이 첨가되어 변화되었다거나,[53] 신라의 옛 백제지역 지배정책과 관련되어 백제 유민에 대한 유화 정책의 일환으로 변화되었다[54]고 보는 견해들이 있지만, 그렇게 보기는 어렵다. 서동설화에 신라왕과 백관이 서동에게 속아서 공주를 유배 보내고, 선화공주는 서동과 잠통한다는 내용이 있어서 신라에 의한 의도적 변개를 거쳤다고 보기에 문제가 있다. 황금을 신라로 보냈다거나 진평왕이 존경하여 문안했다는 구절도 백제가 자랑스럽게 여길 내용들이다. 신라 정부 혹은 신라를 의식하는 백제인에 의해 설화의 변형이 이루어졌다면 신라의 입장에서 거북한 화소들은 피했을 것이다.[55] 그리고 『삼국유사』 무왕조의 첫 구절 '제30대 무왕의 이름은 장이다.'라는 부분을 일연이 첨가한 부분이라고 보면, 서동설화 자체에서는 백제왕의 이름은 밝히고 있지 않지만, 신라왕은 진평왕이라고 명시하고 있다. 이는 백제인들에 의해 만들어진 설화이기 때문일 것이다. 자국의 왕 이름은 밝히기 부담스럽지만 신라는 타국이기 때문에 별 부담없이 왕실을 등장시킨 것이라 할 수 있다. 따라서 서동설화는 백제인들에 의해 생성, 변형된 것으로 보아야 할 것이다.

세 번째, 서동설화에서 백제왕의 이름을 거명하지 못한 것은 역시 왕실에 대한 불경스러운 내용을 담고 있기 때문이다. 즉 왕이 지룡의 후예라는 점은 신비스러운 면이 있지만, 정상적인 왕실에서 태어나고 성장한 것이 아니라 미천한 어머니를 두고 곤궁한 생활을 하였다는 것이고, 또 신라여인을 부인으로 두고 있음을 이야기하고 있는 것이다. 이러한 내용이 전혀 근거 없는 이야

---

53) 이내옥, 「앞의 논문」, p.42.
54) 강민식, 「서동설화의 생성과 전개」 『선사와 고대』19, 2003, p.374; 김수태, 「앞의 논문」, 2010, pp.87~89.
55) 金基興, 「서동설화의 역사적 진실」 『歷史學報』205, 2010, pp.168~175.

기라면 백제 왕실의 권위와 힘이 건재한 상황에서는 널리 유포되기가 어려웠을 것이다. 그런데 무왕 대는 '대왕'으로 불릴 정도로 전제왕권이 확립되었다고 볼 수 있는 시기인 것이다. 더구나 왕실과 거리가 멀거나 별 관계가 없는 지역이 아니라 무왕이 관심을 갖고 적극적으로 경영한 익산 일대에서 유포된 설화이기에 더욱 그러하다. 이런 점을 고려해보면 서동설화가 무왕 당시의 특정 사실들을 상당 부분 반영하고 있을 것이라 생각한다.

(2) 몰락왕족설

몰락왕족설은 『삼국유사』 무왕조의 서동설화에서 역사적 사실을 찾아내려는 입장으로, 그 견해의 주요 내용과 근거를 들면 다음과 같다.[56] 서동의 부는 왕족출신이고, 지룡으로 상징되고 있는 것으로 보아 상당한 지위의 인물이었다. 서동의 출생지는 수도 사비였으나 출생 이후 익산에서 마를 캐어 생활하였다는 것은 그의 가문이 어떤 정치적 음모에 의해 몰락하였거나 그러한 음모를 피하여 익산지역으로 구명도피한 것에서 나온 것이다. 이러한 상황 속에서 서동이 왕으로 즉위한 것은 당시의 정치적 상황과 밀접한 관련이 있다. 위덕왕 대와 혜왕 대는 관산성 전투의 패전으로 인해 왕권이 위축되고 실권귀족 중심의 정국운영이 이루어진 시기였으나 법왕이 즉위하면서 왕권을 강화하고자 하여 실권귀족들과 갈등을 빚게 되었다. 그러한 과정에 법왕이 단명하고 실권귀족들이 자신들의 지위를 유지하기 위해 몰락왕족인 서동으로 왕위를 계승하게 하였다는 것이다.

---

56) 아래 내용은 노중국, 『앞의 책』, 1988, pp.192~197의 내용을 요약한 것이다.

그러나 이러한 견해는 많은 비판에 직면하게 되었다.[57] 우선 앞에서 살펴본 바와 같이 위덕왕 대부터 법왕 대까지의 정치가 실권귀족 중심으로 운영되었다고 보기 어렵고, 귀족들에 의해 몰락왕족이 왕으로 즉위한다는 것은 사비시대 백제의 체제 정비와 왕권 강화 과정에 비추어 보면 쉬운 일이 아니었을 것이다. 성왕계 혹은 위덕왕계를 넘어서는 왕족을 왕으로 즉위시키게 되면 정통성의 확보에 문제가 생길 수밖에 없는 것이다.[58]

이러한 비판에 대해 최근 다시 자설을 보강하는 견해[59]를 피력하였는데, 그 근거를 제시하면, 먼저 무왕이 『삼국사기』의 기록대로 법왕의 아들이 맞다면 지룡과 과부 사이에 서동이 태어났다는 설화가 만들어질 수 없다는 것이다. 백제왕 가운데 출생이나 출계에 이설이 있는 경우는 『삼국사기』의 기록이 맞지 않음을 보여준다고 하면서 무령왕의 경우를 예시로 들고 있다. 두 번째, 『삼국유사』의 저자인 일연이 법왕금살조(法王禁殺條)(E-④)에 법왕과 무왕을 부자관계로 보는 기록을 남기고 있으면서도 무왕조(E-②)와 법왕금살조의 세주(E-④)에서 지룡과 과부의 아들로 기록한 것은 『삼국사기』의 기록을 받아들이지 않고 있음을 보여주는 것이라 하였다. 세 번째, 무왕의 조카인 복신(福信)의 성이 귀실씨(鬼室氏)로 나오는데, 무왕과 복신의 아버지는 형제임에도 성이 다르다는 것은 무왕이 법왕의 아들이 아니라는 것을 보여준다고 하였다. 그 이유로는 몰락하여 왕실에서 분지화된 가문 출신인 서동은 처음에는 귀실씨였지만 왕으로 옹립되면서 다시 부여씨를 칭한 것이거나 서동과 그 형제인 복

---

57) 강봉원, 「앞의 논문」에서 자세하게 비판한 바 있고, 무왕의 출자로 다른 설을 주장한 연구들 역시 부분적으로 몰락왕족설을 비판하고 있다.

58) 남정호, 「의자왕 전기 정국 운영의 특징」, 『歷史敎育論集』44, 2010, p.143.

59) 노중국, 「앞의 논문」, 2010a, pp.417~419.

신의 아버지는 부여씨를 칭하고 있다가, 서동이 왕으로 즉위한 후 복신의 아버지가 무왕으로부터 배제되어 귀실씨를 칭한 것으로 추정하였다.[60] 네 번째, 「부여융묘지명」에 융의 가계를 표기할 때 조(祖)는 장(璋), 부는 의자(義慈)로 표기한 것과 달리 증조는 언급하지 않고 있는데, 무왕의 아버지가 법왕이라면 당연히 증조를 언급해야 했음에도 그렇지 않은 것은 법왕이 부여융의 증조가 아니기 때문이라 하였다.[61]

여기에 대해 비판을 해보면, 첫째 서동설화가 반드시 몰락왕족이기 때문에 만들어졌다고 볼 수는 없는 것 같다. 법왕의 아들이라고 하더라도 모계의 문제 등 정상적인 출생이 아니라고 한다면 얼마든지 그러한 설화 생성의 동기를 제공할 수 있는 것이다. 그리고 무령왕을 비롯한 출계에 이설이 있는 경우 역시 당시 왕계에서 왕위계승권에 근접한 가계 출신이라고 보아야 하고 완전히 당시 왕계에서 멀어진 몰락왕족 중에 왕이 되었다고 보기는 어렵다.

둘째 일연이 무왕을 법왕의 아들이 아니라고 판단하였다는 점을 들고 있는데, 정확하게는 일연은 E-③과 같이 자세한 내용을 알 수 없다고 표현하고 있다. 그리고 일연이 무왕은 지룡의 아들이라고 보았다고 해도 그 지룡의 아들이라는 것이 몰락왕족임을 말하는 것은 아니며, 일연의 판단이 전적으로 맞다고 보기도 어려운 것이다.

셋째, 복신의 성씨가 귀실씨이기 때문에 서동이 귀실씨라고 보기는 어려울 것이다. 그렇다면 한번 몰락을 해서 다른 성씨를 사용하던 가문이 왕이 되면서 다시 부여씨를 칭하였다는 것이 되는데, 그러한 사례를 찾아 증명을 할 필요가 있다. 이러한 부담으로 서동과 복신의 아버지가 부여씨를 칭하다가 서동

---

60) 노중국, 「성씨의 分支化와 귀족가문의 분화」『백제사회사상사』, 2010b, pp.192~195.
61) 노중국, 「앞의 논문」, 2010a, pp.417~419.

이 왕이 된 후 동생인 복신의 아버지를 배제하게 되면서 귀실씨를 칭하였을 가능성이 높다고 하였다. 그러나 서동과 복신의 아버지가 부여씨를 칭하고 있었다면 굳이 몰락왕족이라고 볼 근거가 없어지는 것이고, 서동이 무왕이 되면서 복신의 부가 배제되어 귀실씨를 칭하게 되었다면 그 아들인 복신은 어떻게 중용되었는가 하는 문제가 발생한다. 필자는 복신이 의자왕 대에 중앙정계의 실권층에서 배제되어 지방관이나 한직으로 밀려나면서 귀실씨를 칭한 것이 아닐까 한다.

넷째, 「부여융묘지명」에서 증조인 법왕을 언급하지 않았기 때문에 무왕이 법왕의 아들이 아니라고 보기도 어려운 것 같다. 당시 당으로 이주하여 묘지명을 남긴 백제인 혹은 고구려인의 묘지명에는 증조까지 언급하고 있는 경우가 많지만, 조부까지만 밝히고 있는 경우[62]도 있기 때문에 그것만으로 단정할 수 있는 근거는 되지 못한다고 하겠다. 이상과 같은 이유를 감안하면 무왕은 몰락왕족이라고 보기는 어렵다고 하겠다.

(3) 위덕왕의 아들설

위덕왕의 아들설[63]은 E-②와 E-⑥을 연결하여 위덕왕이 익산 경영에 관심을 가지면서 익산지역을 순행하는 과정에 익산 지역 호족의 여식과 혼인 관계를 맺어 무왕을 낳았으나, 왕후의 견제를 받아 서동이 왕궁으로 들어가지 못하고 민간에서 곤궁한 생활을 하였다고 보았다. 또 익산 등 지방 세력을 포섭하려는 움직임을 당시 실권귀족들이 견제를 하여 서동이 왕자의 지위를 얻는데

---

62) 예식진묘지명, 이타인묘지명, 왕경요묘지명, 고덕묘지명, 고진묘지명 등이 있다.
63) 문안식, 「앞의 논문」 pp.57~66.

어려움을 겪었다고 하였다. 한편 「부여융묘지명」에 무왕에 대해 학문이 높다고 하였는데, 학문은 어느 한 순간에 이루어지는 것이 아니라 어릴 때부터 꾸준한 노력을 통해 대성할 수 있는 것이다. 그러므로 무왕 역시 어린 시절부터 학문에 전념할 수 있는 경제적 여건이 되는 가문에서 성장하였을 가능성이 높기 때문에 무왕의 친모는 익산 지역의 경제력을 갖춘 가문 출신일 것으로 보았다.

그러나 E-⑥은 혜왕과 법왕의 재위 기간이 짧아서 미처 그 내용을 파악하지 못하여 누락[64]시켰거나 『수서』를 전재하는 과정에 발생한 착오[65]라고 보는 것이 옳을 것이다. 그리고 E-②에서 백제 왕실 세력은 자신들을 용으로 상징하였는데, 직계는 흑룡으로 방계는 황룡으로 표현[66]하였으나 여기서는 지룡으로 표현하였기에 몰락왕족을 의미한다고 하였는데,[67] 설화 상의 지룡이라는 표현이 반드시 몰락왕족을 의미한다고 보기는 어렵다고 하겠다. 그리고 이러한 결론을 도출한 것은 위덕왕 대의 정치 운영이 귀족중심으로 이루어졌다는 것을 전제로 한 것이다. 하지만 앞에서 살펴본 바대로 위덕왕 대는 차츰 왕권이 안정되어 갔다고 볼 수 있고, 위덕왕 사후 혜왕이 즉위한 것으로 볼 때 위덕왕의 아들 중 차기 왕위계승권자가 없었을 가능성이 높다. 그런데 그러한 상황 속에서도 자신의 아들을 왕후나 귀족들의 견제로 왕궁으로도 데려오지 못할 정도로 왕권이 미약했다고 보기는 어렵다. 그리고 익산지역 경영을 위해 위덕왕이 직접 그 지역을 순행하면서 왕궁성 건립 등을 주도했다기보다 혜왕과 법왕의 역할이 컸다고 볼 수 있다. 위덕왕이 직접 순행을 자주 하였다면 기록으

---

64) 정재윤, 「彌勒寺 舍利奉安記를 통해 본 武王·義慈王代의 政治的 動向」『韓國史學報』37, 2009, p.42.
65) 강종원, 「앞의 논문」, p.7.
66) 노중국, 『앞의 책』, 1988, p.79.
67) 문안식, 「앞의 논문」, p.58.

로 남았을 가능성이 많을 것임에도 이에 대한 기록이 전혀 없고, 천도 논의에 대한 귀족들의 반발 등을 고려하면 왕이 직접 나서지 않고 왕제를 내세웠을 가능성이 높다고 하겠다.

(4) 위덕왕 망왕자(亡王子)의 아들설

위덕왕 망왕자의 아들설[68]은 E-②의 서동설화에서 서동이 왕도를 떠나 도 피성 생활을 한 것은 무왕이 법왕의 아들이 아니었음을 시사하는 것으로 보았 다. 그리고 법왕 사후 왕위를 승계할 수 있는 후보군을 검토하였다. 먼저 법왕 의 짧은 재위기간이 귀족들의 왕권에 대한 도전 혹은 무왕의 왕위계승과 연계 된 정치적 결과로 이해하고 법왕의 직계들은 축출되었을 것으로 보았다. 그럴 경우 가장 유력한 왕위 계승 후보군은 위덕왕 직계에서 찾을 수 있는데, 위덕 왕의 왕자로 추정되는 아좌는 위덕왕 말기에 왜로 보내진 것으로 볼 때 장자 가 아니었거나 왕위계승권에서 한발 비껴나 있었을 가능성이 높다고 하였다. 또 무왕이 홀어머니 밑에서, 익산에서 성장한 것을 볼 때 무왕을 아좌의 아들 로 보기도 어렵다고 하였다. 그런데, 577년에 사망한 망왕자가 위덕왕의 장자 일 가능성이 높고, 당시 30세를 전후한 나이가 되므로 아들이 있었을 가능성 이 많은데, 그렇다면 그에게 왕위계승권이 있었다고 보았다. 그리고 무왕이 지 룡의 아들로 표현된 점도 망왕자가 적장자로서 왕위계승권을 가지고 있었지 만, 왕위에 오르지 못한 사정을 반영한 것이 아닐까 하고 추정하였다. 이처럼 망왕자의 아들이 왕궁에서 살지 못하고 익산에서 생활하게 된 것은 577년 위

---

(68) 강종원, 「앞의 논문」, pp.7~18.

덕왕의 적장자인 망왕자가 사망하면서 권력의 중심이 왕제 계에게로 이동하였고, 이후 정국은 위덕왕과 계를 중심으로 한 복수지도체제로 운영되었을 가능성도 배제할 수 없기 때문에, 혜왕세력에 의한 정치적 핍박을 받아 구명도피한 결과가 아닐까 하고 추정하였다.

이러한 설명은 위덕왕 대부터 무왕 즉위까지의 여러 정황과 서동설화의 생성 배경 등을 고려하면 상당한 개연성을 갖고 있고, 법왕 사후 왕위계승권을 갖고 있는 후보군들에 대한 검토를 통해 망왕자의 아들이 왕위계승권에 가장 근접해 있음을 주장한 것 등은 주목할 만하다. 그러나 이 견해는 사료적 근거가 없는 상황에서 추정만으로 논의를 전개하고 있어 수긍하기 어렵다. 이 주장은 사료 E 중 위덕왕 망왕자의 아들이 무왕이라는 기록은 없고, 사료 E-②의 서동설화와 사료 C의 내용을 연결하여 추정하고 있는 것이다. 설사 이러한 추정이 가능하다고 하더라도 이 견해는 또 하나의 중요한 전제를 깔아야만 가능한 것이다. 위덕왕 24년, 위덕왕의 장자로 추정되는 아들이 사망하면서 위덕왕의 왕권이 심각하게 손상되어 위덕왕은 거의 허수아비가 되고 왕제 계가 정국을 주도하는 상황이 되어야만 하는 것이다. 그런 상황이 아니라면 위덕왕이 자신의 직계 손자를 보호하지 못하여 다른 지역으로 구명도피 하도록 놔두지는 않았을 것이다. 왕자의 사망으로 인해 왕권의 위기 상황이 찾아오자 그 왕자의 추복을 위해 탑을 건립하고 사리를 봉안함으로써 성왕계의 결속을 도모하여 왕권을 안정시키고자 한 것으로 파악하는 것이 맞지 않을까 한다. 그 과정에 왕제 계의 위상이 높아지긴 하였겠지만, 그렇다고 위덕왕을 무력화하고 자신이 전권을 장악하였다고 보기는 어렵다. 만약 그런 상황이 되었다면 과연 위덕왕이 70세를 넘는 고령이 될 때까지 왕위를 지킬 수 있었을까 하는 의문이 든다. 혜왕이 즉위 후 곧 사망하는 것으로 보아 혜의 나이도 위덕왕 못지않게 많았음을 알 수 있는데, 그렇다면 자신이 보다 빨리 즉위하려고 도모하지 않았을까 한다. 이러한 점들을 고려해보면 아무래도 무왕이 위덕왕 망왕자의 아들이라 하기엔 무리가 있는 것 같다.

(5) 법왕의 아들설

무왕이 법왕의 아들이라는 설은 E-①의 『삼국사기』 기록이 가장 신뢰할 만하다는 견해이다. 김수태는 『삼국사기』의 기록대로 무왕을 법왕의 아들로 이해하는 것이 가장 설득력이 있고, E-②의 서동설화는 무왕 모후의 세력기반이 약하다는 사실을 보여주는 것이라고 하였다.[69] 강봉원은 E-②, E-③, E-④와 같이 『삼국유사』에서는 무왕의 출자와 관련해서 일관성 없는 서술이 이어지고 있어 사료의 신빙성이 결여되고 있음과, 서동설화는 설화로서 인식해야 함을 지적하면서 결국 무왕의 출자는 『삼국사기』 백제본기의 내용과 『삼국유사』의 내용이 일치하는 부분을 선택하여 법왕의 아들로 간주하는 것이 합리적인 해석이라고 하였다. 그리고 『수서』에도 무왕은 법왕의 아들이라고 기록되어 있으며, 동성왕에서부터 의자왕까지 모두 부자상속으로 왕위계승이 이루어진다는 점에서 무왕을 몰락왕족으로 볼 수는 없다고 하였다. 또, 이러한 점을 볼 때 서동설화의 서동과 무왕은 동일 인물일 수 없다는 점도 덧붙이고 있다.[70]

그러나 이러한 견해도 재고의 여지가 있는데, 그것은 그러한 주장의 강력한 근거가 되는 E-①의 『삼국사기』 기록에도 무왕은 법왕의 아들로만 표기되어 있어 다른 왕들이 원자, 장자, 차자 등으로 구체적 계보를 밝히고 있는 것과

---

69) 김수태, 「앞의 논문」, 1999, p.123.
70) 강봉원, 「앞의 논문」, pp.147~154.

는 다른 것이다.[71] 이것은 무왕이 법왕의 아들이지만 서자일 가능성이 있음[72]을 보여주는 것이다. 또한 강봉원은 서동설화를 설화로만 바라보아야 한다고 하였지만, 고고학 발굴로 적어도 미륵사의 창건과 관련된 부분은 상당 부분이 역사적 사실을 바탕으로 하고 있음이 드러나고 있다. 앞에서도 언급한 것처럼 서동의 출생을 신이하게 볼 수도 있지만 그 모계가 미천하고 성장과정에 빈궁한 생활을 하였으며, 신라 여인과의 혼인 등의 내용은 상당히 왕실에 대한 불경스러운 내용을 담고 있어서 전혀 근거없는 내용이 설화로 만들어졌다고 보기 어려운 면이 있는 것이다. 필자는 설화 속의 주인공이 당시대의 왕이 된다는 내용의 설화는 잘 없는 것과, 비록 백제 왕의 이름은 명시하지 않았지만 신라의 진평왕을 등장시킴으로써 백제의 어느 왕인지 알 수 있도록 한 것은, 무왕과 관련하여 정상적인 출생이나 즉위가 아닌 모종의 사건이 있음을 보여주는 것이 아닐까 한다.

(6) 법왕의 서자설

이상의 검토와 같이 무왕의 출자에 대해서는 법왕의 서자설[73]이, E-①~⑤의 내용을 모두 포괄할 수 있는 가장 합리적인 해석이 아닐까 한다. 즉『삼국사기』백제본기 무왕조와『삼국유사』법왕금살조, 『수서』백제전의 법왕의 아

---

71) 정재윤, 「앞의 논문」, pp.42~43; 김영심, 「舍利器 銘文을 통해 본 백제 사비시기 국왕과 귀족세력의 권력관계 - 沙氏세력과의 관계를 중심으로 -」『韓國史研究』163, 2013, pp.11~12.

72) 정재윤, 「위의 논문」, p.43.

73) 김영태, 「앞의 논문」, pp.89~90; 이도학, 「앞의 논문」, 2005, pp.70~72; 정재윤, 「앞의 논문」, pp.42~43; 김영심, 「앞의 논문」, pp.11~12.

들이라는 기록에 부합하면서도,『삼국사기』 백제본기 무왕조에 구체적 출계를 밝히지 않고 법왕의 아들로만 표현한 부분과『삼국유사』 무왕조의 서동설화 내용을 모두 아우를 수 있기 때문이다. 물론 이러한 결론도 결국은 추정에 의한 것일 뿐 결정적인 사료적 근거를 갖고 있지 못하다는 점에서 한계가 있음은 사실이다. 그러나 위와 같은 여러 사료의 내용을 만족할 수 있다는 것 외에도 위덕왕 대 왕제 계와 그 아들 선이 중심이 되어 익산 경영에 나서는 과정에, 선과 익산 지역의 여인이 잠통하여 무왕을 낳게 되었으나 정상적인 혼인이 아니었기에 서동이 한동안 빈궁한 생활을 하였다고 볼 수 있는 여지는 충분한 것이 아닐까 한다. 그리고 당시 선은 왕위계승과는 거리가 있는 왕족일 뿐이었기에 지룡으로 묘사되지 않았을까 한다.

또 무왕의 즉위와 관련하여 법왕이 단명하였다는 것 이외에는 별다른 급격한 정국 변화의 모습이 남아 있지 않고, 법왕의 단명도 당시 사회의 평균 사망 연령을 고려한다면 결코 적은 나이라고는 할 수 없기 때문에 무왕의 즉위에 정변과 같은 큰 정치적 사건이 있었다고 보기는 어렵다. 무왕 즉위 이후에도 크게 왕권이 제약받고 있었다고 볼 수 있는 사료도 없기에 무왕이 적어도 왕위계승권에 근접해 있는 존재였다고 할 수 있을 것이다.

하지만 완전히 무왕이 법왕의 직계 아들로서 정상적으로 왕위를 계승하였다고 보기에는 문제가 있다. 당시 50대 초반 경으로 추정되는 법왕이 왕흥사를 창건하고 칠악사에 행차하여 비를 비는 등[74]의 활발한 활동을 하다가 갑자기 사망하는 것이나 무왕 즉위 이후에 한동안 기록에 나타나지 않던 해씨, 왕씨 등 새로운 세력이 등장하고 있는 것은 정변까지는 아니더라도 모종의 정

---

74)『三國史記』권 제27 백제본기 제5 법왕 2년.

치적 사건이 있었다고 볼 수 있는 여지를 갖고 있는 것이다. 따라서 사료의 문제나 당시 시대적 상황을 고려하였을 때, 무왕은 법왕의 서자였다고 해석하는 것이 가장 합리적이라 생각된다.

2. 무왕 대 정치 세력의 변화

2009년 미륵사지 서탑 보수과정에 사리봉안기가 발굴되면서 미륵사 창건의 발원자가 누구인가, 무왕의 왕비는 어떻게 이해할 것인가, 무왕 대 정치 세력의 동향은 어떠한가 하는 문제에 대한 수많은 연구 성과들이 발표되었다. 시간이 흐름에 따라 논쟁이 정리되어 가는 부분이 있지만 그래도 여전히 많은 문제들이 공통된 인식에 이르지 못하고 있다.

이러한 논쟁과 관련하여 『일본서기』 황극기 원년조에 나오는 백제 정변 기사의 중요성이 점차 높아져 가고 있다. 이 기사를 어떻게 이해하는가에 따라 무왕의 왕비나 정치 세력에 대한 이해가 달라지게 되는 것이다. 필자 역시 같은 생각을 갖고 있으므로, 이 기사를 중심으로 무왕 대 정치 세력의 변화를 살펴보고자 한다.

1) 선행 연구 정리 및 논쟁점

이 주제와 관련해서는 이미 굉장히 많은 논문들이 발표되었다. 이에 먼저 선행 연구를 정리하여 무왕 전기와 후기, 의자왕 초기의 정변으로 인한 정치

세력의 변화에 대한 기존 견해들 중 재검토가 필요한 부분을 정리하고 그에 대한 필자의 견해를 밝히고자 한다. 무왕 전기와 후기를 구분하는 기준은 연구자마다 다른데, 필자는 한동안 중단되었던 대신라 공격이 재개되는 무왕 24년을 기준으로 삼고자 한다.

이 주제에 대한 연구 성과들을 정리하면 다음과 같다.

【표 6】 무왕 대 정치 세력 변화에 대한 선행 연구 정리[75]

	무왕 전기 (주도세력)	무왕 후기 (주도세력)	의자왕 초기 정변의 성격	사씨세력	익산세력	익산 경영의 성격
노중국 [76]	·귀족 세력이 무왕 옹립 (귀족 중심 운영) ·익산 경영, 선화공주와의 혼인을 통한 왕권강화	·왕권은 안정되었으나 익산 천도 좌절은 한계 ·무왕 측근 세력 형성 및 의자 태자 견제	·귀족중심 정치운영에서 벗어나 왕권 강화 추구 ·의자의 반대 세력인 외척 (국주모, 교기)을 중심으로 한 귀족세력 제거	·부여 내지리를 기반으로 한 사비지역 재지세력	·익산 원수리 고분, 봉동 둔산리 고분, 성남리 고분 조영 세력 ·지명법사	·왕권 강화를위한 익산 경영 (천도 추진하다 실패) ·서동 모후의 근거지
김수태 [77]	·익산세력의 성장	·전제왕권 확립 (대왕 칭호) ·사씨세력의 정계 주도(왕권에 협력) ·왕족(복신), 왕자 (풍장) 활동	·왕제 세력 및 귀족 세력 제거하여 의자왕의 직계 중심 정치 강화	·사비재지세력으로 익산경영 반대, 대신라전 주도 ·사씨의 익산세력 통제 (별부장 사타상여)	·대신라 평화 공존 추구	·익산 천도 추진 실패 ·무왕 모후, 선화공주 출신지, 군사적 요충지, 새로운 종교 중심지

---

75) 표는 발표된 논문의 연도가 가장 빠른 연구자 순이고, 연도가 같은 경우 연구자 성명을 가나다 순으로 정리하였다. 정리에 참조한 논문은 각 연구자마다 주를 달았다.

76) 盧重國,「武王 및 義慈王代의 改革 政治」『百濟政治史研究』, 一潮閣, 1988;「7世紀 百濟와 倭와의 關係」『國史館論叢』52, 1994;「益山지역 정치체의 史的 전개와 百濟史上의 益山勢力」『馬韓·百濟文化』15, 2001;「彌勒寺 창건과 知命法師」『백제사회사상사』, 지식산업사, 2010.

	무왕 전기 (주도세력)	무왕 후기 (주도세력)	의자왕 초기 정변의 성격	사씨세력	익산세력	익산 경영의 성격
이 도 학 78)	· 해씨, 백씨, 중 국계 (왕효린) 세력과 제휴를 통한 무왕 즉위	· 대신라전을 통한 지배세력 장악 및 왕권 강화 · 예씨 등 측근세 력 성장 · 사씨세력이 주도	· 655년 정변: 융과 효의 외가세력 사 이의 갈등	· 사택씨의 근거지 는 내사지성으로 대전 유성구 일원		· 무왕 초기 익 산천도 (위덕왕 후반 착공) · 무왕 후기 사 비 환도
김 주 성 79)	· 사씨 세력의 무 왕 즉위 지지 로 사씨 세력이 무왕 대 주도	· 왕권강화 · 사씨 세력과 태 자 의자의 대립 시작 · 사비에 대규모 토목공사 집중	· 의자왕이 권력 강 화를 위해 정적 숙청 (사씨 세력 축출)	· 무왕의 즉위 및 익산 경영 지원 · 의자의 외척세력 이나 의자왕과 갈등	· 사씨 세력이 익산으로 세력 확대	· 별부 (귀족 이주) · 사씨의 도움 으로 익산경영 (610년대부터)
강 종 원 80)	· 위덕왕계 왕족, 익산세력, 해씨, 연씨, 중국계 왕효린 등의 지지로 즉위 · 즉위 후 익산경 영, 익산세력의 지지로 왕권강화	· 왕권 약화(무왕 은 현실도피성 생활) · 사씨 세력 대두 (대신라전 주도), 사비지역 중시 · 의자와 사씨세력 의 타협 · 의자가 대신라전, 사비왕도 재건 주도	· 의자왕 친정체제 구축, 사씨는 익산 세력 축출 · 익산세력이 지지 한 풍장과 태자 경쟁 이후 풍장의 아들인 교기세력 부상하자 국주모 (익산출신) 사망을 계기로 교기 및 익산세력 축출	· 서천 일대 재지세 력이자 사비지역 기반 세력 · 사비환궁과 익산 세력 축출 주도	· 입점리 고분군 조영세력 · 무왕의모, 선화 공주 익산세력 · 의자의 왕비 (1비)도 익산 세력	· 무왕의 익산경 영·천도 실패 · 무왕은 말기 익 산 왕궁성에서 생활하다 사망

---

77) 김수태, 「百濟 武王代의 政治勢力」 『馬韓·百濟文化』 14, 1999; 「의자왕의 친위정변 단행과
대왜관계」 『泗沘都邑期의 百濟』, 충청남도 역사문화원, 2007; 「백제 무왕대의 미륵사 서탑
사리봉안」 『新羅史學報』 16, 2009; 「백제 무왕대의 대신라 관계」 『百濟文化』 42, 2010.

78) 李道學, 『日本書紀』의 百濟 義慈王代 政變記事의 檢討」 『韓國古代史研究』 11, 1997;
「百濟 義慈王代의 政治 變動에 대한 檢討」 『百濟文化』 33, 2004; 「百濟 武王의 系譜와
執權 基盤」 『百濟文化』 34, 2005; 「彌勒寺址 西塔 「舍利奉安記」의 分析」 『白山學報』
83, 2009; 「의자왕대의 정치 변동 연구에 대한 검토」 『백제 사비성 시대 연구』, 일지사,
2010a; 「『예식진묘지명』을 통해 본 예씨 가문」 『백제 사비성 시대 연구』, 일지사, 2010b.

79) 金周成, 「百濟 武王의 卽位過程과 益山」 『馬韓·百濟文化』 17, 2007; 「7세기 각종 자료
에 보이는 익산의 위상」 『역사학연구』 36, 2009a; 「백제 무왕의 정국운영」 『新羅史學報』
16, 2009b; 「미륵사지 서탑 사리봉안기 출토에 따른 제설의 검토」 『東國史學』 47, 2009c.

80) 姜鍾元, 「百濟 沙氏勢力의 中央貴族化와 在地基盤」 『百濟研究』 45, 2007; 「百濟 武王
의 出系와 王位繼承」 『역사와 담론』 56, 2010; 「百濟 武王의 太子 冊封과 王權의 變動」
『百濟研究』 54, 2011.

	무왕 전기 (주도세력)	무왕 후기 (주도세력)	의자왕 초기 정변의 성격	사씨세력	익산세력	익산 경영의 성격
문안식 [81]	·귀족세력이 무왕 옹립 ·즉위 초반 후원세력 확보를 위해 사씨와 혼인	·의자가 익산 경영 지휘하며 귀족세력과 대립 ·사씨세력의 의자 견제	·의자를 견제하던 풍장의 아들인 교기를 중심으로 한 근친 왕족 배제, 사씨 세력 축출, 왕권 강화 도모	·사비지역기반 세력 ·사택왕후 및 풍장 지지	·웅포리, 입점리 고분군 조영세력	·위덕왕대부터 관심 ·의자가 익산경영 주도 ·천도 실패 ·사택왕후도 익산 경영 참여
박현숙 [82]	·무왕대 대신라 공격, 중국과 외교, 미륵사 건립으로 볼 때 왕권은 약한 것이 아님	·사택씨가 권력의 중추		·익산재지세력일 가능성		·아막산성 패전 이후 익산 경영-이궁 ·금마저군으로 별부로 보기 어려움
이용현 [83]		·사택왕후와 사택씨가 권력의 중추, 왕권 강화에 협력	·풍(교기)과 융의 태자 책봉 갈등 ·국주모가 후원하던 세력(제왕자, 교기 등) 제거 ·사택씨 전체가 퇴출된 것은 아님. 사택씨 내부의 세대간 정권교체	·사택지적은 사택왕후와 사촌 혹은 오누이		
정재윤 [84]	·해수가 아막산성 전투 주도 ·대신라전을 통한 지지기반 확대 및 익산 중시	·익산 천도 무산으로 강력한 후원세력 필요-사씨세력의 부상 ·무왕과 사씨세력의 타협-사택왕후의 등장과 의자 태자책봉	·모후(사택왕후) 지지세력 제거하여 친정체제 강화, 사택씨 축출 ·유교적 체제 확립 지향-윤충, 의직, 성충, 흥수 등	·무왕과 타협-사택왕후는 익산 왕궁성에 사찰조영, 미륵사건립으로 익산세력 포용	·사씨의 협조로 익산 세력 성장	·사택왕후가 미륵사 건립을 수용하여 최종 마무리
민병승 [85]	·왕씨세력 성장 ·사씨세력 통제와 회유를 위해 6부로 개편	·왕위계승관련분쟁 ·사씨세력과의 협력 단절 ·5부로 회귀	·위덕왕대부터 무왕대까지 왕권 강화에 관련		·익산 중심으로 전남 장악의도	·위덕왕대부터 사씨, 왕씨 협력 아래 익산경영

---

81) 문안식, 「의자왕의 친위정변과 국정쇄신」 『東國史學』47, 2009.
82) 박현숙, 「百濟 武王의 益山 경영과 彌勒寺」 『韓國史學報』36, 2009.
83) 이용현, 「미륵사 건립과 사택씨 - <사리봉안기>를 실마리로 삼아 -」 『新羅史學報』16, 2009.
84) 정재윤, 「彌勒寺 舍利奉安記를 통해 본 武王·義慈王代의 政治的 動向」 『韓國史學報』37, 2009.
85) 민병승, 「武王代 6部체제와 益山」 『한국학논총』34, 2010.

	무왕 전기 (주도세력)	무왕 후기 (주도세력)	의자왕 초기 정변의 성격	사씨세력	익산세력	익산 경영의 성격
장미애 86)	· 아막산성 패전 (귀족세력 주도) 이후 대신라 비 적대정책 · 익산세력 두각	· 대신라전 강화 및 우위(태자 의 자 주도) · 사씨세력이 국정 의 중심에 등장 · 익산세력 쇠퇴	· 의자왕이 국주모 (선화공주)와 관련 된 익산세력 축출	· 사비지역 세력 · 익산세력 견제하 면서 의자 태자 책 봉 성공	· 혜왕계 성장의 기반 세력 · 신라에 비적대 적 정책	· 이궁
윤선태 87)	· 위덕왕, 혜왕, 법왕, 무왕 초기 왕권 안정-무 왕 초기인 아막 산성전투에 4만 대군 동원			· 익산지역이 사씨 의 경제적 기반		· 가야지역 진출 을 위한 전략적 거점으로 중시 · 신라와의 분쟁 이 끊이지 않은 위태로운 변경 지역
최연식 88)		· 무왕 30년대 이후 의자가 국왕의 역 할, 무왕은 질병 등으로 국사 외면 · 사택왕후가 미륵 사(=왕흥사) 중원 완성 뒤 서원 동원 건립 주도하며 국 정에 영향력 행사			· 혜가 분봉된 지역으로 혜왕 계(법왕, 무왕) 의 기반	· 위덕왕 후반기 혜가 왕궁리궁 성 건립 시작 · 무왕 생장지
김영심 89)	· 아막성전투 이 후 왕권 강화 · 연씨, 국씨, 백 씨, 왕씨 등의 활동	· 사걸 등장 이후 사씨 영향력 강화 · 무왕과 사씨 세 력이 경쟁관계로 변화	· 의자왕이 사택왕 후와 관련된 이복 동생 풍장의 아들 교기와 외사촌형 제 축출하고 왕권 강화 · 사씨 영향력 약화 되었으나 의자왕대 에도 여전히 활동	· 사비부근지역세력 · 의자 태자 책봉 반 대, 다른 귀족과의 관계속에 태자 책봉		· 사씨가 권력을 확장시킬 수 있 는 터전으로 익 산 주목 · 사씨의 세력기 반으로 보기는 어려움

86) 장미애, 「무왕의 세력기반으로서의 익산의 위상과 의미」 『韓國古代史研究』60, 2010;
「의자왕대 정치세력의 변화와 대외정책」 『역사와현실』85, 2012.

87) 윤선태, 「武王과 彌勒寺」 『백제 불교문화의 보고 미륵사』 학술심포지엄 논문집, 국립문
화재연구소, 2010.

88) 崔鈆植, 「彌勒寺 創建의 歷史的 背景」 『韓國史研究』159, 2012.

89) 김영심, 「舍利器 銘文을 통해 본 백제 사비시기 국왕과 귀족세력의 권력관계 - 沙氏세
력과의 관계를 중심으로 -」 『韓國史研究』163, 2013.

연구사 검토를 통해 무왕 대의 정치 세력 변화에 대한 논의의 흐름을 정리하고, 몇 가지 논의 사항을 뽑아보면 다음과 같다.

첫째, 무왕 전기의 정치적 상황에 대해 대체적으로 공감하고 있는 것은, 무왕 3년에 4만의 대군을 동원한 아막성(阿莫城) 전투[90]에서 패배한 이후 무왕의 왕권 강화 노력이 본격적으로 이루어졌다는 점과 무왕 즉위 후 해씨, 백씨 등 대성팔족 중 소외되어 있던 성씨들과 왕씨, 예씨, 익산세력 등 새로운 정치 세력이 두각을 나타내고 있다는 점이다. 그런데 무왕 즉위 초의 정국 운영과 아막성 전투 이후의 상황이 어떻게 달라졌는지에 대해서는 세밀한 고찰이 이루어지지 못한 것 같다. 따라서 무왕의 즉위를 지지한 세력이 누구인지, 아막성 전투 이후 무왕이 왕권을 강화해 갈 수 있었던 토대가 무엇인지에 대한 논의가 필요해 보인다.

둘째, 사씨 세력이 무왕 전기부터 국정을 주도했는지(김주성, 문안식, 민병승), 무왕 후기에 두각을 나타낸 것인지(김수태, 강종원, 박현숙, 정재윤, 장미애, 김영심)에 대해서는 의견이 엇갈리고 있다. 또 왕씨, 예씨, 익산세력 등 새로운 정치 세력의 성격에 대해 친왕적인 세력 혹은 국왕 측근 세력이라는 용어를 사용하고 있지만, 이들 세력의 성격에 대한 규명이 미흡하다고 하겠다.

셋째, 무왕 후기에 대해서는 왕권이 안정되었다거나 더 나아가 전제왕권이 성립되었다고 보고 있고, 이 시기는 사씨 세력이 국정을 주도하였다는 것에는 공감하고 있다. 다만 무왕의 익산 경영이 실패하고 사비로 관심이 다시 집중되고 있는 점 등을 들어 무왕 후기 왕권의 한계를 지적하거나(노중국), 무왕은 현실 정치에서 손을 놓고 있고 태자인 의자가 국정을 이끌어가고 있다는 점을

---

90) 『三國史記』 권 제27 백제본기 제5 무왕 3년.

지적하고 있는 연구자들(강종원, 문안식, 최연식)이 있어서 이 부분에 대한 검토가 요망된다. 또 이 시기의 정국을 주도한 정치 세력인 사씨 세력과 무왕 혹은 태자 의자와의 관계에 있어서 사씨 세력을 왕권에 협력한 세력으로 보거나(김수태, 이용현), 무왕 혹은 의자와 타협한 것으로 보거나(강종원, 정재윤), 대립한 것으로 보는 견해(김주성, 문안식, 김영심)로 나뉘어져 있어 이 점에 대한 검토도 필요하다.

넷째, 무왕·의자왕대 사씨 세력의 동향과 관련하여 사씨 세력의 근거지가 어디인지에 대해 종래 사비지역을 기반으로 한 세력으로 보는 견해(노중국, 김수태, 문안식, 장미애, 김영심)가 주류를 이루었으나 최근 사리봉안기의 발굴 이후 익산 지역을 사씨 세력의 근거지로 보려는 경향(김주성, 박현숙, 윤선태)이 나오고 있어 이에 대한 검토가 필요하다. 또 무왕 후기 사씨 세력이 어떻게 다시 정치 주도 세력으로 성장하게 되었는지에 대한 보다 심층적인 분석이 필요한 것 같다.

다섯째, 익산 경영 및 익산 세력과 관련한 문제이다. 무왕 대에 익산 세력이 성장했다는 점과 익산 지역이 중시되었다는 점에는 이견이 없다. 그러나 익산 경영에 대해서는 익산 경영을 시작한 시기를 무왕 대로 보는 견해(노중국, 김수태, 김주성, 박현숙)에서 점차 위덕왕 말기로 보려는 견해(이도학, 문안식, 민병승, 장미애, 최연식)가 생겨나고 있고, 익산 왕궁리 유적의 성격에 대해서는 여전히 익산 천도를 추진하다 실패하였다거나 별궁 혹은 이궁으로 보는 것(노중국, 김수태 등), 익산 천도했다가 사비로 다시 환궁한 것(이도학,[91] 최완

91) 李道學, 「百濟 武王代 益山 遷都說의 再檢討」『慶州史學』22, 2003; 「史料와 考古學 자료로 본 백제 王都 益山'에 대한 檢證」『韓國傳統文化研究』9, 2011.

규,[92] 이신효[93] 등), 별부(別部, 김주성), 신도(神都, 조경철[94]) 등의 다양한 견해가 제기되고 있다. 이 부분은 본고의 주제와는 다소 벗어난 것이지만 익산 세력에 대해 논하기 위해 간략히 언급을 하고자 한다. 그리고 익산 세력의 실체가 무엇이고, 익산 세력은 어떤 경로로 성장하였으며, 무왕 후기에서 의자왕 초기에 이르는 시기에 그 동향이 어떠한가에 대한 규명은 매우 미진해 보인다. 따라서 본고에서는 여기에 초점을 맞추어 논의를 진행하고자 한다.

2) 무왕 즉위 초기의 왕권

(1) 즉위 지지 세력

이제 법왕의 서자였던 무왕이 모종의 정치적 사건을 통해 즉위하는 과정에, 무왕을 지지하였던 세력이 누구인지 검토해보자.

F. 가을 8월에 왕은 군사를 출동하여 신라의 아막성(阿莫城)<다른 이름으로는 모산성(母山城)이라고도 하였다>을 포위하였다. 신라 왕 진평(眞平)이 정예 기병 수천 명을 보내 막아 싸우니 우리 군사가 이득을 얻지 못하고 돌아왔다. 신라가 소타성(小陀城), 외석성(畏石城), 천산성(泉山城), 옹잠성(甕岑城)의 네 성을 쌓고 우리 강토를 가까이 쳐들어 왔다. 왕이 노하여 좌평 해수(解讐)에게

92) 최완규, 「고대 익산과 왕궁성」『익산 왕궁리 유적의 조사성과와 의의』, 국립부여문화재 연구소, 2009; 「백제말기 무왕대 익산천도의 재해석」『馬韓·百濟文化』20, 2012.
93) 이신효, 「백제 왕도 속의 익산」『馬韓·百濟文化』21, 2013a; 「왕궁리 유적을 통해 본 백제말기 익산경영」『馬韓·百濟文化』22, 2013b.
94) 조경철, 「백제 무왕대 神都 건설과 彌勒寺·帝釋師 창건」『百濟文化』39, 2008.

명령하여 보병과 기병 4만 명을 거느리고 나아가 그 네 성을 공격하게 하였다.
…(중략)… 해수는 겨우 죽음을 면하여 한 필의 말을 타고 혼자 돌아왔다(『三國
史記』권 제27 백제본기 제5 무왕 3년).

사료 F에서 무왕은 즉위한 지 3년 만에 4만의 대군을 동원하여 신라를 공격
하고 있다. 이 아막성 전투를 귀족 세력들이 주도한 것으로 보고, 이 전투 이
후 무왕의 왕권 강화 작업이 시작되는 것으로 보는 견해들[95]도 있다. 하지만
이러한 견해들은 위덕왕 대부터 무왕 초기까지 귀족 중심의 정치 운영이 이어
져 왔고 무왕의 출자도 몰락왕족 출신으로 보고, 논지를 전개하고 있기 때문
에 따르기 어렵다. 오히려 이 아막산성 전투는 무왕 즉위 과정에 정치적 갈등
이 심하지 않았고 왕위계승과정에 권력의 누수가 없었음을 보여준다.[96] 4만이
라는 대군은 전국의 군대를 동원한 것으로 볼 수 있고, 상당한 귀족들의 동의
가 없이는 불가능한 병력이기 때문에 무왕 즉위 초 왕권이 안정되어 있었음을
알 수 있다.

이렇게 무왕이 비교적 순조롭게 왕위를 계승하고 즉위 초에도 안정적인 왕
권을 확보한 것은 무왕의 즉위를 지지한 세력이 광범위하게 존재했던 것으로
이해된다. 그 요인을 살펴보면, 먼저 무왕이 여러 세력의 지지를 얻을 수 있을
정도의 능력을 가진 인물이었기 때문이다. 『삼국사기』백제본기 무왕 즉위년
에 무왕이 '풍채와 거동이 빼어났고 뜻과 기개가 호방하고 걸출하였다.'고 한
것이나 『삼국유사』무왕조의 서동설화에서 '서동이 인심을 얻어 즉위하였다.'

---

95) 박민경,「무왕·의자왕대 정국운영의 연구」『한국고대사연구』20, 2000, pp.574~577; 김
   병남,「百濟 武王代의 阿莫城 전투과정과 그 결과」『전남사학』22, 2004, p.113.
96) 강종원,「앞의 논문」, 2010, p.19.

는 부분을 통해 무왕의 능력을 짐작할 수 있다. 이러한 능력을 가진 무왕이 주
도적으로 여러 귀족 세력들을 규합하여 즉위하였을 가능성도 높다고 하겠다.

두 번째, 무왕 대에는 다양한 귀족 세력들이 등용되고 있음이 주목된다. 『삼
국사기』 무왕 대에 나타나는 인명을 정리하면 다음과 같다.

【표 7】『삼국사기』 백제본기 무왕조의 등장인물

등장 시기	3년	8년	12년	17년	28년	37년
등장 인물	좌평 해수	한솔 연문진 좌평 왕효린	국지모	달솔 백기	장군 사걸 왕질 복신	장군 우소

위 표에서 좌평 해수(解讐)가 주목되는데, 해수는 동성왕 대 이후 실세하였
던 해씨 세력[97]으로, 무왕 3년 4만 명의 대군을 동원한 아막성 전투를 지휘하
고 있는 것으로 볼 때, 해수가 무왕 즉위 초반의 정국 운영을 주도한 귀족이었
다고 할 수 있다. 동성왕 대 이후 실세한 세력이 좌평의 지위를 갖고 대신라전
을 주도한 것은 무왕의 즉위를 적극적으로 지지하였기 때문일 것이다.

세 번째, 중국계로 볼 수 있는 왕효린(王孝隣)이 좌평의 관등을 갖고 있음이
주목된다. 중국계 세력이 최고위 관등인 좌평으로 등용된 것은 무왕 대가 처
음인 것이다. 무왕 8년에 좌평의 지위에 있다면 왕효린 세력 역시 무왕의 즉위
를 지지한 세력으로 볼 수 있을 것이다.[98]

마지막으로, 익산세력도 무왕의 즉위를 도운 세력이라 할 수 있을 것이다.

---

97) 이도학, 「앞의 논문」, 2005, p.83.
98) 이도학, 「위의 논문」, 2005, p.83.

서동설화와 관련하여 무왕의 모후가 익산 지역 귀족의 딸로 추정[99]되고 있기 때문이다. 익산 세력은 무왕의 즉위를 지지하면서 중앙 정계로 세력을 확대하였을 것이고, 무왕은 위덕왕 대부터 혜왕과 법왕에 의해 추진되어온 익산 경영을 이어갔을 것이다.

한편 무왕의 즉위를 사씨 세력의 도움 때문이라고 하고, 무왕 3년의 대신라전에 4만 명의 대군을 동원한 것이나 익산 경영을 하게 되는 것 역시 사씨 세력의 역할이 컸다는 주장[100]도 있다. 이러한 주장은 미륵사지 서탑에서 발굴된 사리봉안기에 미륵사의 창건을 발원한 것이 사탁적덕의 딸인 왕후였다고 기록된 것에 의미를 부여하여, 익산은 사씨 세력과 관계있는 지역이고 무왕이 즉위 전에 사씨와 혼인을 하였기 때문에, 사씨들의 도움을 받아 법왕의 적자를 제치고 왕위에 오른 것으로 파악한 것이다.[101] 그러나 이렇게 무왕 40년 (639)의 사료인 사리봉안기의 내용을 무왕 즉위 시점까지 소급하여 이해하기에는 무리가 있는 것 같다.[102] 무왕 즉위 이전부터 익산 지역이 사씨들의 세력 기반이었다고 보기는 어렵다. 사씨 세력의 재지기반에 대해서는 여러 설들이 있지만 사비지역으로 보거나[103] 서천 일대를 세거지로 사비 천도이후 사비 지역을 근거지로 삼았다는 주장[104]이 옳다고 생각한다. 무왕 대 이후의 상황은 좀 다를 수 있지만 무왕 즉위 이전에는 사비 지역을 기반으로 한 세력으로 보

99) 김수태, 「앞의 논문」, 1999, pp.123~124; 「앞의 논문」, 2010, pp.76~77. 여기에서는 무왕의 모후만이 아니라 무왕의 부인인 선화공주도 익산 세력으로 보고 있으나 이것은 따르지 않는다.
100) 김주성, 「앞의 논문」, 2009b, pp.265~268.
101) 김주성, 「앞의 논문」, 2009c, pp.35~36.
102) 강종원, 「앞의 논문」, 2010, p.31.
103) 노중국, 「앞의 논문」, 1988, p.186; 김수태, 「앞의 논문」, 2010, pp.82~87.
104) 姜鍾元, 「百濟 沙氏勢力의 中央集權化와 在地基盤」 『百濟研究』 45, 2007, pp.29~33.

는 것이 옳을 것이다.

또 사탁왕후를 무왕이 즉위하기 이전에 혼인한 왕후로 보기도 어렵다.[105] 이러한 견해는 무왕의 정비는 사탁왕후밖에 없다는 전제 아래 사탁왕후가 의 자왕의 생모이고 따라서 무왕 즉위 이전에 혼인하였다는 결론을 내리고 있다. 하지만, 백제에서 정비는 한 명밖에 없었다고 볼 수 있는지도 의문이고, 사탁 왕후가 『일본서기』 황극기에 기록된 '국주모(國主母)'일 가능성이 높다는 점에 서 보면 의자왕의 생모로 보기도 어렵다. 따라서 사탁왕후는 무왕이 즉위한 후 혼인한 것으로 파악하는 것이 옳다고 생각된다. 또 장군 사걸이 등장하는 시점이 무왕 28년인 점이 주목된다. 아무래도 사씨 세력은 무왕 즉위를 도운 세력이라기보다는 무왕 후기에 와서 국정 운영의 영향력을 확대한 것으로 파 악[106]하는 것이 옳을 것이다.

(2) 즉위 초기 왕권 강화의 토대 형성

그렇다고 무왕이 왕위에 즉위하자마자 바로 강력한 왕권을 구축했다고 보 기는 어렵다. 즉위 초반에는 무왕의 즉위를 지지해 준 세력들과 적절한 타협 을 하면서 국정을 운영하였을 것이다. 그런데 미륵사지 서탑 사리봉안기에는 무왕을 '대왕 폐하'로 호칭하고 있어, 무왕 대에는 왕권이 대단히 강화되어 귀 족세력들 위에 군림하는 모습을 보여주고 있다. 이처럼 왕권이 강화되기 시작 한 시점은 언제이며, 어떻게 왕권을 강화해 나갈 수 있었을까 하는 점을 검토

---

105) 자세한 내용은 남정호, 「백제 무왕의 왕비와 의자왕의 생모에 대한 고찰」 『역사교육론 집』55, 2015 참조.
106) 강종원, 「앞의 논문」, 2010, p.31; 정재윤, 「앞의 논문」, pp.43~46.

할 필요성이 있다.

무왕 대에 왕권 강화가 시작된 시점은 무왕 3년 4만 명의 대군을 동원하였다가 패배한 아막성 전투를 주목할 수 있다.[107] 즉위한 무왕이 지배세력을 하나로 결집하기 위해 공동의 적으로 성왕을 살해한 신라를 설정해 대군을 동원하였고, 이 전투를 무왕 초반 국정을 이끌던 해수가 주도하였다. 그런데 이 전투에서 대패를 당한 것에 대해 무왕의 책임을 추궁하는 기록이 없고, 해씨가 이후 등장하지 않는 것으로 보아 이 패배의 책임은 해수가 진 것으로 보인다. 따라서 이 아막성 전투 이후 해수의 가문은 몰락하였을 것이다. 한편 무왕은 대패에 대한 위기감을 조성하여 무왕을 중심으로 귀족 세력 전체를 통합하고 왕권을 강화하는 계기가 되었을 것이다.[108]

다음으로 무왕이 아막성 전투 이후 어떻게 무왕 친위세력을 중심으로 왕권을 강화해 나가게 되었을지를 검토해보자. 먼저 무왕 대에 등용된 인명들을 『삼국사기』 백제본기에서 뽑아보면, 대성팔족 중 다섯 성씨들이 나오고, 중국계로 보이는 왕씨와 왕족인 복신, 대성팔족이 아닌 우소가 보여 다양한 세력들이 국정에 참여하고 있음을 알 수 있다. 특히 동성왕 대 이후 실세한 것으로 보이는 해씨[109]와, 동성왕 대 이후 나타나지 않던 백씨가 무왕 대에 등용되고 있음이 주목된다. 무왕은 사비 천도 이후 가장 강력한 세력이었던 사씨와 연씨, 국씨 뿐만 아니라 실세하였던 대성팔족 세력들까지 포용하고 있는 것이다. 거기에 중국계인 왕씨 세력, 왕족 세력인 조카 복신을 중용하고 비대성팔족으

---

107) 김병남, 「앞의 논문」, p.113; 김영심, 「앞의 논문」, pp.25~26.

108) 이도학, 「앞의 논문」, 2005, p.84.

109) 무령왕 즉위년에 백가의 반란을 진압하는 과정에 한솔 해명이 등장하지만 관등이 낮아서 삼근왕대 이전과 같은 유력 세력이었다고 보기는 어렵다.

로 보이는 우소, 익산 세력 등 신진 세력들까지 등용하고 있다. 이것은 백제 정계에 다양한 세력들을 골고루 포진시킴으로써 서로 간의 견제와 균형을 이룬 가운데 왕권의 강화를 추구한 것으로 보인다.[110]

한편 이러한 다양한 세력의 등용으로 인해 사비시대 가장 유력한 귀족이었던 사씨 세력은 상대적으로 위축된 것으로 보인다. 여러 연구들에서 지적된 것처럼 사씨 세력은 무왕 후기에 가서 권력을 회복하였다고 보는 것이 옳을 것이다.[111] 다만 무왕 초기 사씨 세력이 완전히 정계에서 배제되었다든가 하는 식으로, 극도로 위축된 시기였다고 생각되지는 않는다. 그것은 미륵사지 서탑 사리봉안기에 등장하는 '사탁왕후'의 존재를 통해 알 수 있다. 이 '사탁왕후'는 『일본서기』 황극 원년조에 나오는 '국주모'와 동일 인물로 볼 수 있는데,[112] 국주모의 연령을 추정할 수 있는 사료가 있다.

G. 황극 원년(642) 5월 병자. 교기(翹崎)의 아들이 죽었다. 이때 교기와 그의 처가 아들이 죽은 것을 꺼려 상장(喪葬)에는 나아가지 않았다(『日本書紀』 권24 황극 원년).

사료 G의 교기는 국주모의 손자로 파악할 수 있다.[113] 그렇다면 642년에 왜로 보내진 교기가 아들이 있으므로 20대 정도로 볼 수 있고, 국주모는 60대 이

---

110) 마치 조선 후기 영·정조 시기 탕평책을 통해 왕권 강화를 도모한 조치를 연상하게 한다.
111) 강종원, 「앞의 논문」, 2010, p.31, 정재윤, 「앞의 논문」, pp.43~46, 김영심, 「앞의 논문」, pp.24~32.
112) 남정호, 「앞의 논문」, 2015, pp.12~16 참조. 김주성, 문안식, 이용현, 정재윤, 김영심 등이 동일 인물로 보고 있다.
113) 남정호, 「『日本書紀』에 보이는 豊章과 翹崎 關聯 記事의 再檢討」 『百濟研究』60, 2014, pp.132~139.

상임을 알 수 있다. 사탁왕후(국주모)의 나이로 보면 무왕과의 혼인은 무왕 즉위 초기 이전에 이루어졌음을 알 수 있는데, 무왕 즉위 전에 혼인한 여인은『삼국유사』무왕조의 '선화공주'로 판단되므로,[114] 사탁왕후는 무왕 즉위 초에 무왕과 혼인을 한 것으로 볼 수 있다. 이러한 상황은 무왕이 아막성 전투 패전을 계기로 사비 천도이후 최대 세력이던 사씨 세력의 국정 협조를 얻어내기 위해 사탁적덕의 딸을 왕후로 맞이한 것으로 생각된다. 또, 자신의 즉위에 걸림돌로 작용할 수 있는 신라 여인을 부인으로 둔 것에 대한 정쟁의 빌미를 차단하기 위한 목적도 있었을 것이다.

그리고 무왕은 대내적으로는 위덕왕 대부터 추진되어 오던 익산 경영을 이어받아 왕궁성과 미륵사를 건립하고, 대외적으로는 대신라 전쟁을 강조함으로써 백제의 국력을 하나로 결집시킴과 동시에 자신의 왕권 강화를 추진해 나갔던 것이다. 이처럼 무왕은 즉위 초기 특히 아막산성 전투의 패전을 계기로 사씨를 왕비로 맞이하거나 다양한 정치 세력을 고루 등용하는 방법을 통해 왕권을 강화하고, 익산 경영과 대신라 전쟁을 강조하여 백제의 국력을, 국왕을 중심으로 결집하였던 것으로 보인다.

3) 무왕 대 정치 세력의 변화

(1) 무왕 전기 새로운 정치 세력의 성장

무왕 즉위 시에는 왕권이 약하였으나 무왕 3년의 아막산성 전투를 계기로

---

114) 남정호,「앞의 논문」, 2015, pp.17~27.

본격적으로 무왕의 왕권 강화가 이루어졌다고 보는 경향이 강하다. 물론 무왕 3년의 아막산성 전투에서 4만의 대군을 동원할 수 있었던 것으로 보아 무왕 초기의 왕권이 약하지 않았다는 증거로 삼는 연구자들(박현숙, 윤선태, 민병승)도 있다. 필자는 무왕 초기에는 여러 정치 세력의 협력과 지원 아래 왕권이 안정되었지만 아막성 전투 이후는 본격적으로 무왕이 친위세력을 양성하면서 왕권을 강화해 나갔다고 생각한다.

여기서 살펴볼 문제는 먼저 무왕 전기부터 사씨 세력이 국정을 주도하였는가 하는 문제인데, 필자는, 무왕 전기는 사씨 세력이 아주 미약했다고 보기는 어렵겠지만 국정을 주도할 만큼은 아니었다고 생각한다. 사비 천도 이후 가장 큰 영향력을 발휘한 세력이 사씨 세력임은, 중국 사서에 기록된 대성팔족 중 사씨가 가장 먼저 기록된 점이나 사비시대의 사료들에 사씨가 좌평, 대좌평 등의 고위 관직을 차지하고 있는 것으로 기록되어 있기 때문에 부인할 수 없는 사실이라고 하겠다. 그러나 사씨 세력의 영향력이 약화된 시기 중 하나가 무왕 전기였다고 생각된다. 『삼국사기』무왕조를 보면 무왕 28년에 장군 사걸(沙乞)의 활동[115]이 나타나고 그 이전에는 사씨의 활동이 보이지 않는다.[116] 대신에 좌평 해수(解讐),[117] 한솔 연문진(燕文進)과 좌평 왕효린(王孝隣),[118] 국지모(國智牟),[119] 달솔 백기(苩奇)[120] 등의 인물이 기록되어 있다. 이를 통해 사비 천도 및 관산성 전투 패전 이후 두각을 나타내지 못하던 해씨, 국씨, 연

---

115) 『三國史記』권 제27 백제본기 제5 무왕 28년.
116) 중국 사서나 『日本書紀』에도 무왕 전기 사씨의 활동을 보여준다고 판단할 기록은 없는 것 같다.
117) 『三國史記』권 제27 백제본기 제5 무왕 3년.
118) 『三國史記』권 제27 백제본기 제5 무왕 8년.
119) 『三國史記』권 제27 백제본기 제5 무왕 12년.
120) 『三國史記』권 제27 백제본기 제5 무왕 17년.

씨, 백씨 등이 무왕을 지지한 세력이라고 보고 있고, 특히 대성팔족에 들지 않는 왕씨 세력의 성장에 주목하는 견해들이 있다. 필자 역시 무왕 전기는 이들이 주도하였고, 특히 무왕 3년 아막성 전투를 지휘하였고 좌평으로 기록된 해씨가 무왕 즉위에 큰 역할을 했다고 생각한다.

또한 주목해야 할 세력이 좌평 왕효린이다. 왕씨는 중국계로서 백제에서 주로 외교나 문한 관련 업무를 맡았던 세력으로, 무왕 이전까지는 좌평이라는 최고위직으로 기록된 적이 없다. 왕씨뿐만 아니라 고씨나 장씨 등 중국계 성씨로서 비슷한 업무에 종사하던 세력 역시 마찬가지이다. 이들이 맡은 업무의 성격으로 볼 때, 이들은 국왕의 측근 세력 즉 내조(內朝)[121]에 해당하는 관직을 가지고 있었다고 하겠는데, 이 세력이 좌평이라는 최고위 관등에까지 진출했다는 것은 의미하는 바가 크다고 하겠다. 또한 예씨 역시 좌평을 역임하였다는 기록[122]을 통해 무왕 대에는 국왕 측근 세력으로서 내조의 위상이 대폭 강화된 시기였으며,[123] 좌평을 비롯한 백제 관등제에 큰 변화가 있었음을 짐작할 수 있다. 익산 세력의 성장도 같은 관점에서 볼 수 있다고 생각되는데, 필자는 이들 세력 역시 국왕과의 깊은 관련 속에 내조를 중심으로 성장한 세력으로 규정하고자 한다. 내조 세력의 성장과 익산 세력에 대해서는 다음 절에서 상세히 살펴보고자 한다.

---

121) 內朝의 개념이나 성격에 대해서는 다음 절에서 상세히 다루고자 한다.
122) 禰寔進墓誌銘(金榮官, 「百濟遺民 禰寔進 墓誌 소개」『新羅史學報』10, 2007, p.374) 참조.
123) 예씨가 내조의 직책을 갖고 있었을 가능성에 대해서는 다음 절에서 상술하고자 한다.

(2) 무왕 후기 집권 세력[124]의 변동

무왕 후기는 백제사상 그 어느 시기보다 왕권이 강화되어 전제왕권이 성립되었다고 할 수 있다. 관산성 패전으로 인한 국가적 위기를 극복하면서 차츰 왕권이 강화되어 무왕 대에는 여러 귀족 세력들의 영향력을 축소시키고 관료화시켜, 그 위에 '대왕(大王)'으로 군림했음이 여러 사료에서 드러나고 있다. 『삼국사기』 무왕 37년조에 왕이 좌우신료들을 거느리고 사비하 북포에서 잔치를 열고 놀았는데, 그곳을 '대왕포(大王浦)'라고 불렀다고 하고, 미륵사 서탑 사리봉안기에서도 '대왕폐하(大王陛下)'라는 칭호를 쓰고 있으며, 관세음응험기에서도 역시 '대왕'이라 기록하고 있는 것이다. 이처럼 무왕이 '대왕'으로 군림하는 시기에 사씨 세력이 다시 기록에 등장하고 있는데,『삼국사기』 무왕 28년조에 장군 사걸이 대신라전을 이끌고 있고, 무왕 39년에 기록된 사리봉안기에 '아백제왕후 좌평사탁적덕녀(我百濟王后 佐平沙乇積德女)'라고 되어 있어 당시 사씨가 장군과 좌평 및 왕후의 자리를 차지하고 있음을 알 수 있다. 따라서 이 시기에 사씨 세력이 국정을 이끌어가는 세력으로써 그 힘을 회복했다고 판단된다. 그러나 이러한 사씨 세력의 강화는 어디까지나 무왕의 왕권에 협력하는 존재로서 가능했다고 보아야 할 것이다.

몇몇 연구자들은 무왕 후기 익산 천도가 좌절된 것[125]과 『삼국사기』에 무왕

---

124) 집권 세력이라는 용어가 모호하여 다양하게 해석될 수 있겠으나, 본고에서는 국왕권에 예속되어 있으면서 국정을 주도해 나가는 세력, 국정에 큰 영향력을 행사하고 있는 세력이라는 뜻으로 사용하고자 한다.

125) 노중국,『앞의 책』, 1988, p.198.

이 생초원에서 사냥을 하고,[126] 신료들과 북포, 망해루에서 연회를 열고,[127] 빈어(嬪御)들과 뱃놀이를 했다[128]는 기사를 근거로 무왕이 현실 정치에서 손을 놓고 있고 태자 의자가 국정을 주도한 것[129]으로 보거나 무왕의 왕권이 약화[130]된 것으로 보기도 한다. 그러나 이 부분에 대해서는 그렇게 이해하기는 어렵다고 생각한다. 먼저 익산 천도의 좌절이라기보다는 무왕 말기에도 미륵사 서탑에 사리 봉안이 이루어지고 있고, 의자왕 대에도 중시되었다고 볼 수 있기 때문에 익산 지역이 갖는 성격이 바뀌었다고 볼 수 있다. 그리고 이러한 변화는 원자인 의자의 태자 책봉 문제와 관련되었을 가능성이 높다. 원자인 의자는 당시 왕후였던 사탁왕후의 소생이 아니었을 가능성이 크고 사탁왕후의 아들로 보이는 풍장과 태자 책봉 경쟁을 벌이고 있는 상황이었다고 판단된다.[131] 이러한 상황 속에 의자를 태자로 책봉하는 대신에 무왕의 익산 경영에 반대하였다고 생각되는 사씨 세력의 반발을 고려하여 사비 왕도 중시 정책으로 돌아선 것으로 보인다. 그와 함께 의자의 경쟁자였던 풍장은 왜로 보내진 것[132]으로 생각된다. 이러한 정책 변화에 사씨 세력의 영향력이 있었다는 것은 인정할 수 있겠지만 이는 어디까지나 무왕의 선택에 의한 것이므로 왕권이 약하다고 보기는 어려울 것이다. 또한 이 시기 국정을 의자가 주도하였고 무왕은 현실도피적인 생활을 하고 있기 때문에 무왕의 왕권이 약하다고 할 수

---

126) 『三國史記』 권 제27 백제본기 제5 무왕 33년.

127) 『三國史記』 권 제27 백제본기 제5 무왕 37년.

128) 『三國史記』 권 제27 백제본기 제5 무왕 39년.

129) 문안식, 「앞의 논문」, 2009, pp.70~76; 崔鉛植, 「앞의 논문」, 2012, pp.25~26.

130) 강종원, 「앞의 논문」, 2011, pp.157~160.

131) 노중국, 「앞의 논문」, 1994, p.166; 정효운, 『古代韓日政治交涉史硏究』, 學硏文化社, 1995, p.92; 남정호, 「앞의 논문」, 2015, pp.134~140.

132) 『日本書紀』 권23 서명 3년.

있는 것도 아닌 것 같다.

하지만 무왕을 대신하여 의자가 국정을 주도한 것 같은 생각이 드는 사료들이 남아 있는 것은 사실이다.

H-① 백제왕이 그 태자 융(隆)을 보내 와서 조공하였다(『舊唐書』 권3 본기3 太宗下 貞觀 11년).

② 서명 3년 3월 경신삭 백제왕 의자(義慈)가 왕자 풍장(豊章)을 보내어 질(質)로 삼았다(『日本書紀』 권23 서명 3년).

먼저 H-①을 보면 당 태종 정관 11년은 무왕의 재위 시절(무왕 38년, 637년)이기 때문에 태자는 의자였지 융이 아닌 것이다. H-②의 서명 3년 당시 백제왕은 무왕이었지 의자가 아니었다. 이러한 사료들을 통해 무왕 후기 의자가 백제왕으로 인식되었을 정도로 국정을 주도하고 있는 상황이었다는 설명[133]은 충분히 일리가 있다. 또 의자가 태자로 책봉되는 시기(무왕 33년), 무왕의 나이를 추정해보면, 무왕의 손자인 부여융이 615년 생[134]이니까 대략 무왕을 575년 생 정도로 보아도 58세가 된다. 무왕을 법왕의 아들로 보고 위덕왕[135]으로부터 계산을 해보면 568년 생 정도로 65세나 된다. 태자로 책봉된 의자도 40세 전후의 나이가 된다. 60대의 연로한 왕이 자신의 원자를 태자로 책봉하면서 현실 정치에서 한 발 물러서고 40대의 태자가 국정의 전면에 나섰을 가능성이

---

133) 강종원, 「앞의 논문」, 2011, pp.157~160; 崔鉉植, 「앞의 논문」, 2012, pp.25~26.
134) 「扶餘隆 墓誌銘」에 의하면 부여융은 682년 68세에 낙양에서 사망하였다. 이를 기준으로 출생시기를 역산하면 그는 백제 무왕 16년(615년)에 태어났다.
135) 『日本書紀』 권19 흠명기 14년조 고구려와의 전투 기사에서 위덕왕의 나이를 추산할 수 있는데 525년 생이 된다.

있다고 하겠다. 하지만 이것을 두고 무왕의 왕권이 약화되었다고 표현하기는 어려울 것 같다. 어디까지나 무왕이 최종 결정을 하였을 것이고 태자인 의자가 국정을 주도하였다고 하더라도 무왕의 태자로서 국정을 위임받은 것이기 때문이다. 그리고 무왕은 완전히 현실 정치에서 물러나고 태자인 의자가 모든 국정을 이끌었다고 하기에는, 삼국의 정치사에서 그런 사례가 거의 없기 때문에 어렵다. 근초고왕 때의 태자 근구수나 성왕 때의 태자 여창처럼 왕권이 유지되는 상황 속에 태자인 의자의 정치적 비중이 높아지면서 여러 정치적 사건에 의자가 앞장섰다고 보는 것이 좋을 것이다.

이와 관련되는 문제로 이 시기 국정을 주도한 귀족 세력인 사씨 세력과 무왕 및 태자 의자와의 관계에 대해서도 의견이 갈리고 있다. 여기에서 무왕과 사씨 세력의 관계는 국왕에 협조적인 것으로 보아야 한다. 사리봉안기에서 사탁왕후가 무왕의 무병장수를 기원하고 있는데, 전체적인 사리봉안기의 문맥을 보면 단순히 형식적으로 넣은 문구로 보기는 어렵다. 이는 무왕이 존재함으로써 사탁왕후와 사씨 세력이 영향력을 유지할 수 있는 상황임을 간접적으로 나타내고 있는 것이다. 즉 무왕의 선택에 의해 사씨 세력이 국정에 주도적인 세력으로 참여하는 것이지, 대왕으로 군림하는 무왕과 대립하였다면 그 세력을 유지할 수 없었을 것이다. 다만 원자인 의자에 대해 사탁왕후의 아들인 풍장을 앞세워 태자 책봉 경쟁을 벌인 것으로 파악할 수 있다. 현재의 왕권을 인정한 속에 벌인 차기 왕위계승 다툼인 것이다.[136] 이는 원자인 의자가 무왕 33년이라는 비교적 늦은 시기에 태자로 책봉되고, 태자 책봉 한 해 전에 의자의 이복형제인 풍장이 왜로 보내지는 상황을 통해 충분히 짐작할 수 있다. 의

---

136) 남정호, 「앞의 논문」, 2014, pp.143~148 참조.

자와 사씨 세력이 타협을 하여 익산 경영을 포기하고 의자를 태자로 책봉했다고 보는 견해[137]도 있는데, 의자 태자 책봉 당시의 상황만을 놓고 말한다면 타협이라고 할 수 있겠지만, 사리봉안기에서 사탁왕후가 무왕의 무병장수를 기원한다든지 의자왕 초기 정변이 일어나는 상황을 볼 때 갈등 관계가 지속되고 있었다고 보는 것이 옳겠다.

4) 사씨(沙氏) 세력의 성장

이제 무왕 후기 사씨 세력이 어떻게 성장하였는지를 알아보려고 하는데, 그에 앞서 먼저 사씨 세력의 재지적 기반에 대해 검토를 해보려 한다. 종래 사씨 세력의 기반을 사비 지역[138]으로 보고 무왕의 익산 경영에 반대[139]한 것으로 보아 왔다. 그런데, 최근 사씨 세력과 익산의 관련성을 지적하거나[140] 사씨 세력의 재지 기반이 익산 지역이었다[141]는 견해들이 나오고, 이에 대해 사씨들의 세력 기반으로 보기는 어렵고 세력 확장의 터전으로 주목했다[142]는 반박이 제기되고 있다. 이처럼 논의가 분분한 것은 사리봉안기에 사탁왕후가 정재를 희사하여 미륵사를 건립했다는 문구가 기록되었기 때문이다. 사탁왕후의 재물 희사는 왕후 개인의 재물이라기보다 사씨 세력의 경제력을 의미하는 것으로 보이는데, 그렇다면 사씨들이 익산 경영에 반대했다고 보기 어렵기 때문이

---

137) 정재윤, 「앞의 논문」, 2009, p.49.
138) 노중국, 「泗沘時代의 支配勢力」『百濟政治史研究』, 일조각, 1988, p.186.
139) 김수태, 「앞의 논문」, 2010, pp.82~87.
140) 박현숙, 「앞의 논문」, 2009, pp.346~348; 김주성, 「앞의 논문」, 2009b, pp.266~267.
141) 윤선태, 「앞의 논문」, 2010, pp.61~62.
142) 김영심, 「앞의 논문」, 2013, pp.22~24.

다. 그래서 익산이 사씨들의 세력 기반이었고, 사씨들이 익산에 주도적으로 미륵사를 건립하였다는 주장이 나오는 것이다.

　필자는 사씨들의 재지 기반에 대한 여러 견해 중 서천 일대를 사씨들의 원래 재지 기반으로 보는 견해[143]에 동의를 한다. 이 견해에 따르면, 660년 10월 백제에서 부흥운동이 일어나면서 복신이 왜에 구원병을 요청하자 왜의 천황이 교서를 내리면서 장군들에게 명령을 내려 사록(沙喙)에 집결[144]하도록 하고 있는데, 왜의 원군이 백강구에서 나·당군과 전투를 벌이고 있다. 그렇다면 사록은 금강 하류지역으로 볼 수 있고, 이 지명은 사(沙)씨 세력과 관련이 있다고 볼 수 있다고 한다. 그리고 『삼국사기』를 보면, 사씨로 처음 등장한 좌장 사두(沙豆)[145] 및 웅진 시기에 등장하는 내법좌평 사약사(沙若思),[146] 사법명(沙法名)[147] 등을 통해 사씨들이 상당한 군사력을 보유한 집단이고 해상활동에 익숙한 세력일 것이라 추정을 하고 있다. 특히 서천지역의 봉선리 유적에서 환두대도 및 대도 21점을 비롯한 다양한 무기류가 출토되었는데, 고분피장자들이 군사적 성격이 강한 집단임을 알 수 있고, 마구류가 전혀 확인되지 않고 지리적인 위치로 보아 해양활동에 익숙한 세력일 가능성을 제기하였다.[148] 그리고 사씨 세력은 사비천도에 가장 큰 역할을 하였고 사비 천도 후 가장 유력한 귀족 세력으로 성장하였다. 사비 천도가 이루어지면서 많은 귀족 세력들이 사비로 이주하였을 것이고 사비에 자신들의 세력 기반을 갖추게 되었을 것

---

143) 강종원, 「앞의 논문」, 2007, pp.29~33.
144) 『日本書紀』 권26 제명기 6년.
145) 『三國史記』 권 제25 백제본기 제3 아신왕 7년.
146) 『三國史記』 권 제26 백제본기 제4 동성왕 6년.
147) 『南齊書』 권58 열전39 東南夷 百濟國.
148) 강종원, 「앞의 논문」, 2007, pp.29~33.

이다. 따라서 서천 일대는 사씨들의 세거지(世居地)이고, 사비 천도 이후 사비 지역으로 진출하여 그 곳을 근거지로 삼았다고 하겠다.

그렇다면 익산 미륵사 건립을 사탁왕후가 주도한 것을 어떻게 볼 것인가 하는 문제가 제기되는데, 사씨들이 자신들의 세력 기반을 확대[149]하려는 의도였다고 생각된다. 즉 사씨 세력은 왕실 중심의 익산 경영에 반대하였지만, 익산 천도를 좌절시킨 뒤 자신들이 그 공사를 이어받음으로써 익산 지역에 자신들의 세력을 확대한 것으로 파악하고자 한다. 무왕 후기에 접어들면서 사탁왕후를 중심으로 한 사씨 세력이 익산 경영을 주도하게 되면서 익산 미륵사의 서원과 서석탑을 건립하고 사리를 봉안한 것으로 보인다. 이처럼 무왕 후기에 사씨 세력이 다시 정치를 주도하는 세력으로 성장할 수 있었던 배경은 무엇이었을까? 이와 관련하여 무왕 후기 백제의 대신라전에서의 괄목할만한 성과들을 주목할 필요가 있다.

I-① 가을 7월에 왕은 장군 사걸(沙乞)에게 명하여 신라 서쪽 변경(西鄙)의 두 성을 함락하고 남녀 300여 명을 사로잡았다(『삼국사기』 권 제27 백제본기 제5 무왕 28년).

② 가을 7월에 백제 장군 사걸(沙乞)이 서쪽 변방(西鄙)의 두 성을 함락시키고 남녀 300여 명을 사로잡아 갔다(『삼국사기』 권 제4 신라본기 제4 진평왕 49년).

사료 I에서 무왕 28년에 장군 사걸이 신라 변경을 공격하여 두 성을 함락시킨 사실을 통해 사씨 세력이 대 신라전에 앞장서서 활약을 하고 있음을 알

---

149) 김영심, 「앞의 논문」, 2013, pp.22~24.

수 있다. 그런데 사료 Ⅰ를 보면 백제본기와 신라본기에 모두 '서비(西鄙)'라는 표현을 사용하고 있다. 이는 신라의 입장에서 사용하는 표현인 것이다. 이를 통해 이 기록은 신라 측 기록이 남아 있다가 백제본기에도 기록된 것으로 추측할 수 있다.[150] 무왕 대의 사실에 대해서는 의자왕 대에 정리를 하여 기록으로 남겼을 것으로 생각해보면 의자왕은 사씨의 전공에 대해 고의로 누락시키고자 한 것이 아닐까 한다.[151] 이는 무왕 후기 의자의 태자 책봉 과정에 사탁왕후와 그 아들인 풍장을 중심으로 한 사씨 세력과 원자인 의자 사이의 대립으로 인해 의자왕이 사씨에게 좋지 않은 감정을 갖게 되었음을 보여 주는 것이라 하겠다. 이처럼 『삼국사기』 백제본기 무왕조의 기록과 관련하여 의문이 드는 기록이 또 있다.

J-① 겨울 10월에 신라의 속함성(速含城), 앵잠성(櫻岑城), 기잠성(岐岑城), 봉잠성(烽岑城), 기현성(旗縣城), 용책성(冗柵城) 등 여섯 성을 공격하여 빼앗았다(『삼국사기』 권 제27 백제본기 제5 무왕 25년).

② 겨울 10월에 백제 군사가 와서 우리의 속함성(速含城), 앵잠성(櫻岑城), 기잠성(岐岑城), 봉잠성(烽岑城), 기현성(旗縣城), 용책성(冗柵城) 등 여섯 성을 에워쌌다. 이에 세 성은 함락되거나 혹은 항복하였다. 급찬 눌최(訥催)는 봉잠성, 앵잠성, 기현성의 세 성 군사와 합하여 굳게 지켰으나 이기지 못하고 전사하였다(『삼국사기』 권 제4 신라본기 제4 진평왕 46년).

사료 J는 무왕이 신라를 공격하여 속함성 등의 여섯 성을 장악한 사실을 알

---

150) 김주성, 「앞의 논문」, 2009b, p.279.
151) 김주성, 「위의 논문」, 2009b, pp.279~280.

려주는데, 이 때 빼앗은 지역은 함양 인근 지역으로 추정되고 있고,[152] 무왕 대에 대신라전에서 거둔 최고의 성과로 꼽히고 있다. 그런데 이렇게 중요한 전투를 이끈 것이 누구인지 기록되지 않고 있다. 이렇게 중요한 전투의 주역이 기록되지 않은 것은, 사료 I의 장군 사걸의 예에 비추어보면 역시 사씨가 주도한 전투였을 것으로 추정할 수 있지 않을까 한다.[153] 따라서 사씨에 대한 의자왕의 반감으로 인해 기록은 사걸 한 차례 밖에 남지 않았지만, 무왕 후기 대신라전을 주도한 세력이 바로 사씨 세력이었을 것으로 추정할 수 있다.[154] 이처럼 무왕 후기 여러 차례의 대 신라전 승리 특히 속함성 등 여섯 성을 함락시키고 함양 방면으로 진출하여 최대의 성과를 올림으로써 사씨 세력이 당시 정국을 주도해 나갈 힘을 얻지 않았을까 한다. 즉 무왕 후기 사씨 세력이 국정을 주도하는 세력으로 성장한 배경은 사씨 세력이 대 신라전을 주도하여 함양 인근 지역까지 진출하는 등 큰 성과를 거둔 것이라고 하겠다.

5) 익산 세력의 동향

(1) 익산 경영과 그 성격

무왕 대에 익산을 대단히 중시하였고, 그러한 상황 속에 익산 세력이 성장

---

152) 김주성, 「百濟 武王의 大耶城 進出 企圖」 『百濟研究』49, 2009d, pp.48~50.
153) 김주성, 「앞의 논문」, 2009b, p.280.
154) 김수태, 「앞의 논문」, 2010, pp.82~84; 김영관, 「백제 말기 중앙 귀족의 변천과 왕권 – 문헌 자료의 재해석과 금석문 자료를 이용한 새로운 이해 –」 『한국고대사탐구』19, 2015, pp.14~15에서 무왕 후기 사씨 세력이 대신라전을 주도하면서 세력을 확장한 것으로 보고 있다.

하였을 것이라는 점은 누구나 공감하는 것이다. 그런데 익산 경영이 시작된 시기가 언제인지, 그 성격을 어떻게 볼 것인지 등에 대해서는 논란이 분분한 실정이다.

먼저 익산 경영이 시작된 시기에 대해서는 종래 무왕 대에 시작했다고 보았으나 최근 고고학의 연구 성과를 반영하여 위덕왕 후기에 시작했다고 보는 연구자들이 늘어나고 있다. 필자 역시 익산 경영이 시작된 시기는 위덕왕 말기인 6세기 말이라는데 공감한다. 궁성유적 내부에서 출토된 중국제 청자연화준편을 토대로 궁성이 6세기의 제3/4분기에서 멀지 않은 시기에 초축되었을 가능성이 높다는 견해[155]와 왕궁리 유적에서 출토된 인각와 중 '丁巳'명이 597년에 제작된 것으로 여겨지고 있는 것을 고려하면 늦어도 590년대 중반에는 궁성유적 건립이 시작되었다고 봐야 한다는 의견[156]이 제시되었다. 또 최근 왕궁리유적의 와당과 '丁巳'명 인각와를 부여 지역에서 출토된 기와 및 와당과 비교하여 왕궁리유적의 기와 건물은 6세기 말 590년 대에는 만들어지기 시작하였다는 견해[157]도 나왔는데, 이러한 견해들을 따르고자 한다. 다만 이 시기에 익산 경영에 관심을 갖고 공사를 시작하였다 하더라도 위덕왕의 사망, 혜왕과 법왕의 즉위와 사망이 연이어 계속 되기 때문에 본격적인 경영은 무왕 대에 가서 가능했을 것이다.

익산 경영을 하게 된 이유에 대해서는 대 신라전을 통해 왕권을 강화하고 귀족 세력을 통합하려 했고, 그러다보니 대 신라전을 위한 교통상의 요지인 익

155) 朴淳發, 「泗沘都城과 益山 王宮城」 『馬韓·百濟文化』 17, 2007, pp.111~114.
156) 崔鈗植, 「앞의 논문」, 2012, pp.15~16.
157) 李炳鎬, 「百濟 泗沘期 益山 開發 時期와 그 背景」 『百濟研究』 61, 2015, pp.83~89.

산을 군사적인 거점으로 삼으려 했다는 점 등이 제시되고 있다.[158] 그런데 다른 각도에서 백제의 정체성 문제와 관련하여 관산성 패전 이후 위기를 극복하는 과정에 마한계 귀족 세력과 주민을 통합하기 위해 마한적 전통이 강한 익산을 중시하였다는 견해[159]가 주목된다. 한강 유역 상실 이후 현실적으로 옛 마한 지역을 중심으로 하게 된 백제 왕실이 부여 계통의 정체성에서 벗어나 마한계 세력의 협조와 통합을 이끌어내기 위해 마한계 국가로의 정체성 변화를 도모하면서 익산을 경영하였다는 것은 충분히 수긍할만한 견해라고 생각된다.

그럼 익산 경영을 주도한 것이 누구인지를 알아볼 필요가 있다. 종래에 무왕과 익산 세력에 의해 주도된 것으로 인식되어 왔는데, 그 시작 시기를 위덕왕 말기로 보게 되면 주도층을 달리 볼 수밖에 없다. 이에 대해 혜왕계(혜왕~법왕~무왕)가 익산 경영을 주도한 것으로 보는 견해들[160]에 주목하고 싶다. 당시 연로한 위덕왕이나 혜왕이 새로운 지역의 경영을 주도했다고 보기는 어려울 것 같고, 위덕왕의 조카였던 효순(법왕)이 익산 경영을 맡아서 시작하였고, 그것을 무왕이 이어받았다고 보는 것이 옳다고 생각된다. 이런 과정에 익산 지역의 여성과 법왕이 결합하여 서동이 태어났고, 그것이 『삼국유사』 무왕조의 서동설화로 기록된 것이 아닌가 한다. 다만 익산 왕궁리 유적을 왕제였던 혜의 거주공간으로 보는 것[161]은 수긍하기 어렵다. 왕궁리 유적은 왕궁에 버금가는 규모와 위상을 가지고 있기 때문에 익산 경영의 일환으로써 왕궁으로 건립된 것으로 보는 것이 옳다고 생각된다. 백제 다른 시대나 삼국 중에 왕

---

158) 김주성, 「앞의 논문」, 2009a, pp.34~39.
159) 김기흥, 「백제의 정체성(正體性)에 관한 일 연구」, 『역사와 현실』 54, 2004, pp.216~219.
160) 장미애, 「위덕왕대 혜왕계 정치세력의 성장과 성격에 대하여」, 『역사와 현실』 80, 2011, pp.80~87; 최연식, 「앞의 논문」, 2012, pp.16~19.
161) 최연식, 「앞의 논문」, 2012, pp.17~18.

제의 집을 왕궁의 규모로 건립했다는 것은 찾아보기 어렵지 않을까 싶다.

　마지막으로 제일 다양한 견해가 나오고 있는 익산 지역을 중시한 정책의 성격을 어떻게 규정할 것인가 하는 문제이다. 먼저 무왕 초기에 익산으로 천도를 했다는 견해(황수영,[162] 이도학, 최완규, 이신효 등)에 대해서는 현재까지의 고고학적인 성과로 봐서는 좀 무리가 있지 않을까 싶다.[163] 필자는 김주성이 주장한 '별부(別部)'[164]가 가장 가능성이 높다고 생각한다. 천도를 추진하다 실패했다는 의미의 '익산 경영'이나 '별궁(別宮)', '이궁(離宮)', '별도(別都)', '신도(神都)'는 익산 경영의 한 단면을 이야기하고 있다고 판단된다. 익산을 중시하고 새로운 왕궁과 사찰들을 건립하다가 의자왕 대에는 그 중요성이 떨어졌기 때문에 '익산 경영'이라고 할 수 있고, 궁성을 건축하고 상당 기간 왕이 거주했을 것이라는 점에서는 '별궁', '이궁', '별도'라 할 수 있으며, 제석사, 미륵사, 대관사 등 많은 사찰이 조성되었기에 종교적 중심지로서 '신도'라고 할 수 있다고 생각된다. 하지만 이 모든 것을 아우르는 관점에서 '별부'로 인식되고 있었다고 하는 것이 가장 옳다는 생각이다. 김주성은 '별부'로 편성되었다고 볼 수 있는 근거들을 여러 가지 들고 있는데, 수긍이 가는 부분이 많다.『삼국사기』 태종 무열왕조에 무열왕의 죽음을 상징해주는 기록이 익산과 관련되어 있어 익산의 위상이 수도 사비에 버금가는 곳이었다는 점,『구당서』와『삼국사기』에 사비성을 '진도성(眞都城)'으로 기록하고 있어 '가도성(假都城)'의 존재를 상정할 수 있다는 점,『구당서』백제전에 왕이 거주하는 '동서양성(東西兩城)'이 기

---

162) 황수영,「백제 제석사지의 연구」『백제연구』4, 1973.
163) 차후 더 넓은 지역에 대한 고고학 조사를 통해 왕궁뿐만 아니라 관청이나 시가지의 모습이 좀 더 확인될 때까지 유보하는 것이 좋을 것 같다.
164) 주79)의 김주성의 논문들을 참조하시기 바란다.

록된 점, 「관세음응험기」에 천도했다고 표현된 '지모밀지(枳慕密地)'가 익산이
고 익산으로 천도했다고 할 만큼 중시되고 있었다는 점,『자치통감』과『삼국사
기』에 사타상여(沙吒相如)가 '별부장(別部將)'으로 기록된 점, 능산리 유적에
서 발견된 목간에 '六阝 五方'으로 기록된 점 등[165]을 들고 있다. 그 중에서도
가장 직접적인 근거가 되는 것은 '六阝 五方' 목간과 '별부장(別部將) 사타상여'
라고 하겠다. 여기에 지금까지 언급되지 않은 근거를 하나 추가하고자 한다.

    K-① 또 외관으로는 6대방(六帶方)을 두어 10군을 총괄케 하였다(『舊唐書』
    권199 열전 제149上 百濟國).
       ② 6방(六方)을 두어 1방이 10군을 통솔한다(『新唐書』 권220 列傳 제
    145 百濟).

『구당서』와『신당서』에서 각각 백제에 '육대방(六帶方)', '육방(六方)'을 두었
다고 한 점이다. 당시 백제의 지방통치체제는 5방이었다. 그런데 이렇게 6방이
있었던 것으로 기록한 것은 익산이 별도의 편제로 인식되고 있는데, 수도인
사비가 아니었기 때문에 지방 행정 조직인 '방'으로 오해한 것이 아닐까 한다.
    그런데 김주성의 주장에서 동의할 수 없는 점들이 있는데, 먼저 김주성은
별부를 수도인 사비의 5부에 대응하는 하나의 행정구역으로 편성된 것으로
보고 있는 것이다. 그런데 이에 대해 반대하는 견해들이 제시되고 있는데, 사
비시대 익산은 금마저군으로 편성되었기 때문에 '별부'나 '동서양성' 중의 하

---

165) 주79)에 제시한 김주성의 논문 내용을 요약한 것으로 자세한 내용은 김주성의 논문을
    참고하시기 바란다.

나로 볼 수 없다는 견해[166]와 중국 역사서인『주서』,『북사』,『수서』,『한원』에 여전히 5부5방으로 나오는 것을 해명해야만 한다는 견해[167]이다. 이와 같은 비판도 상당한 일리가 있다는 점을 감안하면 익산을 수도의 행정편제 중 일부인 '별부'로 편성하여 '6부5방' 체제를 갖추었다고 보기는 어렵지 않을까 한다. 즉 '별부'는 완전한 행정구역으로 편성되었다기보다 당시 백제 왕실이 천도까지 염두에 두고 익산을 중시하다보니, 관념적으로 수도의 행정 구역에 버금가는 '별부'로 인식된 것이 아닐까 한다. 하지만 정식 행정구역으로 편제된 것은 아니었기 때문에, 사료마다 당시 백제의 수도와 지방 행정 체제를 '5부 5방', '6부 5방', '6방', '별부' 등으로 다양하게 기록하고 있는 것이 아닐까 한다.

또 하나는 별부가 나타나는 시기를 무왕 대로 보고 있는 점이다. 백제인들이 익산을 별부로 인식하기 시작한 시점은 위에서 열거한 근거 사료들 중 가장 빠른 시기의 기록으로 추정되는, '六阝 五方'이 기록된 능산리 목간이 작성된 시점으로 볼 수 있을 것이다. 이 목간의 사용 시기에 대한 견해를 보면, 우선 사비의 동나성 축조 공사가 시작된 것으로 생각되는 527년 무렵 작성되었다는 견해,[168] 능산리의 목간 출토지 및 그 주변지역이 도성이 되고 난 다음의 국가 의례가 열리는 곳이라는 점에서 사비로 천도하는 538년 이후부터 능사가 건립된 567년 이전에 작성되었다고 주장한 견해,[169] 능산리 출토 목간이 능산리사지의 축조나 정비 과정과 관련되었고, 554년 관산성 전투에서 성왕이 죽은 사건 이후부터 567년 창왕명 석조사리감이 매립된 목탑이 건립된 이후

166) 박현숙,「앞의 논문」, 2009, p.339.
167) 김영심,「백제의 지방통치에 관한 몇 가지 재검토 - 木簡, 銘文瓦 등의 문자자료를 통하여 -」『韓國古代史硏究』48, 2007, p.243.
168) 近藤浩一,「扶餘 陵山里 羅城築造 木簡의 硏究」『百濟硏究』39, 2004, p.216.
169) 尹善泰,「扶餘 陵山里 出土 百濟 木簡의 再檢討」『東國史學』40, 2004, p.73.

에 주로 사용 · 폐기된 것으로 보는 견해[170]가 있다. 이 중 554년 관산성 패전 이후 567년 목탑이 건립된 시기 전후 사이로 보는 견해가 보다 합리적 근거를 제시한 것으로 판단된다. 이렇게 6세기 후반으로 보는 것이 앞에서 검토한 익산 경영의 시기나 이유와도 부합하는 것 같다. 따라서 별부가 나타나게 된 것은 관산성 패전 이후 국가적 위기를 극복하기 위해 익산 경영을 시도하는 6세기 말 위덕왕 때의 일로 보인다.[171] 별부 운영의 하한 시기는『자치통감』의 '별부장(別部將) 사타상여'의 활동이 백제 부흥운동 시기의 모습이므로 백제 말까지로 볼 수 있겠다.

(2) 무왕 대 내조(內朝) 세력의 성장과 내좌평 기미(岐味)

앞에서 언급한 것처럼 무왕 대에는 내조의 위상이 크게 강화된 시기로 볼 수 있다.[172] 내조뿐만 아니라 무왕 대에는 6좌평 - 18부체제로 관직 체제가 재편되어 왕을 중심으로 권력 집중이 이루어졌다고 볼 수 있다.[173] 먼저 내조의 개념을 정의하면, "내조는 최고의 권력자인 국왕의 지근거리에서 복무하는 사적 신료로서의 성격을 지닌 신료군(臣僚群)이었으며, 이들을 포섭하는 관직과 관부는 곧 왕권을 직접적으로 뒷받침하는 제도적 장치의 하나였다. 그러므로 내조는 국가의 공적인 업무 – 일반 국정 – 를 담당하는 기구로 구성된 외조(外朝)와는 구별되는 별도의 관직 · 관부체계를 가졌으며, 국왕의 사적 기반으로

---

170) 李炳鎬,「扶餘 陵山里 出土 木簡의 性格」『목간과 문자 연구』1, 2008, pp.85~86.
171) 김재범,「百濟의 正體性 變化와 遷都」 한국고대사학회 제134회 정기발표회 발표문, 2013, p.14.
172) 李文基,「泗沘時代 百濟 前內部體制의 運營과 變化」『百濟研究』42, 2005a, pp.82~85.
173) 정동준,『동아시아 속의 백제 정치제도』, 일지사, 2013, p.328.

서의 성격이 강한 것이 특징이다"[174]고 할 수 있다.[175] 이러한 내조 중심의 구
조를 갖고 있는 것이 백제 정치 제도의 특징이라고 지적되고 있다.[176] 그리고
백제 내조는 '전내부체제'로 명명되며, 그 성립 시점은 성왕 대로 보고 있다.[177]

이와 같은 백제 내조의 위상이 크게 강화된 시기가 무왕 대로 볼 수 있는데,
거기에 좀 더 부연 설명을 하고자 한다. 이와 관련된 사료를 제시하면 다음과
같다.

L. 황극 원년(642) 2월 정해삭 무자. 백제 조문사의 종자(傔侍) 등이 "지난해 11
월 대좌평 지적(智積)이 죽었습니다. 또 백제사인이 곤륜사(崑崙使)를 바다에 던
져 버렸습니다. 금년 정월 국주모(國主母)가 죽었으며 또한 제왕자아교기(弟王子
兒翹岐) 및 그의 모매여자(母妹女子) 네명과 ㉠내좌평(內佐平) 기미(岐味)를 비
롯한 고명한 사람 40여명이 섬으로 쫓겨났다(『日本書紀』 권24 황극 원년).

앞선 연구에서 기존 내조의 우두머리가 '내두(內頭)'이고 덕솔 관등 소지자
가 취임하다가 무왕 대에는 사료 L의 ㉠내좌평 기미(岐味)를 근거로 '내좌평'
이 내조의 영수가 되어 내조의 위상이 높아졌음을 지적하였다.[178] 그런데 무

---

174) 李文基, 「韓國 古代國家의 內朝研究 序說」 『安東史學』 9·10, 2005b, pp.31~32.
175) 정동준은 중국왕조에서 내조와 외조로 구분하고 있고, 백제에서는 내관(內官)과 외관
(外官)의 개념을 사용하고 있는데, "백제의 내외 개념은 '궁내와 궁외'라는 의미로서 존
재하다가, 6세기 중반에 '근시(近侍)'와 비근시(非近侍)'라는 개념으로 변화하였다."고
하였다. 거의 같은 개념으로 생각되므로 이 글에서는 내조(內朝)라는 용어를 사용하고
자 한다.
176) 정동준, 『앞의 책』, 2013, p.341.
177) 李文基, 「앞의 논문」, 2005a, p.62.
178) 李文基, 「앞의 논문」, 2005a, pp.77~84.

왕 대에는 내좌평 기미뿐 아니라 내조에 속한 인물들이 좌평의 지위를 갖고 있는 사례를 더 찾을 수 있다.

M-① 8년 봄 3월에 한솔(扞率) 연문진(燕文進)을 수나라에 보내 조공하였고, 또 좌평 왕효린(王孝隣)을 보내 조공하고 아울러 고구려를 칠 것을 요청하였다(『三國史記』권 제27 백제본기 제5 무왕조).

② 공의 이름은 식진(寔進)이고 백제 웅천인이다. 조부는 좌평 예다(譽多)이고, 부는 좌평 사선(思善)이다(예식진묘지명).

왕씨는 중국계로 여겨지는 성씨로 동성왕 대의 사마(司馬) 왕무(王茂),[179] 위덕왕 대의 장사(長史) 왕변나(王辯那)[180] 등이 기록되어 있는데, 모두 중국 왕조와의 외교 업무에 종사하고 있다. 그 외에도 중국계 성씨로 보이는 장씨나 고씨 등이 국왕 막부의 속료로써, 외교 업무에 종사하고 있었던 것[181]으로 볼 때, 사료 M-①의 왕효린 역시 내조에 속하는 인물로 보아도 큰 무리는 없을 것이다. 왕효린이 좌평이므로 무왕 대에 내조에 속한 인물이 좌평을 칭하고 있음을 확인할 수 있다.

또한, 사료 M-②의 예씨가 두각을 나타낸 시기를 살펴보면, 예식진 묘지명에 예식진은 615년(무왕 15년)에 태어났다고 기록되어 있어,[182] 예식진의 조부와 부가 좌평으로 재임했던 시기는 무왕 대였을 것으로 추정할 수 있다.[183]

---

179) 『三國史記』권 제26 백제본기 제4 동성왕 17년.
180) 『三國史記』권 제27 백제본기 제5 위덕왕 45년.
181) 李文基, 「百濟內朝制度試論」 『學習院史學』41, 2003, pp.17~22.
182) 김영관, 「앞의 논문」, 2007, p.378.
183) 이도학, 「앞의 논문」, 2010b, p.306.

그리고 기왕의 연구에서 "예씨의 '예(禰)'가 지닌 의미가 '아비 사당' 즉 '친묘'의 뜻을 갖고 있기 때문에 송산리 능역의 왕릉을 관장하는 등 제사 주관 의무를 위임받을 정도로 백제 왕실의 신임을 받는 세력이었다"[184]고 하고 있는 것을 통해 내조적 성격의 관료였음을 짐작할 수 있다. 예씨의 직책이 꼭 그렇지 않다고 하더라도 무왕 대 이전에 사료에 기록된 적이 없는 가문이 갑자기 흥기한 것은 국왕의 신임을 받았기 때문에 가능하였을 것이다. 따라서 예씨도 무왕 대에 국왕의 신임을 바탕으로 내조를 통해 성장한 가문으로 이해되는 것이다. 이러한 예씨 역시 좌평이었음을 확인할 수 있는데, 이러한 사례를 통해 무왕 대에는 내조에 속한 관료들이 그 이전과 달리 좌평의 관등을 가질 정도로 그 위상이 높아졌음을 알 수 있다.

다음으로 익산 세력의 성장에 대해 살펴보고자 한다. 지금까지 많은 연구들에서 무왕 대에 익산 경영이 본격적으로 추진되면서 익산 세력이 성장하였을 것으로 보고 있지만, 익산 세력의 실체에 대해서는 제대로 설명을 하지 못하고 있는 상황이다. 필자는 무왕 대에 내조 세력이 크게 강화되고 있는 것을 통해서 익산 세력 역시 내조로 성장하였다고 생각한다. 즉, 기존의 대성팔족에 속하지 않는 익산 세력은 국왕의 신임을 통해 근시기구인 내조에 등용되면서 그 세력을 확대하였을 것이다. 그리고 그 익산 세력의 대표자로 사료 L의 ㉠내좌평 기미를 상정하고자 한다. 이 '내좌평'에 대해서는 전내부체제를 통솔하는 백제 내조의 영수로 보는 견해[185]와 6좌평 중 '내(內)' 자가 붙는 3좌평[내신좌평·내두좌평·내법좌평]으로 보는 견해[186]가 있는데, 내조의 좌평으로 보는

184) 이도학, 「위의 논문」, 2010b, p.312.
185) 李文基, 「앞의 논문」, 2005a, p.83.
186) 정동준, 『앞의 책』, 2013, p.281.

점에서는 동일하다. 필자는 일단 내좌평을 내조의 영수로 보는 견해를 따르고
자 하며, 무왕 대에 익산 세력이 성장하여 내조 영수의 자리에까지 올라간 것
으로 보고자 한다. 이 내좌평 기미를 익산 세력이라고 비정할 수 있는 직접적
인 근거는 없지만, 무왕 · 의자왕 대의 상황을 고려하면 그럴 가능성이 높다고
판단되는데, 그 이유는 다음 절에서 설명하고자 한다.

(3) 사씨 세력의 익산 통제 및 세력 확대

앞에서 내좌평 기미를 익산 세력으로 상정한 이유를 설명하기 위해서는 사
료 J를 통해 당시의 대립 구도를 주목할 필요가 있다. 의자왕의 반대편에 서 있
다가 축출된 세력은 사택지적 및 사탁왕후와 연관된 의자왕의 조카인 교기와
이모의 아들 4명, 내좌평 기미, 고명지인 40여 명이다. 이를 통해 사택지적은 사
씨 세력의 대표, 교기는 사탁왕후와 연결된 왕족 세력의 대표, 그리고 고명지인
40여 인은 이들과 연결된 귀족들이었을 것이다. 그런데 내좌평 기미가 직책과
성명이 명기된 것은 이들과는 구별되는 다른 성향의 인물,[187] 즉 다른 세력의
대표일 것으로 짐작할 수 있다. 일단 내좌평 기미는 무왕 대 내조의 대표로서
의자의 견제 세력이었음을 알 수 있고, 더 나아가 의자가 태자로 책봉되는 무왕
후기부터는 사씨 세력과 그 정치적 입장을 같이하고 있음을 알 수 있다.

그런데 사씨 세력은 무왕 후기부터 익산 지역으로 세력을 확장하는 모습을
보여주고 있다. 미륵사 서탑 사리봉안기에 사리봉안의 주체로 사탁왕후가 기
록되어 있는 것이다. 사리봉안기는 무왕의 존재감보다는 사탁왕후의 적극적

---

187) 李文基, 「앞의 논문」, 2005a, pp.82~83.

인 역할을 강조하고 있다. 필자는 이러한 현상을 혜왕계 왕실에 의해 추진되어 오던 익산 경영이 의자의 태자 책봉을 계기로 그 주도권이 사씨 세력 즉 사탁왕후에게로 넘어간 상황으로 파악하고자 한다. 즉, 무왕 후기 의자를 태자로 책봉하고 사탁왕후의 아들인 풍장을 왜로 보내는 대신 익산으로의 천도를 중단하고 사비의 수도로서의 위상을 재확인하면서 익산 지역의 경영은 사탁왕후로 대표되는 사씨들이 주도하게 되었던 것이다. 이러한 상황 속에 익산 세력은 사씨들과 정치적 입장을 같이 하게 되고, 사씨들이 이 익산 세력을 포용하는 결과를 초래했다고 생각한다.

이러한 상황을 잘 보여주는 사료가 바로 『자치통감』과 『삼국사기』에 나오는 '별부장 사타상여'[188]라고 하겠다. 앞에서 언급한대로 별부가 익산을 가리키는 것으로 보면, 그 별부의 장을 사씨가 차지하고 있는 상황인 것이다. 사씨 세력의 원래 재지 기반이 서천 일대였다가 사비 천도 이후 사비 지역을 기반으로 한 상황에서 익산 지역까지 그 세력을 확대한 것으로 파악할 수 있고, 그 시기는 무왕 후기 이후라고 할 수 있을 것이다. 또한 고고학적으로도 이러한 상황을 뒷받침할 수 있는데, 익산의 미륵산 주변지역의 성남리 고분군에서는 금강 하구 지역과는 달리 5, 6세기대의 백제 석축묘는 발견되지 않고 7세기대의 사비유형 횡혈식석실분이 조영되고 있다고 한다.[189] 여기서 익산 지역에서 금강 하구 지역 세력의 위상을 잘 보여주는 것이 입점리 고분군으로, 이들은 웅진 천도 이전부터 백제 중앙세력과의 연계 속에서 세력을 확장하였는데, 7세기 대에는 미륵산 주변의 금마 지역으로 정치적인 무게 중심이 옮겨갔다고 보

---

188) 『資治通鑑』 권201 唐紀17 高宗中之上, 『三國史記』 권 제28 백제본기 제6 의자왕20년.
189) 최완규, 「익산지역 무덤축조세력과 쌍릉」 『익산 미륵사와 백제』, 일지사, 2011, pp. 273~276.

고 있다. 필자는 이러한 상황이 무왕 후기 사씨 세력이 익산 지역으로 자신들의 세력을 확장하여 미륵산 주변지역을 장악한 결과로 나타난 현상으로 이해하고자 한다.

이처럼 사씨 세력이 익산 지역으로 세력을 확대하고 익산 세력을 포용하는 상황을 상정하고 사료 L을 다시 보면, 내좌평 기미는 국왕 측근 기구인 내조 세력의 영수이기 때문에 대성팔족인 사씨로 보기는 어렵다. 또 교기가 의자와 대립하던 왕족 세력의 대표이기 때문에 왕족이라고 보기도 어렵다. 지역적으로도 사비지역의 대표 세력이 사씨이고, 옛 수도인 웅진 지역의 대표적인 세력으로는 백씨나 목씨, 예씨 등이 언급되고 있기 때문에 사비나 웅진 지역을 대표하는 세력으로도 보기 어렵다. 그렇다면 무왕 대에 크게 성장한 내조 세력이면서 사씨와 연결된다는 점에서 익산 세력으로 보는 것이 가능하지 않을까 한다.

이러한 추정이 성립할 수 있다면, 무왕 후기 정치적 대립 구도는 의자 대 사탁왕후와 그 아들 풍장 및 풍장의 아들 교기와 사씨 세력, 그리고 무왕 대 내조를 통해 성장한 익산 세력인 내좌평 기미가 되는 것이고, 이들이 의자왕 2년의 정변으로 축출된 것으로 파악할 수 있다. 이처럼 의자의 반대 세력이 컸기 때문에 의자는 원자이면서도 무왕 33년이라는 늦은 시기에 태자로 책봉이 되고 태자 책봉 이후에는 계모를 잘 섬기고 형제간에 우애 있게 행동하는 등 즉위를 위해 최선의 노력을 다 해야만 했던 것이다. 이런 상황 속에서도 의자가 태자로 책봉되고 즉위할 수 있었던 가장 큰 이유는 무왕의 지지였다고 생각된다. 대왕으로 군림하는 무왕이 원자인 의자를 태자로 책봉하고 차기 왕위 계승자로 삼고자 하는 의지가 강했기 때문에 다른 세력들도 적당한 선에서 타협을 할 수밖에 없었을 것이다. 그리고 의자는 나름대로 자신의 지지 세력을 만들기 위해 노력을 하였을 것이다. 그 의자의 지지 세력들이 의자왕 대에 활약하는 윤충, 의직, 성충, 흥수 등의 신진 세력이라고 판단된다.

한편 이렇게 익산 지역에 대한 사씨 세력의 영향력이 확대되면서 의자왕은 익산의 왕궁성을 사찰로 개조하여 부왕인 무왕의 명복을 비는 원찰로 운영하도록 하는 정도로만 익산 지역의 역할을 축소한 것이라 생각된다. 의자왕이 왕궁성을 파괴하고 사찰인 대관사를 건립한 것이라든가 『삼국사기』 백제본기의 기록에 사씨의 전공을 누락시키고 익산 경영에 대한 기록을 남기지 않은 것이 사씨 세력에 대한 반감 때문이었다는 견해[190]가 있는데, 위와 같은 대립 구도를 상정하면 충분히 가능성이 있다고 보여진다. 의자왕이 부왕인 무왕이 추진한 익산 경영을 이어가지 않은 이유가 바로 여기에 있었던 것이다. 좀 더 부연하자면 무왕은 자신의 어머니의 세력 기반이자 생장지인 익산에 많은 관심을 갖고 있었지만, 의자는 사비 출신으로 익산에 별다른 연고가 없는 상황에서 사씨 세력과 그에 연결된 익산 세력이 자신의 즉위를 반대하는 세력이 되었기 때문에 익산 지역에 큰 관심을 가질 이유가 없었던 것이다.[191] 다만 부왕인 무왕이 큰 관심을 둔 지역이었고 부왕의 릉을 조성한 곳이기 때문에 대관사를 건립하여 부왕의 명복을 빌고 백제 전체 불교계를 총괄하도록 한 것으로 보인다. 즉 의자왕 대에 익산은 종교적 중심지로 그 위상이 바뀐 것으로 생각된다.

---

190) 김주성, 「앞의 논문」, 2009b, pp.278~280.

191) 최근 많은 연구자들이 무왕의 왕비 즉 의자왕의 생모가 익산 출신의 선화공주라고 보고 있는데, 필자는 동의하지 않는다. 필자는 의자왕 대에 익산 지역에 대한 관심이 멀어지고 익산 세력이 중용되지 않고 있다는 점에서 의자왕의 생모는 익산 출신이 아니라 신라 출신의 여인으로 보아야 한다고 생각한다.

제4장
의자왕 대의
정국운영과 그 변화

1. 의자왕 전기 정국 운영의 특징

    의자왕은 백제의 마지막 왕으로, 660년 나·당연합군에 항복을 함으로써 백제를 멸망시킨 장본인으로 오랫동안 회자되어 왔다. 전근대 시기에는 제대로 된 역사적 고증 없이 나라를 망친 왕의 대표적인 사례로 기억되어 온 것이다.

    그러나 1980년대 이후 고대사에 대한 관심이 높아지고 학계의 연구 성과들이 늘어남에 따라 의자왕에 대한 인식도 조금씩 바뀌어 가고 있다. 최근의 연구 성과들은 의자왕 대의 정치를 의자왕 15년을 기준으로 전기와 후기로 나누어 파악하고 있다. 의자왕 전기는 대 신라전에서 괄목할만한 성과를 내고 왕권이 크게 강화되었던 시기로 파악하고, 의자왕 후기는 의자왕이 음황(淫荒), 탐락(耽樂)에 빠지면서 결국 백제를 멸망으로 몰아간 시기로 보고 있다.[1]

---

1) 의자왕 대의 정치를 다룬 대표적인 논문들은 다음과 같다.
   盧重國, 「武王 및 義慈王代의 政治改革」『百濟政治史研究』, 一潮閣, 1988; 金周成, 「義慈王代 政治勢力의 動向과 百濟滅亡」『百濟研究』19, 1988; 金壽泰, 「百濟 義慈王代의 政治變動」『韓國古代史研究』5, 1992a; 山尾幸久, 「7世紀 中葉의 東아시아」『百濟研究』23, 1992; 鈴木靖民, 「7世紀 中葉 百濟의 政變과 東아시아」『百濟史의 比較研究』, 1992; 李道學, 「『日本書紀』의 百濟 義慈王代 政變 記事의 檢討」『韓國古代史研究』11, 1997; 金壽泰, 「百濟 義慈王代 王族의 動向」『百濟研究』28, 1999a; 노중국, 「백제의 멸망」『백제

그런데 의자왕 대의 정치를 다룬 연구들 대부분이 의자왕 후기의 정치적 변화에 중점을 두고, 의자왕 전기의 정국 운영에는 소홀한 감이 있다. 따라서 이 절에서는 의자왕 전기에 중점을 두어 정국 운영의 특징을 찾아보고자 한다. 즉, 의자왕 전기의 정국 운영과 관련하여 의자왕의 출자 문제에 대한 논란[2]이 지속되고 있는데, 의자왕이 즉위 과정에 상당한 어려움을 겪은 것이 선화공주의 아들이었기 때문이었음을 밝히고자 한다. 또, 의자왕 초기에 일어난 정변을 둘러싼 논쟁[3]에 대해 그 성격을 명확히 규명하고 이 정변으로 인해 사씨 세력이 분화되고 있음을 밝혀보고자 한다. 나아가 의자왕 전기에 그를 지지한 세력 기반을 분석함으로써 의자왕 대는 백제 역사상 그 어느 시기보다 왕의 관료 임명권이 확대되어 왕권이 강력했던 시기였음을 밝혀 보고자 한다.

1) 의자왕의 즉위

(1) 즉위 과정

의자왕의 즉위 과정에 대한 이해는 이후 전개될 의자왕 대 정국 운영의 변

부흥운동사』, 일조각, 2003; 李道學, 「百濟 義慈王代의 政治 變動에 대한 檢討」『동국사학』40, 2004; 양종국, 「7세기 동아시아 국제정세와 百濟 義慈王」『백제부흥운동사연구』(공주대학교 백제문화연구소 편), 서경, 2004; 김수태, 「의자왕 말기의 정치 상황」『백제문화사대계 8 - 백제의 멸망과 부흥운동』, 충청남도역사문화연구원, 2007; 이도학, 「해동증자 의자왕의 생애」『백제실록 의자왕』, 부여군 문화재보존센터, 2008.

2) 盧重國, 『三國遺事』武王條의 再檢討」『한국전통문화연구』2, 1986; 『百濟政治史研究』, 일조각, 1988; 金壽泰, 「百濟 武王代의 政治勢力」『馬韓 · 百濟文化』14, 1999b; 이도학, 「百濟 武王의 系譜와 執權 基盤」『百濟文化』34, 2005.

3) 金壽泰, 「앞의 논문」, 1992a; 李道學, 「앞의 논문」, 1997; 金壽泰, 「앞의 논문」, 1999a; 李道學, 「위의 논문」, 2004.

화를 이해하는데 필수적인 문제라고 할 수 있다. 의자왕의 즉위 과정을 살펴보기 위해 『삼국사기』의 기록을 찾아보면 아래와 같다.

A-① 봄 정월에 원자(元子) 의자(義慈)를 책봉하여 태자로 삼았다(『三國史記』 권 제27 百濟本紀 제5 武王 33년).

② 의자왕(義慈王)은 무왕(武王)의 원자(元子)이다. 웅걸차고 용감하였으며 담력과 결단력이 있었다. 무왕이 재위 33년에 태자로 삼았다. 어버이를 효성으로 섬기고 형제와는 우애가 있어서 당시에 해동증자(海東曾子)라고 불렀다(『三國史記』 권 제28 百濟本紀 제6 義慈王 즉위년).

위 기록에서 의자왕은 무왕의 원자(元子), 즉 적장자(嫡長子)[4]임을 알 수 있다. 그럼에도 불구하고 무왕 33년에 마흔을 넘은 나이[5]로 태자에 책봉되고 있

---

4) 檀國大學校東洋學研究所 編纂 『漢韓大辭典』에 따르면, '元'은 근본, 바른 계통, 정실, 적자(嫡子)라는 뜻을 갖고 있으며, '元子'는 ①임금의 적자(嫡子), 태자(太子), 세자(世子), ② 맏아들의 용례로 사용된다고 한다. 『삼국사기』의 용례를 살펴보면, 「신라본기」에 4번, 「고구려본기」에 4번, 「백제본기」에 11번, 「열전」 견훤에 1번, 도합 20번이 사용되었으며, 「백제본기」의 사용 빈도가 상당히 높다. 그런데 대부분 왕의 혼인 관계가 나타나지 않아서 元子가 嫡長子를 나타내는 말이라고 단정할 수는 없지만, 「신라본기」 태종무열왕조, 문무왕조와 신문왕 7년조, 「고구려본기」 유리명왕조와 모본왕조, 「백제본기」 무왕조, 의자왕조, 「열전」 견훤전의 기사를 통해 원자의 부왕에게 여러 명의 왕비가 있었음을 알 수 있다. 따라서 元子라는 용어는 정통성을 나타내기 위해 사용되었다고 추정할 수 있다.
5) 「扶餘隆墓誌銘」에 의하면 부여융은 682년 68세에 낙양에서 사망한 것으로 되어 있다. 이를 기준으로 출생시기를 역산하면 그는 백제 무왕 16년(615)에 태어난 것을 알 수 있다. 필자는 부여융을 의자왕의 셋째 아들로 보고자 하므로 이때 의자왕의 나이는 최소로 잡아도 20세는 넘었을 것으로 생각된다. 따라서 18년 뒤인 무왕 33년에는 40세를 넘었을 것으로 추정된다.

다. 이에 대해 무왕이 즉위 초에는 귀족들의 영향력을 완전히 극복하지 못하고 있다가 후기에 와서 강력한 왕권을 확립하였기 때문에 태자를 책봉할 수 있었다는 견해[6]도 있다. 그러나, 무왕의 왕권 강화 작업은 무왕 3년 해수(解讎)를 포함한 귀족 세력들이 주도한 아막산성 전투의 패전을 계기로 시작된 것으로 보인다. 무왕 25년 신라의 6성을 빼앗는 등 대신라전에서 괄목할 만한 성과를 거두었으며, 28년에는 한강유역 탈환작전을 시도할 정도로 왕권이 강화되었다[7]고 볼 수 있다. 이러한 입장에서 보면 무왕 33년의 태자 책봉이 그리 빠른 것으로 보이지 않는다. 태자 책봉 과정에서부터 내부적인 갈등이 있었음을 짐작할 수 있다. 이러한 갈등의 핵심은 무왕의 왕비가 여러 명이라는 점[8]을 고려하면, 그 왕비들에게서 태어난 이복형제들과의 왕위 계승 분쟁이었다고 추측할 수 있다. 이러한 이복형제들과의 갈등과 관련하여 다음의 기사가 주목된다.

    B. 백제왕 의자(義慈)가 왕자 풍장(豊章)을 보내어 질(質)로 삼았다(『日本書紀』권23 서명 3년).

위 사료의 서명 3년은 무왕 32년(631)으로 백제왕은 의자가 아니라 무왕이었다. 따라서 이 오류를 합리적으로 이해하기 위한 다양한 견해[9]가 제시되었

---

6) 金壽泰,「앞의 논문」, 1992a, p.61.
7) 박민경,「武王·義慈王代 政局運營 研究」『韓國古代史研究』20, 2000, p.579.
8) 남정호,「백제 무왕의 왕비와 의자왕의 생모에 대한 고찰」『역사교육론집』55, 2015a 참조.
9) 제설에 대해서는 金壽泰,「百濟 義慈王代의 太子冊封」『百濟研究』23, 1992b, pp.148~149; 盧重國,「7世紀 百濟와 倭와의 關係」『國史館論叢』52, 1994, p.165; 鄭孝雲,『古代韓日政治交涉史研究』, 學研文化社, 1995, pp.85~94에 잘 정리되어 있다. 풍장은 무왕의 아들로 무왕 대에 왜에 보내졌다는 설은 정효운, 노중국, 무왕의 아들로 의

다. 그 중에서 풍장과 의자 사이의 태자 책봉을 둘러싼 왕위 계승 다툼에서 패한 풍장이 왜로 보내진 것으로 파악[10]하는 것이 당시의 시대적 상황과 가장 잘 부합한다고 생각된다.[11] 또한 이때는 무왕의 재위 기간이긴 하지만 의자와의 태자 책봉 다툼에 패하여 왜로 간 것이므로, 의자가 풍장을 보냈다고 기록되었을 수도 있다. 그렇다면 백제왕이란 기록은 후일 의자가 왕이 되므로 추기라고 볼 수 있다.

이처럼 의자는 태자 책봉 과정에서부터 이복형제들과 갈등관계에 있었고, 그것이 의자왕의 즉위 과정에서도 나타나고 있다. A-② 기사는 의자왕이 친모(親母)가 아닌 무왕의 다른 왕비에게 효성을 다하고 이복형제들에게도 우애 있게 행동함으로써 즉위할 수 있었다는 것을 암시하고 있다. 여기에 대해서도 이미 선학들의 자세한 논증[12]이 있었고, 이를 받아들이고자 한다. 이러한 내용으로 미루어 볼 때 의자왕의 태자 책봉이나 왕위 계승 과정이 순탄하게 진행되지 못하였던 점은 분명하다.

그렇다면 왜 이렇게 의자왕의 태자 책봉이나 왕위 계승 과정에 정치적 대립이 발생하게 되었을까? 의자왕은 태자 책봉이나 왕위 계승을 하는데 있어 뭔가 걸림돌이 되는 문제가 있었을 것이다.

자왕 대에 보내졌다는 설은 김수태, 의자왕의 아들로 의자왕대에 보내졌다는 설은 西本昌弘, 「豊璋と翹岐 - 大化改新前後の倭國と百濟 -」『ヒストリア』107, 1985; 鈴木靖民 「앞의 논문」, 山尾幸久, 「앞의 논문」 등 일본학자들에 의해 주장되고 있다. 이 중 노중국의 경우는 풍장을 동명이인으로 보아, 무왕의 왕자와 의자왕의 왕자로 2명이 존재했다고 하여 또 하나의 다른 견해라고 할 수 있다.

10) 鄭孝雲, 『위의 책』, p.92; 盧重國, 「위의 논문」, 1994, p.166.
11) 이에 대해서는 제2장 1절의 내용을 참조하시기 바란다.
12) 金壽泰, 「앞의 논문」, 1992a, pp.59~62; 李道學, 「앞의 논문」, 2004, pp.84~87.

(2) 신라 여인 선화(善花)의 아들 의자왕

위와 같은 의자왕의 즉위 과정을 보다 자세히 이해하기 위해서는 의자왕의 아버지인 무왕 대의 정치 상황에 대해 알아볼 필요가 있다. 무왕에 대해서는 무왕의 즉위 과정과 선화공주와의 결혼에 대한 연구 성과들[13]이 축적되어 있으나, 아직 견해차가 큰 편이다.

먼저 무왕의 출자 문제부터 살펴보면,『삼국유사』무왕조의 서동설화를 검토하여 서동이 무왕이며, 무왕은 몰락한 왕족 출신이라고 한 견해[14]가 제기되면서 이에 대한 논의가 활발하게 전개되었다. 이후의 논자들은 서동이 무왕이라는 점에서는 대체적으로 동의를 하고 있으나, 무왕이 몰락한 왕족 출신이라는 점에 대해서는 비판을 하고,『삼국사기』의 기록대로 법왕의 아들로 파악하고 있다.[15] 당시의 정국 운영이 대성팔족 중심의 귀족 세력 위주로 이루어졌다고 하더라도 왕위 계승에는 정통성의 확보가 필요하다고 생각된다. 아무리 왕족이라고 하더라도 왕위계승권에서 멀어진 몰락한 왕족을 귀족들의 합의만으로 국왕으로 즉위시켰다는 것은, 동성왕 이후 성왕까지 이어져 온 왕권 강화 과정을 경

---

13) 대표적 연구 성과로 필자가 참고한 것은 다음과 같다.
  盧重國,「앞의 논문」, 1986;『앞의 책』, 1988; 金壽泰,「앞의 논문」, 1999b; 박민경,「앞의 논문」, 2000; 이도학,「앞의 논문」, 2005.
14) 盧重國,『위의 책』, 1988, pp.192~197.
15) 金壽泰,「앞의 논문」, 1999b, p.123; 이도학,「앞의 논문」, 2005, pp.70~71에서『三國遺事』法王禁殺 條에서『古記』를 인용하여 무왕의 출생을 "貧母가 池龍과 더불어 交通하여 낳았다"라고 한 구절에서 "貧母"의 경우 정실 왕비가 아닌 후궁이나 여타 신분의 여성을 상징하는 문자로 받아들여 무왕의 서출 가능성을 제기하고 있다. 즉 무왕을 법왕의 서자로 보고 있다. 다른 견해로 姜鍾元(「百濟 武王의 出系와 王位繼承」『역사와 담론』56, 2010)은 무왕을 위덕왕 망왕자의 아들로 추정하였고, 문안식 (「의자왕의 친위정변과 국정쇄신」『東國史學』47, 2009)은 위덕왕의 아들로 보고 있다.

시한 주장으로 보인다. 또, 『삼국사기』무왕조의 전체적인 기사 내용을 보더라
도 무왕이 왕권을 행사하는데 특별한 제약이 있었다고 볼만한 내용은 보이지
않는다. 따라서 무왕은 법왕의 아들이었으나, 다만 모계에 문제가 있어 정상적
으로 왕실에서 성장하지 못하고 소외된 생활을 한 서자였다고 생각된다.

다음으로 의자왕의 즉위 과정과 직접적인 관련이 있는, 무왕의 왕비와 관련
된 문제를 검토해 볼 필요가 있다. 무왕의 왕비로 기록된 사람으로 신라의 선
화공주가 있다.[16] 일찍부터 무왕과 선화공주와의 결혼 문제에 대한 많은 연구
들이 있어 왔고, 이 결혼이 사실이라는 것에 동의하는 연구들이 있다.[17] 그런데
2009년 미륵사지 서탑의 해체·보수 과정에 발견된 금제사리봉안기에 "아백제
왕후 좌평사탁적덕녀(我百濟王后佐平沙乇積德女)"라는 구절이 나오는 것을 근
거로 무왕과 선화공주의 결혼을 부정하는 경향이 더 많아진 것 같다. 그러나
이는 무왕과 선화공주의 결혼을 부정할 수 있는 확증은 될 수 없다고 생각된
다. 미륵사 조성과 관련하여 대체적인 발굴 성과들이 『삼국유사』기이편 무왕
조의 내용이 사실임을 보여 주고 있고, 무왕의 왕비가 한 명만 존재한 것이 아
니기 때문이다. 필자는 무왕이 즉위 전에 선화공주와 결혼을 하였고 즉위한 이
후에 왕권 강화를 위해 새로 사씨 왕비를 맞이하였으며, 미륵사 석탑이 만들어
지는 무왕 후기에 선화공주는 이미 사망하였고 사씨 왕비가 권력을 잡고 있었

---

16) 『三國遺事』기이편 武王조.
17) 무왕과 선화공주의 결혼을 긍정하는 입장의 논고는 아래와 같다.
　　盧重國, 「앞의 책」, 1988, pp.203~207; 金壽泰, 「앞의 논문」, 1999b, pp.131~132; 이도학,
　　「앞의 논문」, 2005, pp.75~82.
　　물론 무왕의 출자와 선화공주와의 결혼에 대해 서동설화를 통해 역사적 사실과 허구적
　　이야기를 구별해 내는 것은 불가능하다는 견해(金周成, 「百濟 武王의 卽位過程과 益
　　山」『馬韓·百濟文化』17, 2007, p.214)와 설화 속의 허구일 가능성이 높다는 견해(강봉
　　원, 「百濟 武王과 '署童'의 關係 再檢討」『白山學報』63, 2002, pp.131~162)도 있다.

다고 파악하고자 한다.[18]

좀 더 자세히 검토를 해보면, 먼저 결혼의 시점에 대해서, 서동이 무왕으로 즉위한 이후로 보는 견해와 무왕 즉위 전으로 보는 견해가 대립하고 있다.[19] 그런데, 『삼국사기』무왕조에서 백제와 신라의 전투 기사를 찾아보면, 무왕 3년, 6년, 12년, 17년, 19년, 24년, 25년, 27년, 28년, 29년, 33년, 34년, 37년에 13차례에 걸쳐 백제와 신라가 전투를 벌이고 있다. 무왕과 선화공주의 혼인을 통해서 백제와 신라가 우호적인 관계를 맺고 있었다는 시기를 찾기 어려운 것이다. 그러나 위덕왕 24년(577) 신라와의 전투 이후 무왕 3년(602)까지 24년 동안 백제와 신라의 전투 기사가 나오지 않는다. 따라서 무왕 즉위 이후 신라 왕실의 선화공주와 결혼을 하였다는 견해보다 무왕 즉위 이전에 혼인을 하였다는 후자의 견해가 더 설득력이 있다고 판단된다.

또 만약 무왕이 즉위한 후 선화공주와 결혼을 했다면 이는 국가적으로나 왕실의 입장에서 대단히 중요한 일이므로 어딘가 그 기록이 남아 있을 가능성이 높다. 동성왕이 신라 이찬 비지의 딸과 혼인을 한 기록[20]이 남아 있는데, 무왕이 신라 왕실의 공주와 결혼을 한 기사가 남지 않았다는 것은 받아들이기 어려운 것이다. 신분적으로 격이 떨어지는 백제 왕족의 아들과 신라 왕실의 공

---

18) 남정호, 「앞의 논문」, 2015a 참조.

19) 盧重國(『앞의 책』, 1988, pp.204~207)에서 그 결혼의 목적이, 무왕의 경우 대성팔족을 중심으로 한 귀족중심 정치 운영 과정에 약화된 왕권을 강화하고자 하는 것이었으며, 신라의 경우 고구려의 남침이 재개되고 있는 상황 속에 백제와의 긴장을 해소할 필요성이 있었기 때문이라고 주장하고 있다. 반면 이도학(「앞의 논문」, 2005, pp.75~82)은 『三國史記』무왕조 기사를 검토하여 무왕 재위 28년 동안 거의 대부분의 시기에 걸쳐 백제와 신라의 전쟁이 일어나고 있고, 위덕왕 25년인 578년부터 무왕이 즉위하는 600년까지 22년간 전쟁이 없었기 때문에 법왕의 서자인 서동이 위덕왕 말기나 혜왕 재위쯤에 신라의 선화공주와 결혼한 것으로 파악하고 있다.

20) 『三國史記』권 제26 百濟本紀 제4 東城王 15년조.

주와의 결혼이었기 때문에 설화의 형태로 사람들의 입에 오르내리게 되었다고 보는 것이 합리적일 것이다. 그리고 선화공주라는 표현도 재검토의 여지가 있다고 판단된다. 앞선 시기 신라의 혼인 동맹의 예를 살펴보면 대가야와의 혼인[21]이나 백제 동성왕과의 혼인의 경우 이찬의 누이 혹은 딸을 보내고 있고 왕실의 공주를 보낸 예가 없다. 따라서 선화공주도 진평왕의 공주였다기보다는 왕족이나 귀족의 딸이었고, 공주라는 표현은 설화로 만들어지는 과정에 과장되어 생겨났을 가능성이 크다고 하겠다. 즉 무왕은 즉위하기 전인 서동 시절에 신라 왕족 혹은 귀족의 딸과 혼인을 하게 되었고, 이 평범하지 않은 결혼이 사람들의 입으로 전해져 설화로 정착되는 과정에 선화공주라는 표현이 나오게 되었을 것이다.[22]

이렇게 법왕의 아들인 무왕과 선화공주가 즉위 전에 결혼을 한 것을 인정한다면, 의자왕은 선화공주의 아들이었는가 하는 문제가 남는다. 앞서 살펴 본, 의자왕의 즉위를 둘러싼 이복형제들과의 분쟁으로 보아 무왕은 여러 명의 부인이 있었을 것으로 추정된다.[23] 여기에 대해서는 선화공주가 첫째 부인으로

---

21) 『三國史記』권 제4 新羅本紀 제4 法興王 9년조.

22) 최근 김수태(「백제 무왕대의 대 신라 관계」 『대발견 사리장엄 彌勒寺 再照明』, 마한백제문화연구소 · 백제학회, 2009a)는 무왕과 신라 선화공주의 결혼을 부정하고, 무왕이 익산 지역 출신의 왕비를 맞이한 내용의 설화가 신라의 삼국 통일 이후 옛 백제 지역 지배정책과 관련하여 신라 선화공주와의 결혼으로 윤색되었을 가능성을 제시하였다. 그리고 선화라는 이름이 미륵신앙과 관련이 있음을 들어 석가족을 표방한 진평왕의 딸이 아니라고 주장하고 있다.

23) 미륵사지 서탑 사리봉안기에 기록된 '사탁왕후'와 『삼국유사』 무왕조에 기록된 '선화공주'를 들 수 있다. 사리봉안기 발굴 이후 선화공주의 실체를 부정하려는 경향이 강하였다. 그러나 최근 전주박물관에서 익산 쌍릉 출토 유물에 대한 정리 작업을 하다가 대왕묘의 목관 내부에서 성인 여성의 것으로 보이는 치아 4점과 목관 앞에서 신라 토기로 보이는 토기가 출토되었음을 전하는 기사(전라일보, 2016. 1. 26.)가 보도되어 선화공주의 실존에 대해 새로운 논의가 전개될 것으로 보인다.

의자왕의 어머니라고 보고 있는 견해[24]와 이름을 알 수 없는 사비지역 출신의, 의자왕의 모후가 있고, 선화공주는 즉위 이후 나중에 결혼한 것으로 파악하고 있는 견해[25]가 있다. 후자의 경우 의자왕의 모후는 사비지역 출신으로, 이후 무왕이 신라 선화공주와 결혼함으로써, 그 아들인 의자왕의 즉위는 선화공주 세력에 의해 어려움을 겪었을 것으로 추정하고 있다. 그러나 이러한 주장에 대한 근거를 밝히고 있지 않다. 서술의 전반적인 흐름을 보면 무왕이 즉위 이후에 선화공주와 결혼을 하였다고 생각하고 있기 때문에 그렇게 주장하고 있음을 짐작할 수 있을 뿐이다.[26]

그런데 「부여융묘지명(扶餘隆墓誌銘)」에 따라 부여융의 출생 시기를 역산해 보면 무왕 16년(615년)이 된다. 따라서 융의 아버지인 의자왕의 출생 시기는 무왕 즉위 전임을 알 수 있다. 앞서 무왕과 선화공주의 결혼이 즉위 전이었음에 비춰보면 의자왕은 선화공주의 아들이었을 가능성이 높다고 하겠다. 또, 의자왕의 태자 책봉이나 왕위 계승 과정에서 나타나는 갈등은 의자왕의 모후가 신라계였기 때문에 나타나는 문제로 보는 것이 합리적이다. 무왕과 당시의 집권 세력이 대신라전을 최대 현안으로 삼고 있는 상황 속에서, 의자왕은 신라 왕족 혹은 귀족을 외가로 두었기 때문에 그 원자로서의 지위에 대한 도전을 받아야만 했던 것이다. 반대로 의자왕이 사비지역 출신의 모후를 둔 원자였다면 다른 세력들로부터 견제를 받은 이유를 설명하기 어렵다 하겠다. 따라

---

24) 李道學, 「앞의 논문」, 2004, pp.80~87.
25) 金壽泰, 「앞의 논문」, 1999b, pp.130~132.
26) 「부여융묘지명」에 나오는 부여융의 출생년이 무왕 16년(615년)이므로 아버지인 의자는 무왕 즉위 전에 태어난 것으로 보인다. 따라서 무왕과 선화공주의 결혼 시점이 즉위 전이라면 의자왕은 선화공주의 아들이고, 즉위 후라면 의자왕의 모후는 따로 존재하는 것이 된다.

서 의자왕이 선화공주의 아들로서 원자의 지위에 있었으며, 선화공주와 결혼을 한 무왕이 즉위 이후 자신의 지지기반을 강화하기 위해 사비지역 출신의 사씨 가문에서 새로운 왕비를 맞이하였다고 보여진다.

앞서 언급한 익산 미륵사지 석탑 보수 과정에 발견된 금제사리봉안기는 오히려 이러한 필자의 주장을 뒷받침할 수 있는 중요한 자료가 될 수 있다. 그 내용 중 "아백제왕후 좌평사탁적덕녀(我百濟王后佐平沙乇積德女)"라는 구절을 통해 무왕 말년인 639년(기해년[27])에 사탁왕후가 있었고 미륵사지 석탑을 건립하는 등 권력을 장악하고 있었음을 알 수 있다. 무왕 말기에 사탁왕후가 권력을 잡고 있다면 선화공주는 사탁왕후보다 더 빠른 시기에 무왕과 결혼을 했고, 639년 이전에 사망했을 가능성이 높다고 하겠다.[28] 무왕 후기에는 의자왕의 어머니인 선화공주가 사망한 상황에서 의자왕은 또 다른 모후인 사탁왕후와 이복동생들에게 견제를 받았고, 따라서 '해동증자'라 불릴 정도로 계모에게 효성을 다하는 모습을 보이고서야 즉위를 할 수 있었던 것이다. 이는 후술할 의자왕 초기 정변의 성격과도 밀접한 관련이 있다. 의자왕의 생모가 사탁왕후였다면 의자왕이 외가인 사씨 세력과 태자 책봉과정이나 즉위 초에 갈등 관계를 보이는 있는 현상을 설명하기 어렵다고 하겠다.[29]

한편 선화공주 설화를 재분석하여 선화공주를 익산 지역 세력으로 파악한 견해가 제기되었다.[30] 설화에서 후대적 요소를 가려내고 역사적 사실을 추구

---

27) 미륵사지 서석탑 금제사리봉안기에 己亥年으로 기록되어 있다.

28) 李炳鎬, 「百濟 泗沘期 益山 開發 時期와 그 背景」『百濟研究』61, 2015, pp.71~91.

29) 김주성, 「백제 무왕의 정국운영」『대발견 사리장엄 彌勒寺 再照明』, 마한백제문화연구소·백제학회, 2009a, pp.47~50에서 의자왕의 모후를 사택씨 왕후로 보고, 무왕 후기부터 무왕 및 의자왕과 사택씨 세력이 갈등 관계에 있었음을 밝히고 있으나 그 이유는 모르겠다고 하였다.

30) 김수태, 「앞의 논문」, 2009a, pp.68~73에서 무왕과 선화공주의 혼인은 무왕이 익산 지역

한 성과로 상당한 개연성이 있는 것 같다. 하지만, 역시 의자왕 초기 정변의 결과를 생각해보면 따르기 어렵다. 의자왕 초기 정변은 의자왕이 사씨 모후의 사망이후 그전까지 정계에 큰 영향을 행사하면서 의자왕에 반대한 교기 등의 왕족 세력과 사씨 등의 귀족 세력을 숙청했다고 보아야 하는데, 그렇다면 자신의 외가 세력인 익산 지역 세력의 등용과 같은 조치가 있어야 할 것이고, 신라와 우호 관계를 주장한 익산 세력이 중용되었다면 의자왕 대의 대신라관계도 우호적이어야 할 것이다. 그러나 의자왕 대에 익산 지역 세력의 등용 여부를 보여 주는 사료가 없고 여전히 신라에 대한 공격이 지속되고 있으므로 따르기 어렵다.

2) 의자왕 초기 정변의 성격과 대립 관계

무왕 후기 태자 책봉을 둘러싼 의자와 사씨 세력의 갈등은 의자왕 즉위 2년 만에 정변의 형태로 폭발하게 된다. 이 정변과 관련해서는 아래의 기사가 주목되어 왔다.

C. 황극 원년(642) 2월 정해삭 무자. 백제 조문사의 종자(傔人) 등이 "지난해 11월 ㉠대좌평 지적(智積)이 죽었습니다. 또 백제사인이 곤륜사(崑崙使)를 바다에 던져 버렸습니다. 금년 정월에 ㉡국주의 어머니(國主母)가 죽었고, 또 ㉢제왕자아교기(弟王子兒翹崎), 그 모매여자(母妹女子) 4명, 내좌평(内佐平) 기미(岐味) 그리고 이름높은 사람 40여 명이 섬으로 추방되었습니다."라고 하였

세력과 결합했음을 보여주는 것으로 파악하고 익산 지역 세력은 신라에 대해 우호적인 외교를 주장하여 신라 공격을 주장하던 사씨 세력과 대립하였다고 보았다.

다(『日本書紀』권24 황극 원년).

위 기사와 관련해서 기사의 내용대로 백제에서 정변이 일어났다고 보고 있다. 그러나 위 기사의 국주모(國主母)가 누구인지, 이 정변의 시기는 언제였는지, 교기(翹岐)를 어떻게 볼 것인지, 그리고 정변의 성격은 무엇인지 등에 대해서 다양한 견해가 제시되고 있다.

먼저 사료 C에서 ㉡의 '국주모'가 누구인가를 파악하는 것이 중요한데, '국주모'는 ㉠대좌평 지적(사택지적)과 연계되어 있음을 알 수 있다. 그리고 사리봉안기에 사탁왕후가 기록된 시점과 3년의 시간차가 나는데 그 사이 무왕이 사망하였음을 감안하면 그동안 왕후가 바뀌었다고 보기는 어렵다. 사리봉안기에서 사탁왕후가 무왕의 무병 장수를 기원하고 있고 무왕이 2년 후 사망한 것으로 볼 때 사리봉안기를 작성한 639년에도 무왕의 건강이 좋지 않았을 것으로 볼 수 있기 때문에, 그런 상황 속에 왕후가 교체될 가능성은 더더욱 없다고 하겠다. 또 사료를 음미하면 국주모의 죽음에서 정변이 촉발되었음을 알 수 있어 국주모는 의자왕의 생모이라고 보기 어렵고 의자왕과 대립 관계에 있었음을 짐작할 수 있다. 이러한 점을 들어, '국주모'는 사탁왕후라고 보는 경우[31]가 많고, 필자 역시 같은 이유로 '국주모'는 사탁왕후로 보고자 한다.

두 번째로 정변의 시기에 대해서는 『일본서기』의 기록대로 642년으로 보는

---

31) 김주성, 「백제 무왕의 정국운영」『新羅史學報』16, 2009b, pp.274~279; 문안식, 「의자왕의 친위정변과 국정쇄신」『東國史學』47, 2009, pp.78~79; 정재윤, 「彌勒寺 舍利奉安記를 통해 본 武王 · 義慈王代의 政治的 動向」『韓國史學報』37, 2009, pp.50~53. 한편 '국주모'를 의자왕의 생모로 파악하나 누구인지 특정하기 어렵다는 견해(김수태, 「백제 무왕대의 미륵사 서탑 사리봉안」『新羅史學報』16, 2009b, pp.10~13.)와 '국주모'를 익산출신의 선화공주로 파악하는 견해(강종원, 「百濟 武王의 太子 冊封과 王權의 變動」『百濟研究』54, 2011, p.161.)도 있다.

설,[32] 1년을 내려서 643년으로 보는 설,[33] 제명기로 내려서 655년으로 보는 설[34]들이 있다. 이에 대해서는 많은 논증과 비판[35]이 행해졌고, 필자는 642년이 옳다고 생각한다.[36]

세 번째, 위 기사에 나오는 교기의 출신[37] 및 교기 일행의 성격[38]에 대한 논쟁이 있는데, 이에 대해서는 교기는 의자왕의 조카이며, 백제 중앙 정계에서 밀려나 왜에 외교 사절로 보내진 것으로 파악하고자 한다. 교기의 출신에 대해서는 사료 C의 ⓒ'제왕자아교기(弟王子兒翹岐)'와『일본서기』황극 2년의 '백제국주아교기제왕자(百濟國主兒翹岐弟王子)'라는 부분이 문제가 된다. 이때 후자에 근거하여 백제국주(의자왕)의 아들 교기와 동생으로 파악하는 것은, 이 정변의 성격으로 보아 의자왕의 아들과 동생이 쫓겨났다고 보기 어려우므

---

32) 渡邊康一,「百濟王子豊璋の來朝目的」『國史學研究』19, 1993; 鄭孝雲,「7世紀 中葉의 百濟와 倭」『百濟研究』27, 1997; 延敏洙,「百濟의 對倭外交와 王族」『百濟研究』27, 1997; 金壽泰,「앞의 논문」, 1999a.

33) 西本昌弘,「豊璋と翹岐 - 大化改新前後の倭國と百濟 -」『ヒストリア』107, 1985;「豊璋 再論」『日本歷史』696, 2006; 山尾幸久,「앞의 논문」, 1992; 鈴木靖民,「앞의 논문」, 1992.

34) 奧田尙,「皇極紀の百濟政變記事について」『追手門學院大學創立二十周年記念論集』文學部篇, 1987; 李道學,「앞의 논문」, 1997;「앞의 논문」, 2004.

35) 643년설과 655년설에 대해 정효운,「위의 논문」, pp.221~224; 김수태,「위의 논문」, 1999a, pp.313~320에서 자세히 비판을 하고 있다.

36) 남정호,「『日本書紀』에 보이는 豊璋과 翹岐 關聯 記事의 再檢討」『百濟研究』60, 2014, pp.128~132.

37) 의자왕의 조카로 보는 설(盧重國,「7世紀 百濟와 倭와의 關係」『國史館論叢』52, 1994.)과 의자왕의 아들로 보는 설(西本昌弘,「위의 논문」, 2006; 山尾幸久,「위의 논문」, 1992; 鈴木靖民,「위의 논문」, 1993.)이 있다.

38) 翹岐 등이 망명하였다고 보는 설(鄭孝雲,「위의 논문」, 1997.)과 인질 성격의 사신으로 보는 설(西本昌弘,「위의 논문」, 2006; 山尾幸久,「위의 논문」, 1992; 鈴木靖民,「위의 논문」, 1993; 鈴木英夫,「大化改新直前の倭國と百濟 - 百濟王子翹岐と大佐平智積の來 倭をめぐって -」『續日本紀研究』272, 1990.)이 있다.

로, 따르기 어렵다. 따라서 전자의 기록대로 의자왕의 동생의 아들 교기로 보는 것[39)이 합당하다고 판단된다. 또 교기 일행의 성격에 대해서는, 교기를 파견한 시점이 백제가 군사적으로 강성한 시기였고, 교기가 처자와 종자까지 거느리고 파견된 점으로 보아 인질 성격의 사신으로 파악하기는 어렵기 때문에, 교기는 정변의 결과 왜로 망명한 것[40)이라는 견해가 있다. 그러나 642년 대대적인 신라 공격을 앞두고 대왜 외교를 강화할 필요성이 있었고,[41) '질'로 표현되는 외교 사절은 장기 체재를 해야 하기 때문에 처자를 동반하고 파견되기도 하며,[42) 실제 개로왕 때 왕제인 곤지가 처자를 데리고 장기간 왜에 파견된 바 있는 것이다. 따라서 교기는 외교 사절이라고 보는 것이 당시 상황에 더 부합된다고 판단된다.[43)

마지막으로 위 기사의 이해에 있어 가장 중요한 것은 이 정변의 성격을 파악하는 것이라 생각된다. 정변의 성격을 이해하게 되면 시기의 문제나 교기에 대한 이해 문제 또한 자연스럽게 정리가 될 것이기 때문이다.

먼저 이 정변은 왕권을 강화하고자 한 의자왕이 귀족 세력에 대한 숙청을 단행한 것으로 이해[44)한 견해가 제시되었다. 이에 대해 귀족세력뿐 아니라 왕족 세력을 약화시키고 직계 중심의 정치를 표방한 것으로 파악[45)하기도 하였다.

한편 이와 달리 이 정변의 발생 시점을 의자왕 15년으로 이해하면서 "의자

---

39) 盧重國, 「앞의 논문」, 1994. pp.169~170.

40) 鄭孝雲, 「앞의 논문」, 1997, p.224.

41) 연민수, 「7世紀 東아시아 정세와 倭國의 對韓政策」『新羅文化』24, 2004, p.49.

42) 나행주, 「古代 朝日關係에 있어서의 '質'의 意味」『建大史學』8, 1993, p.343.

43) 교기를 인질 성격의 사신으로 파악하고 있는 鈴木靖民(「앞의 논문」), 鈴木英夫(「앞의 논문」)도 백제의 정변으로 인해 교기의 지위가 하락한 점은 인정하고 있다.

44) 盧重國, 『앞의 책』, 1988, p.208.

45) 金壽泰, 「앞의 논문」, 1992a, pp.63~64.

왕의 양대 외척 세력인 융(隆)과 효(孝)의 외가세력 사이의 갈등과 충돌에서 효의 외가세력이 종국적으로 승리하였다."[46]고 하여 정변의 성격을 완전히 다르게 보고 있기도 하다. 그러나 이는 정변의 성격을 제대로 파악하지 못한 것으로 보인다. 위 사료에서 주어는 국주(國主)로 보아야 하며, 의자왕의 모후가 죽자 그 모후과 관련이 있는 교기 및 그 모후의 여동생의 자식[47] 4명이 추방되고 있으므로 이는 의자왕의 왕족 및 외척 세력에 해당되는 것이지 의자왕의 아들인 융이나 효의 외가 세력과는 관련이 없는 것이다. 융이나 효의 외가 세력은 의자왕에게는 처가세력이 되므로 이 사료에서 의자왕 아들들과 연결된 외가 세력끼리의 권력 다툼이라고 보기는 어렵다.

그러나 위와 같이 이 정변의 성격을 규정하기에는 뭔가 빠진 부분이 있다고 판단된다. 다시 위 사료를 꼼꼼히 검토해 보면, 이 정변은 국주모(國主母)의 죽음에서 촉발되었음을 알 수 있다. 이 때 국주는 당연히 의자왕이므로 의자왕의 모후가 죽음으로써 '제왕자아(弟王子兒) 교기(翹岐)' 즉 왕제[48]의 아들 교기와 그 모후의 여동생(이모)의 아들 4명, 내좌평(內佐平) 기미(岐味)를 비롯한 고명지인 40여 명이 쫓겨난 것이다. 여기서 쫓겨난 이들이 의자왕의 모후와 관련된 세력이라는 것을 추측할 수 있다. 그런데 모후의 여동생이 존재

---

46) 李道學,「앞의 논문」, 2004, p.96.
47) 노중국,『앞의 책』, 2003, p.29에서 지금까지의 대부분의 연구자들이 '母妹女子'를 어머니의 여동생(이모)로 파악한 견해와는 달리 어머니의 여동생(이모)의 자식으로 파악하고 있다. 한자 해석상에도 母妹女의 子로 볼 수 있고, 당시의 상황에서도 이모보다는 이모의 아들이 정치적으로 더 활발히 활동하였을 것으로 생각되므로 필자도 노중국의 해석을 따르고자 한다.
48)『日本書紀』에서 사용된 '弟王子'는 王弟를 의미하는 것임은 盧重國,「앞의 논문」, 1994, p.169에서 자세히 논증하였다.

하고 있으므로 이 모후는 선화공주일 수는 없는 것이다.[49] 앞에서 인용한 미륵사지 서석탑의 금제사리봉안기 내용을 참고하면 642년에 사망한 모후는 사탁적덕의 딸인 왕후일 가능성이 높고, 앞 절에서 의자왕의 친모는 선화공주로 파악되었으니, 이 모후는 계모일 수밖에 없다.[50] 따라서 의자왕은 자신의 태자 책봉 및 왕위 계승에 어려움을 겪게 만들었던 계모가 죽자 그와 연결된 세력을 제거한 것이라 할 수 있다. 그런데 이 정변에서 쫓겨난 핵심인물에 내좌평 기미가 포함되어 있다. 그런데 이 내좌평 기미는 무왕 대 전내부체제의 영수로서 백제 내조의 핵심 인물로 파악이 되고 있다.[51] 이를 통해 볼 때 무왕 후기에는 태자로 책봉된 의자를 중심으로 한 세력과 모후 세력을 중심으로 한 왕족·외척세력 및 그에 연결된 내조의 대립이 있었음을 알 수 있다.[52]

특히 무왕 후기에는 무왕이 궁궐 남쪽에 못을 파고 방장선산에 비기었다[53]든지, 사비하 북쪽 포구에서 잔치를 베풀고 놀았다[54]든지, 망해루에서 여러 신

---

49) 李道學,「앞의 논문」, 2004, p.104.

50) 남정호,「앞의 논문」, 2015a 참조.

51) 李文基,「泗沘時代 百濟 前內部體制의 運營과 變化」『百濟研究』42, 2005, pp.82~84에서 "성왕대에 완비된 전내부체제는 그 최고 관직이 전내부의 장관인 '내두'였으며, 여기에는 주로 ④덕솔 관등 소지자가 취임하였고, 나머지 관부의 장에는 그 이하 중급 관등 소지자들이 취임하였다. 그러나 무왕대에 이르면 전내부 장관에 ①좌평이 취임하여 '내좌평'으로 칭해지면서 국정 운영에 상당한 발언권을 행사하게 되었고, 그 밖에 전내부에 속한 8개 관부의 장관에도 ②달솔이 취임하는 등 관제적 위상이 크게 높아지게 되었다."고 하고 있다.

52) 이러한 사실을 통해 무왕 대 왕권 강화를 뒷받침한 중요한 세력 기반 중 하나가 전내부 체제 즉 내조였음을 알 수 있다. 필자는 무왕 대에 실시된 것으로 여겨지는 6좌평제는 좌평이 국왕의 관료화되어 22부사를 관장하게 된 것이라는 梁起錫(「百濟 泗沘時代의 佐平制 研究」『忠北史學』9, 1997)의 견해를 받아들이고 있으며, 이 좌평제의 변화와 더불어 전내부체제가 더욱 그 영향력을 확대해 나갔다고 생각된다.

53) 『三國史記』권 제27 백제본기 제5 武王 35년.

54) 『三國史記』권 제27 백제본기 제5 武王 37년.

하늘에게 잔치를 베풀었다[55]든지, 왕이 후궁과 더불어 큰 못에 배를 띄우고 놀았다[56]는 기사가 집중적으로 나오고 있어 뭔가 무왕은 정치의 일선에서 물러나 있는 듯한 모습을 보여 주고 있다. 더군다나 무왕 39년조의 기사에서는 '무왕이 빈어(嬪御; 후궁으로 해석됨)와 더불어 배를 띄우고 놀았다'고 되어 있어 왕비를 배제하고 있는 것 같은 느낌을 주고 있는데, 이는 무왕이 의자를 태자로 책봉한 후 태자를 정치의 전면에 내세우고자 하였으나 왕비가 이에 반발하여 갈등이 있었음을 보여 주는 것이 아닌가 한다.

이 정변에서 대립 관계를 정리하면, 의자왕과 대립한 세력은 대좌평 사택지적과 국주모(사탁왕후), 교기(풍장의 아들[57]), 이모의 아들 4명,[58] 내좌평 기미, 고명지인 40여 명인 것이다. 이들을 사씨 세력으로 보는 경우가 대부분이지만 익산 세력으로 보는 견해[59]도 있는데, 필자는 익산 세력도 일부 포함되어 있지만,[60] 이 정변의 제일 처음에 진술된 것이 대좌평 사택지적의 죽음[61]이기 때문에 후술된 세력들은 모두 사씨와 연관된 세력으로 보고자 한다. 무왕 후기 의자와 태자 책봉 경쟁을 벌이던 풍장의 뒤에는 사탁왕후와 사씨 세력이 있었던 것이다. 풍장이 왜로 보내진 이후에도 사탁왕후와 사택지적, 풍장의 아들인 교기를 중심으로 의자를 견제하던 상황이었기 때문에, 의자는 부

---

55) 『三國史記』 권 제27 백제본기 제5 武王 37년.
56) 『三國史記』 권 제27 백제본기 제5 武王 39년.
57) 남정호, 「앞의 논문」, 2014, pp.132~139 참조.
58) 남정호, 「위의 논문」, 2014, p.146 참조.
59) 강종원, 「앞의 논문」, 2011, pp.160~161.
60) 제3장 2절 5) 익산 세력의 동향 참조.
61) 사택지적의 죽음을 전한 내용은 몇 달 뒤에 사택지적이 사신으로 왜로 오기 때문에 오보임에 틀림이 없다. 이를 당시 백제 관가에서 대좌평 지적이 자취를 감추었기 때문에 죽었다는 소문이 돌고 있었던 것을 전한 것으로 보는 견해가 많다.

모에게 효성을 다하고 형제간에 우애 있게 행동하여 해동증자라고 불릴[62] 정 도로, 자신을 낮추고 시기를 기다리는 인내심으로 적을 만들지 않는 처신[63]을 할 수밖에 없었던 것이다.

이상에서 의자왕 2년의 정변은, 무왕 대 태자 책봉부터 시작된 갈등이 의자 왕이 즉위한 후 모후가 죽으면서 표면화된 것이며, 이 때 모후와 연결된 세력 들이 축출된 것이라 할 수 있다. 즉 의자왕이 왕권을 강화하기 위하여, 무왕 대 에 상당한 영향력을 가지고 자신을 견제하던 모후와 그 손자인 교기(의자왕의 이복동생의 아들 즉 조카이므로 왕족 세력), 이모의 아들(외척세력), 내좌평 기미(내조세력)을 제거한 친위정변이라 하겠다. 이렇게 이 정변의 성격을 규 정하면 이때 추방된 교기는 의자왕의 아들이라고 볼 이유가 없고, 『일본서기』 황극기 원년조의 기사 '제왕자아(弟王子兒) 교기(翹岐)'에 따라 의자왕의 계모 인 모후와 연결된 의자왕의 왕제의 아들(의자왕의 조카)로 파악되는 것이다. 또 이 정변의 결과로 교기는 일본에 외교 사절로 보내졌다고 생각된다.

한편 의자왕 2년의 『삼국사기』 기록을 보면 『일본서기』 황극기에 전하는 정 변의 분위기를 느낄 수 없다는 견해가 있다. 이에 따르면 의자왕이 무왕 33년 에야 태자로 책봉되어 그 과정이 순탄하지 않았으며, 이러한 상황은 의자왕이 즉위 초에 정변을 단행해 성공을 가져올 만한 객관적 상황이 되기는 어렵고, 또 『삼국사기』 의자왕 2년 2월조에는 '왕이 주군을 순무하고 죄수를 재심사하 여 사죄(死罪) 이외에는 모두 놓아주었다'라고 기록되어 있는데, 정변이 일어

---

62) 『三國史記』 권28 백제본기 제6 의자왕 즉위년.
63) 이도학, 「의자왕대의 정치 변동 연구에 대한 검토」 『백제 사비성 시대 연구』, 일지사, 2010, pp.213~214.

난 직후에 왕이 지방을 순시했다고 보기 어렵다고 하였다.[64]

그러나 이는 7세기 백제의 왕권 강화 과정을 고려하지 않은 주장인 것 같다. 대부분의 학자들이 사비시대 백제는 꾸준히 왕권이 강화되어 왔다고 보고 있고, 특히 무왕과 의자왕 대에는 강력한 전제왕권이 성립되었다고 한다. 무왕 후기에는 6좌평의 설치, 좌평 정원의 철폐 등으로 직책없는 무임소 좌평이 증가하면서 좌평신분의 지위가 하락하고, 좌평은 국왕 권력에 편제된 관료로서의 역할을 하게 되며, 22부사를 중심으로 한 달솔층이 관료로 성장하게 되어 국왕 중심의 관료제국가가 만들어졌다는 견해[65]도 제시되고 있다. 앞서 살펴 본대로 전내부체제의 변화를 고찰하여 보면 역시 무왕 대에 내조의 위상이 높아져 좌평이 내조의 영수로 활동하고 있는 모습도 나타나고 있다.[66] 이러한 왕권 전제화 및 좌평의 관료화 현상은 의자왕 대에도 그대로 지속되고 있는 것이다. 따라서 의자왕이 비록 태자 책봉이나 왕위 계승 과정에 대립되는 세력의 견제를 받았다 하더라도 왕위에 오르는 것과 동시에 그들을 누를 수 있는 힘을 확보하게 되었다는 것을 의미한다고 하겠다. 더군다나 의자왕은 왕위에 오를 때 이미 40대의 장년의 나이였다고 판단된다. 유년의 어린 왕도 아니고 이미 태자로서 10년 가까이 정치 경험을 쌓아온 장년의 왕이 즉위 초라고 해서 자신의 견제세력을 제거할 힘이 없었다고는 보이지 않는다.

또 왕이 지방을 순무하는 것도 정변이후 충분히 있을 수 있는 일이라 사료된다. 정변으로 인한 민심의 이반을 막고, 아직 승복하지 않고 있는 지방 세력을 굴복시키기 위해서라도 지방 순무가 필요하다 하겠으며, 이는 고구려 연개

---

64) 李道學, 「앞의 논문」, 1997, p.407.
65) 梁起錫, 「百濟 泗沘時代의 佐平制 硏究」『忠北史學』9, 1997.
66) 李文基, 「앞의 논문」, pp.82~84.

소문의 정변에서도 확인할 수 있는 바이다.

거기에 덧붙여 의자왕은 바로 그해 7, 8월에 신라를 공격하여 대승을 거두었다. 이는 자신의 정변을 정당화하기 위한 공격으로 여겨진다. 신라여인의 아들이었기 때문에 계모와 이복형제들에게 견제를 받다가 겨우 왕위 계승에 성공하였던 의자왕이, 그 계모가 죽자 자신의 반대세력들을 몰아내는 정변을 단행하였다. 당연히 많은 사람들이, 의자왕이 무왕 대의 대신라전을 최우선으로 하던 대외정책을 포기하지 않을까 염려를 하였을 것이고, 의자왕은 그러한 우려와 견제를 극복하기 위해 바로 신라를 공격하였을 것이다. 이 공격에서 의자왕은 대야성 함락이라는 커다란 승리를 거둠으로써 자신에게 쏟아지던 우려와 불만을 말끔히 제거하고 더욱 더 자신의 왕권을 강화할 수 있었던 것이다. 자신의 약점을 정면 돌파함으로써 자신의 기반을 더욱 강화해 나갔던 것이다.

3) 의자왕 초기 정변으로 인한 사씨 세력의 분화

그럼 의자왕 초기 정변으로 타격을 받은 사씨 세력은 이후 어떻게 되었는가 하는 문제를 검토해 보자. 이미 선행 연구에서 지적되고 있듯이 이 때 의자왕이 사씨 세력 전체와 대립하고 그들을 모두 축출하였다고 보기는 어렵다. 대성팔족 중 수위로 기록될 정도로 사비시대 백제에서 가장 유력한 귀족 세력이었던 사씨를 일거에 제거하는 것은 현실적으로 불가능한 일이기 때문이다. 또 의자왕 대에는 여전히 사택지적(沙宅智積),[67] 사택천복(沙宅千福),[68] 사택손

---

67) 『日本書紀』 권24 황극기 원년.
68) 『日本書紀』 권26 제명기 6년.

등(沙宅孫登)[69] 등 사택씨가 대좌평 혹은 좌평의 지위를 가지고 활동하고 있는 것이다. 따라서 의자왕이 즉위 초 축출한 세력은 사탁왕후의 가문을 중심으로 한 사씨로 보여진다.[70] 하지만 정변으로 인해 전체적으로 사씨 세력이 약화된 것은 틀림없는 사실이고, 정변을 피한 사씨들은 살아남기 위한 방법을 모색했을 것이다. 이러한 과정에 사씨 세력이 분화되었다고 생각된다. 즉 사씨 중 일부 가문은 의자왕과 대립하였지만 또 다른 가문은 의자왕에 협력하였을 것이다. 이와 관련하여 이도학은 사씨가 분지화된다고 지적[71]한 바 있는데, 구체적 양상은 필자와 견해가 다르지만, 주목할 필요가 있다.

사씨에 대한 기록들을 살펴보면, 『삼국사기』에는 단성인 '사(沙)'로, 『일본서기』에는 '사택(沙宅)'으로, 중국 사서나 중국인이 남긴 금석문에는 '사타(沙吒)'로 기록되어 있다. 이는 각기 사서 편찬 단계에서 이들 사씨에 대해 나름의 기준을 가지고 일관성 있게 기록한 것으로 판단된다. 문제는 당시 백제의 금석문에서 자신들의 성씨를 각기 다르게 기록하고 있다는 점이다.

D-① …(전략)… 우리 백제왕후(百濟王后)께서는 좌평(佐平) 사탁적덕(沙乇積德)의 딸로 오랜 세월[曠劫]에 선인(善因)을 심으셨기에 금생(今生)에 뛰어난 과보[勝報]를 받아 태어나셨다. …(후략)… (미륵사 서탑 사리봉안기).

② 갑인년 정월 9일 내지성(奈祇城)의 사택지적(砂宅智積)은 날이 갈수

---

69) 『日本書紀』권27 천지기 10년.

70) 김주성, 「앞의 논문」, 2009b, pp.274~279; 정재윤, 「앞의 논문」, 2009, pp.50~54; 김영심, 「舍利器 銘文을 통해 본 백제 사비시기 국왕과 귀족세력의 권력관계 - 沙氏세력과의 관계를 중심으로 -」 『韓國史研究』163, 2013, pp.30~31. 의자왕 초기 정변으로 사씨 세력이 제거되었다고 보고 있다. 필자는 사씨 세력 전체가 아니라 사탁왕후 가문을 중심으로 타격을 입었다고 생각하기 때문에 차이가 있다.

71) 이도학, 「彌勒寺址 西塔『舍利奉安記』의 分析」 『白山學報』83, 2009, pp.261~263.

록 몸이 쉽게 노쇠해지고 …(후략)… (사택지적비문).

사리봉안기에는 '사탁(沙乇)'으로, 사택지적비에는 '사택(砂宅)'이라고 기록하고 있는 것이다. 두 금석문 모두 당시에 기록된 것이고, 당사자들이 직접 기록에 관여하였다고 볼 수 있기 때문에 자신들의 성씨를 잘못 기록하였다거나 같은 가문이 자신의 성씨를 각기 다르게 혹은 여러 가지로 표기했다고 생각하기는 어렵다. 사료들에서 성씨를 기록하고 있는 양상을 좀 더 자세히 검토해 보면, 『삼국사기』에서 '사(沙)'로 기록한 것은 '사탁(沙乇)'이라는 복성을 단성으로 기록한 것으로 볼 수 있다. 『일본서기』에서 '사택(沙宅)'으로 기록한 것은 '사탁(沙乇)'의 '사(沙)'와 '사택(砂宅)'의 '택(宅)'을 조합한 것으로 두 가지 표기를 절충한 것으로 볼 수 있다. 중국 사서와 금석문에 기록된 '사타(沙吒)'에서 '타(吒)'는 꾸짖는다는 뜻이므로 당시 백제 사씨들이 이러한 뜻의 한자를 자신들의 성씨로 사용했다고 보기는 어렵다.[72] 따라서 이것은 백제 멸망 시점에 중국측에서 사용한 한자 표기로 파악하고자 한다.

이처럼 여러 사서들과 금석문의 기록을 검토하면 원래 '사탁(沙乇)'씨였는데, 뒤에 '사택(砂宅)'씨가 생겼다고 할 가능성이 높다. 우리 발음상으로 같은 성씨로 볼 수 있는데, 그것을 다른 한자로 표기한 것으로 볼 수 있고, 그렇다면 이들은 같은 사씨였다가 분화되었다고 보는 것이 옳을 것이다. 여기에 대해 이도학은 사탁왕후로 인해 가문의 위상이 높아지면서 씨 표기를 할 때 '탁(乇)'자 위에 '면(宀)'을 올려 '사택(砂宅)'씨를 칭했던 것 같다[73]고 추정하였다. 하지만 이 부분에 대해서는 동의하기가 어렵다. '사택(砂宅)'을 칭한 것은 사택지적

---

72) 이도학, 「앞의 논문」, 2009, p.263.
73) 이도학, 「위의 논문」, 2009, p.263.

이지 사탁적덕의 가문이 아니기 때문이다.

따라서 필자는 의자왕 초기 정변으로 타격을 입은 가문이 '사탁(沙乇)'씨이고 여기서 어느 정도 화를 모면하고 의자왕에 협력한 가문이 이후 '사택(砂宅)'씨를 칭한 것이 아닌가 한다. 이와 관련하여 『일본서기』의 기록을 살펴볼 필요가 있는데, 황극기 원년 기사에서 사택지적이 죽었다고 하였다가 몇 달 뒤 왜에 사신으로 파견된 것에 대해 많은 연구자들이 사택지적도 교기 등과 함께 왜로 추방 혹은 망명했다고 보고 있다. 그러나 사택지적이 함께 연루된 것은 사실이지만, 왜로 보내진 교기[74] 등과 달리 사택지적은 대좌평의 지위를 가지고, 사신단의 대표인 대사로 왜에 파견되고 있는 것이다. 이것은 왜에 파견된 교기 등이 백제 정변에 연루되어 추방된 것이고 외교 사절로서의 자격이 없는 것 아닌가 하는 왜조정의 의심을 해소하기 위해 죽었다는 풍문이 돈 대좌평 사택지적을 다시 파견한 것으로 볼 필요가 있다.[75] 즉 사택지적은 정변에 연루되어 잠시 정계에서 모습을 감추었다가 왜의 의심을 해소하기 위해 다시 기용된 것으로 보인다. 왜 조정의 의심을 해소하는 데는 성공했지만, 귀국한 사택지적이 의자왕 대에 중용되었다고 보기는 어려울 것 같다. 한동안 사씨들의 활동이 사서에 기록되지 않고 사택지적비에는 654년에 사택지적이 은퇴한 것으로 기록되어 있기 때문이다. 사택천복, 사택손등 등의 사씨 세력이 다시 영향력을 확대한 것은 군대부인 은고(恩古)[76] 및 그의 아들인 효(孝)[77]가 대두하는 의자왕 후기로 보인다.

---

74) 백제의 입장에서는 왜로 추방한 성격이 강하다고 생각한다(남정호, 「앞의 논문」, 2014, pp.139~143 참조).

75) 남정호, 「위의 논문」, 2014, pp.139~143 참조.

76) 『日本書紀』권26 제명기 6년.

77) 남정호, 「義慈王 後期 支配層의 分裂과 百濟의 滅亡」『百濟學報』4, 2010, pp.94~104 참조.

사탁왕후의 가문과 사택지적의 관계를 추정하는데 작은 실마리가 될 사료를 찾아보면 다음과 같다.

> E. 가을 7월 을해(22일). 백제 사신 대좌평(大佐平) 지적(智積) 등에게 조정에서 연회를 베풀었다.<혹본(或本)에는 백제 사신 대좌평 지적과 그의 아들 달솔(이름은 빠졌다.), 은솔 군선(軍善)이 참석했다고 한다> 이에 건강한 아이에게 명해서 교기(翹岐) 앞에서 씨름을 하도록 하였다. 지적 등은 연회가 끝난 후 물러나와 교기의 문전에서 절하였다(退拜翹岐門)(『日本書紀』권24 황극 원년).

왜 조정에서 대사로 온 대좌평 지적에게 연회를 베풀었는데, 연회가 끝난 후 지적 등은 교기의 문에 절했다는 내용이다. 이 부분을 필자는, 지적이 교기를 직접 만나지 못하고 문 앞에서만 절한 것으로 해석하고자 한다. 사탁왕후의 손자인 교기와 같은 입장에 있던 사택지적이 왜 조정에 파견된 것은 의자왕의 편에서 그 입장을 설명하려고 온 것이기 때문에 의자왕에 의해 왜로 보내진 교기는 못마땅하게 여겼을 것이다. 따라서 교기는 사택지적을 따로 만나지 않았고, 사택지적은 그러한 교기에 대해 문 앞에서나마 예를 갖추었는데, 그것을 기이하게 생각한 일본측에 의해 기록된 것으로 보고자 한다. 그 뒤에 백제로 귀국한 사택지적[78]은 정변으로 축출된 세력과의 차별화를 위해서 자신들의 성씨 표기를 바꾼 것이 아닐까 한다.

---

78) 이 때 사택지적이 귀국하지 않았다고 보는 견해도 많은데, 이에 대한 비판은 남정호, 「앞의 논문」, 2014, pp.142~143을 참조하시기 바란다.

4) 의자왕 전기의 세력 기반을 통해 본 정국 운영의 특징

(1) 의자왕의 세력 기반

지금까지 의자왕이 즉위 초 정변을 통해 무왕 후기에 상당한 영향력을 가지고 자신을 제어하던 모후와 그에 연결된 왕족, 외척, 내조 세력을 제거하고, 자신의 직계를 중심으로 한 왕권 강화를 이루었음을 살펴보았다. 그렇다면 과연 의자왕의 즉위를 도운 세력은 누구인가? 또 어떤 세력을 기반으로 하여 정치를 이끌어 나갔을까? 의자왕 즉위의 기반이 된 세력들이 의자왕 전기의 정치를 주도해 나갔을 것으로 생각된다.

일단 의자왕 즉위의 가장 강력한 후원 세력은 무왕이었을 것이다. 강력한 왕권을 행사하던 무왕이 사탁왕후의 반발에도 불구하고 의자를 태자로 책봉하고 정치적 주도권을 잡게 해 주었을 것이다.

두 번째로 자신의 왕자들과 그와 연결된 외가 세력을 들 수 있겠다. 무왕이 왕족들을 중용한 것에 비하여 의자왕은 즉위 4년 만에 태자를 책봉함으로써 태자 융을 중심으로 한 정치를 추구하였으며, 이에 따라 융의 외가 세력이 크게 활약하였을 것이다.

세 번째로 대성팔족 중 사씨 세력을 들 수 있다. 이들 대성팔족은 이미 무왕 대부터 그동안 소외되었던 사씨, 백씨, 연씨, 국씨 등이 왕권에 협력하면서 좌평 등 요직을 차지하고 있는 모습이 보인다.[79] 이러한 경향은 의자왕 대에도 그대로 지속되어 의자왕의 왕권 강화 정책에 협력한, 친왕적 세력으로써 사씨

---

79) 박민경, 「앞의 논문」, pp.577~578; 이도학, 「앞의 논문」, 2005, pp.82~83.

가 의자왕 대에도 중용되었다[80]고 볼 수 있다. 다만 무왕 대와는 달리 대성팔
족 중 상당수는 그 세력이 약화되고 그 중 사씨 세력이 세력을 유지하고 있었
다고 볼 수 있다.[81]

　이와 관련해서는 반론이 제기될 수도 있다. 사씨 세력은 무왕 대 최대의 정
치세력[82]이며, 사비지역에 기반을 둔 세력[83]으로 고증되고 있는데, 의자왕은
익산 지역과 관련이 있던 선화공주[84]의 아들로, 사비 지역 출신으로 여겨지는
계모 세력으로부터 견제를 받았다는 것이다. 그렇다면 의자왕의 지지 기반에
사비 지역 세력인 사씨가 들어가는 것은 잘못된 것이라 볼 수도 있겠다. 따라
서 사비 지역 출신 왕비의 아들인 의자왕이 선화공주 세력으로부터 견제를 받
아 어려움을 겪은 것으로 생각할 수도 있다.[85] 그러나 다시 그 상황을 고려해
보면, 무왕은 익산 천도 계획이 실패로 돌아간 후 사비 지역을 중심으로 자신
의 기반을 더욱 강화하고 있는 것을 알 수 있다. 이는 사비궁의 수리,[86] 왕흥사
의 낙성[87] 등으로 짐작할 수 있다. 이러한 과정에 사비 지역 출신의 왕비가 정
치적 영향력을 확대한 것으로 볼 수 있다. 이처럼 무왕 후기에는 익산 지역이

---

80) 金壽泰, 「앞의 논문」, 1992a, p.65, 주38).

81) 김영관, 「백제 말기 중앙 귀족의 변천과 왕권」 『한국고대사탐구』19, 2015, pp.20~24에서
　　『三國史記』와 『日本書紀』에서 의자왕 대에 나타나는 인명을 정리하여 왕족인 부여씨
　　가 11회, 사씨가 5회 등장하고 나머지 대성팔족은 기록되지 않고 있어, 사씨 외의 대성
　　팔족은 점차 세력을 잃었다고 보고 있다.

82) 金壽泰, 「앞의 논문」, 1999b. p.125.

83) 盧重國, 『앞의 책』, 1988, p.186.

84) 金壽泰, 「앞의 논문」, 2009, pp.68~73에서 선화공주를 익산 지역 출신으로 파악하고 있고,
　　필자는 무왕과 결혼한 선화공주가 즉위 이전에 살았던 곳이 익산 지역이 아닐까 한다.

85) 金壽泰, 「위의 논문」, 1999b, pp.131~132; 김주성, 「앞의 논문」, 2009, pp.47~50.

86) 『三國史記』 권 제27 백제본기 제5 武王 31년조.

87) 『三國史記』 권 제27 백제본기 제5 武王 35년조.

별부로 운영되었을지라도 이미 사비 지역의 중요성이 훨씬 컸으며, 사비 지역 세력이 여전히 정권의 핵심적 지위를 갖고 있었다 하겠다. 무왕은 익산 지역이 성장지[88]였고 어머니와 관련된 지역이기 때문에 관심을 가진 것이지만, 의자왕이 더 이상 익산 지역에 관심을 가졌다고 볼 수는 없을 것이다. 따라서 얼마든지 사비 지역에 기반을 둔 사씨 세력과도 협력할 수 있었다고 하겠다. 또 의자왕의 계모가 사씨 집안 출신이라 하더라도 사씨 전체를 의자왕과 대립되는 세력이었다고 볼 이유는 없다고 생각한다. 이미 대성팔족은 무왕 대부터 왕권에 대한 협력 정도에 따라 기용되었을 것으로 생각되므로, 같은 성씨 집단이라고 하더라도 집안에 따라 왕과의 밀착 관계는 달랐을 것이다. 따라서 의자왕의 즉위 과정에 협력하거나 의자왕의 통치를 지지하는 사씨들이 이후 중용되었을 것으로 보인다.[89] 이처럼 의자왕의 통치에 협조한 사씨 세력으로 사택지적을 들 수 있을 것이다. 의자왕 2년에 교기를 왜로 보낸 이후 왜에서 교기의 외교사절로서의 자격을 의심하자 사택지적을 다시 등용하여 왜로 파견한 것으로 추정되기 때문이다. 이때 사탁왕후의 가문을 포함한 사씨 세력이 상당한 타격을 입고 정계에서 축출되었을 것으로 보이지만, 사택지적의 가문은 의자왕에 협조함으로써 자신들의 지위를 유지하였을 것이다.[90]

---

88) 이도학, 「앞의 논문」, 2005, p.72.
89) 대표적인 인물로 사택지적을 들 수 있다. 그러나 의자왕 전기에는 사택지적을 제외한 사씨의 모습이 거의 보이지 않는다. 따라서 의자왕 전기의 가장 주된 세력 기반이 사씨 세력이었다고 하기는 어렵고, 오히려 의자왕 후기에 더 중요한 세력이 되었다고 보인다.
90) 남정호, 「백제 무왕 대와 의자왕 초기 정치 세력의 변화 - 사씨(沙氏)와 익산 세력을 중심으로-」『역사교육논집』56, 2015b 참조. 사씨 가문들이 정국 운영에 미치는 영향력을 무왕 대와 비교하자면 당연히 의자왕 대에는 더 약화된 것으로 보아야 한다. 다만, 사씨 세력이 완전히 정계에서 제거되었다거나 전혀 영향력을 미치지 못할 정도로 약화되었다고 보기는 어렵다.

네 번째로 의자왕 즉위 이후 새롭게 좌평 등에 임명되거나 대신라전에서 활약한 인물들, 그리고 의자왕 15년의 정계 개편과 함께 물러난, 직신(直臣)·충량(忠良)·현량(賢良)으로 표현된 인물들을 들 수 있다.[91] 그리고 『삼국사기』백제본기 의자왕조에서 윤충(允忠), 의직(義直), 은상(殷相), 성충(成忠), 흥수(興首) 등의 이름을 찾아볼 수 있다. 대성팔족 중심으로 기록된 이전 시기와 달리 새로운 인명들이 기록된 것으로 볼 때, 이들이 의자왕의 즉위를 돕고 의자왕 전기의 정치를 주도해 나간 가장 핵심적인 세력이라 볼 수 있다. 이들이 어떤 세력인가와 관련하여 무왕 대부터 좌평의 관료화와 함께 22부사를 중심으로 달솔층이 성장하고 있다고 한 견해[92]가 주목된다. 이에 따르면, 무왕과 의자왕 대에 유교적 정치이념에 입각하여 왕권을 강화하고자 한 것과 연관되어 22부사의 관료층으로 활약하던 달솔층이 크게 성장하여 신귀족화되는 경향을 보이는 것이 아닌가 추측하고 있다. 이는 무왕 대부터 좌평제가 변화하여 좌평 정원의 철폐와 더불어 좌평의 지위가 하락하고 관료적 성격을 가지게 된다는 좌평제에 대한 연구 성과[93]와 그 맥을 같이 하고 있는 것으로, 무왕 대 이후 왕권의 전제화 과정을 잘 보여 주고 있다. 무왕 대에 유교적 소양을 가진 행정 관료 혹은 군사적 실력을 가진 장군으로 활동하던 이들이 의자왕의 즉위를 도운 공로로 이후 좌평층으로 승진하고 의자왕 전기의 정치를 주도해 나갔다고 보인다. 이러한 달솔층의 성장은 의자왕 대에도 그대로 이어져 군신회의에 좌평과 달솔이 함께 참여하고 있는 모습이 나타나고 있는 것이다. 특히 이들 세력이 성장하는데 가장 큰 힘이 되었던 것은 의자왕 초기 대신라전에서

---

91) 金壽泰, 「앞의 논문」, 1992a, pp.65~66.
92) 金壽泰, 「위의 논문」, 1999a, pp.134~137.
93) 梁起錫, 「앞의 논문」, 1997, pp.17~28.

거둔 승리였다고 생각된다.

> F. 가을 7월에 왕이 친히 군사를 거느리고 신라를 쳐서 미후성(彌猴城) 등
> 40여 성을 함락하였다. 8월에 장군 윤충(允忠)을 보내 군사 1만 명을 거느리
> 고 신라의 대야성(大耶城)을 공격하였다. 성주 품석(品釋)이 처자와 함께 나와
> 항복하자 윤충은 모두 죽이고 그 머리를 베어 왕경에 전달하고, 남녀 1천여 명
> 을 사로잡아 나라 서쪽의 주현에 나누어 살게 하였다. 군사를 남겨 두어 그 성
> 을 지키게 하였다(『三國史記』 권 제28 백제본기 제6 의자왕 2년).

사료 F를 보면 의자왕이 신라를 공격하여 옛 가야 지역 대부분을 장악하고
신라의 서쪽 방어거점인 대야성(大耶城)까지 장악하였음을 알 수 있다. 그런
데 7월의 40여 성을 함락한 것은 의자왕 자신이 친정한 것이었고, 대야성 함락
은 윤충(允忠)이 주도하고 있다. 즉 의자왕은 기존의 대성팔족 세력에게 이 전
투를 이끌도록 한 것이 아니라는 점이다. 이 전투를 통해 의자왕의 왕권이 더
욱 강화되었을 뿐만 아니라 대야성 전투를 승리로 이끈 윤충 등의 의자왕 측
근 세력이 정치적 입지를 강화하였을 것이다.

마지막으로 들 수 있는 세력이 왕족에서 갈라져 나온, 분지화된 성씨들이
다. '귀실복신(鬼室福信)', '흑치상지(黑齒常之)', '계백(階伯)'같이 원래 왕족인
부여씨였으나 분지화한 성씨들이 보이고 있다.[94] 이 중 흑치상지나 계백은 의
자왕 때 달솔로 나오며, 흑치상지 집안은 대대로 달솔을 역임하였다. 비록 흑
치상지나 계백의 이름이 의자왕 후기에 나오지만 이러한 세력들이 의자왕 전

---

94) 노중국, 「百濟 食邑制에 대한 고찰」 『慶北史學』23, 2000, pp.3~10.

기부터 활동하면서 의자왕의 신임을 받은 것으로 파악할 수 있다. 이렇게 왕족에서 분지화한 성씨 집안들이 달솔층을 형성하면서 왕권 강화의 기반이 되었을 것으로 생각된다.

(2) 정국 운영의 특징

위와 같은 의자왕 전기의 세력 기반을 토대로 의자왕 전기 정국 운영의 특징을 살펴보면, 첫째, 왕권이 강화되고 그것을 뒷받침하는 제도적 정비가 이루어져 국왕 중심의 정국 운영이 이루어지고 있다는 것이다. 즉 앞 절에서 살펴본 초기 정변의 결과 국왕을 중심으로 한 직계 중심의 정국 운영이 이루어졌다. 무왕 대의 정치를 이끌어온 왕족과 외척세력 및 내조 세력이 제거되고, 의자왕을 중심으로 의자왕의 왕자들 특히, 태자로 책봉된 융과 융의 외가 세력이 가장 강력한 세력으로 등장하였다. 또한 무왕 대의 익산세력 중심의 내조를 의자왕 자신의 새로운 측근 세력 중심의 내조로 개편하였을 것으로 추측된다.

그리고 이러한 국왕 중심의 왕권 강화로 인해 귀족 중심적이던 백제 정치 조직이 더욱 관료 중심적으로 변하였을 것이다. 무왕 후기부터 추진되어 온 것으로 추정되는 이러한 방향의 변화가 의자왕 대에 들어와 더욱 심화되었음은 의자왕 대에 나타나는 관료들의 이름을 분석해 보면 쉽게 알 수 있다.『삼국사기』백제본기 의자왕조에 나타나는 관료들의 이름을 열거해 보면, 장군(將軍) 윤충(允忠), 장군 의직(義直), 좌장(左將) 은상(殷相), 좌평(佐平) 성충(成忠), 좌평 의직, 달솔(達率) 상영(常永), 좌평 흥수(興首), 장군 계백(堦伯) 등이다. 이들 중 전통적인 백제의 대성팔족 출신은 한 명도 보이지 않는다. 물론『삼국사기』신라본기와『일본서기』를 참조하면 사택지적(沙宅智積), 사택천복(沙宅千福), 국변성(國辯成) 등 소수의 대성팔족 출신을 찾을 수 있다. 그러나

이는 의자왕 이전 시기의 비율과는 큰 차이가 나는 것이다.[95] 이들은 무왕 대에 22부사를 중심으로 성장해 온 관료층으로, 군사적 혹은 유교적 소양을 갖춘 인물들이었을 것으로 추정된다. 이들이 의자왕의 지지 기반으로서의 역할을 하다가 의자왕 즉위 이후 왕에 의해 장군이나 좌평과 같은 요직에 임명된 것이라 볼 수 있다.[96]

또한 의자왕을 견제하던 모후가 사씨 가문 출신으로 의자왕 초기 정변의 결과 큰 타격을 받았음에도 불구하고, 의자왕 대에는 여전히 사씨가 대좌평으로 임명되고 있고 있다. 이는 왕권에의 협력 정도에 따라 가장 대표적인 백제 귀족 가문이었던 사씨마저 분열이 일어나고 있음을 보여준다고 하겠다. 즉 왕권에 협력하지 않는 귀족 세력들을 등용하지 않았던 상황을 반영하고 있는 것이다. 따라서 의자왕 대에는 백제 그 어느 시기보다 국왕의 관료 임명권이 확장된 시기이며 왕권이 전제화되어 가던 시기였다고 하겠다.

둘째, 의자왕은 무왕이 불교, 유교, 도교의 다양한 사상에 관심을 갖고 특히 불교를 통해 왕권을 강화하고자 한 것과 달리 불교에 대해서는 거리를 두고 유교적인 전제왕권을 추구한 것으로 보인다.[97] 먼저 의자왕은 성충, 흥수 등 유교적 소양을 갖춘 인물들을 자신의 세력 기반으로 삼고 그들과 함께 정치를 이끌어 나갔고, 좌평층의 관료화 등의 통치체제 변화도 유교적 이념의 수용에 따른 것으로 볼 수 있다. 그리고 의자왕 후기 여러 재이(災異)들이 불교 사

---

95) 성씨가 불명확한 이들을 모두 대성팔족 출신으로 본 견해도 있다(金周成, 「앞의 논문」, 1988, pp.265~266). 그러나 앞 시기까지 성을 기록하다가 의자왕 대에만 성을 기록하지 않았다고 볼 이유가 없다고 생각한다.

96) 金壽泰, 「앞의 논문」, 1992a, pp.65~66.

97) 金壽泰, 「앞의 논문」, 1992a, p.62; 김수태, 「백제 의자왕대의 불교 - 경흥을 중심으로」 『百濟文化』41, 2009, p.125.

원에서 많이 일어나고 있는 점[98]을 통해 불교 세력이 의자왕의 정치에 불만을 가지고 있었음을 알 수 있다. 이러한 불교 세력의 불만은 의자왕이 무왕 대와 달리 유교에 입각한 정치를 행하고 불교계를 홀대하였기 때문일 것이다.

셋째, 의자왕 전기는 왕권 강화를 위해 대신라 공격이 더욱 활발해졌고, 그를 통해 많은 성과를 거둔 시기이다. 『삼국사기』 백제본기를 참고하여 사비시대의 전쟁기사를 분석해보면 의자왕 대에 대신라 공격전이 가장 활발하였음을 알 수 있다. 공격의 방향은 크게 세 방향으로 경기도 안성 방면, 충청도 옥천·괴산 방면, 경남 함양·합천 방면임을 알 수 있다. 먼저 경기도 방면의 공격은 빼앗긴 한강 하류 유역을 회복하고자 하는 목적에서, 충청도 옥천·괴산 방면은 신라의 신주와 경주 방면의 군사를 양분할 수 있는 군사적 요충지를 차지하기 위해, 경남 함양·합천 방면은 신라 수도 경주를 직접 위협하고자 하는 목적이었다고 할 수 있다.

이러한 대신라전의 목적은 신라에 대한 원한을 갚고, 잃은 영토를 회복하고자 하는 명분 아래 왕권을 강화하고자 하는 것이었다고 판단된다. 그리고 이러한 목적은 대신라전에서 여러 차례 승리함으로써 소기의 성과를 거두었다. 특히 의자왕 2년의 대야성 함락은 신라에는 대단한 위기의식을 심어주었고, 의자왕 자신은 친위정변 이후 왕권 강화에 큰 힘을 얻게 되었을 것이다.

---

98) 『三國史記』 백제본기 의자왕 15년에는 오함사, 의자왕 20년에는 천왕사와 도양사, 그리고 왕흥사에서 災異가 일어났음을 기록하고 있다.

2. 의자왕 후기 지배층의 분열과 백제의 멸망

　백제는 660년 나당연합군의 공격으로 사비성이 함락되고, 의자왕이 나당연합군에 항복을 함으로써 멸망하였다. 백제의 멸망 이후 백제 부흥운동이 일어나고, 왜가 구원군을 파견하여 백촌강 전투로 대표되는 국제전이 또 한 차례 전개되었으나, 다시 나당연합군이 승리하였다. 그리고 결국 668년 고구려마저 나당연합군에 의해 멸망함으로써 당을 중심으로 새로운 동아시아 국제 질서가 성립되었다. 이처럼 백제의 멸망은 이후 역사 전개에 중요한 영향을 끼쳤다. 따라서 백제가 멸망하게 된 원인에 대해 많은 학자들이 관심을 가져 왔고, 이러한 노력들은 여러 방면에 걸쳐 진행되었지만 가장 많이 언급되고 있는 것은 크게 세 가지 측면으로 볼 수 있다.

　첫째, 가장 직접적인 원인이었던 나당연합군의 공격에 대해 군사적인 측면에서 백제의 실패를 찾으려는 노력[99]이 있었다. 둘째, 백제의 내부적 요인으로

---

99) 金榮官,「羅唐聯合軍의 百濟侵攻戰略과 百濟의 防禦戰略」『STRATEGY 21』2 - 2, 한국
　　해양전략연구소, 1999; 이희진,「백제의 멸망과정에 나타난 군사상황의 재검토」『사학연
　　구』64, 2001; 張學根,「軍事戰略의 觀點에서 본 羅唐聯合國과 百濟의 戰爭」『해양연구

의자왕 대의 정치적 변화에 대한 연구[100]가 이루어졌다. 마지막으로 수·당을 중심으로 새롭게 전개된 동아시아 국제 질서 속에서 백제 외교 정책의 변화를 밝힘[101]으로써 백제의 멸망 원인을 찾고자 한 것으로 정리할 수 있다.

이러한 연구 성과들은 백제 멸망의 국내적 원인과 관련하여 정치적 측면에서 백제 지배층의 분열에 주목하고 있다. 즉 대부분 의자왕 15년을 기준으로 전기와 후기로 구분하고, 의자왕 후기 즉 의자왕의 재위 마지막 5년 동안에 일어난 정치적 변화들이 결국 백제를 멸망으로 이끌게 되었다고 보고 있다. 그러나 좀 더 구체적인 부분을 살펴보면, 의자왕 후기 정치적 변화의 원인이나 그 변화의 내용이 무엇인가 하는 부분에 있어서는 견해 차이가 상당히 크다고 할 수 있다. 즉, 의자왕 후기의 정계 개편이 나타나게 된 것에 대해 아직까지 『삼국사기』에 기록된 대로 의자왕의 음황(淫荒) 탐락(耽樂)이 원인이라는 인식

논총』29, 해군해양연구소, 2002; 김영관, 「나당연합군의 침공과 백제의 멸망」『백제문화 사대계8 - 백제의 멸망과 부흥운동』, 충청남도역사문화연구원, 2007a.

100) 盧重國, 「武王 및 義慈王代의 政治改革」『百濟政治史研究』, 一潮閣, 1988; 金周成, 「義 慈王代 政治勢力의 動向과 百濟滅亡」『百濟研究』19, 1988; 金壽泰, 「百濟 義慈王代의 政治變動」『韓國古代史研究』5, 1992a; 金壽泰, 「百濟 義慈王代의 太子 冊封」『百濟研 究』23, 1992b; 山尾幸久, 「7世紀 中葉의 東아시아」『百濟研究』23, 1992; 鈴木靖民, 「7世 紀 中葉 百濟의 政變과 東아시아」『百濟史의 比較研究』, 1992; 李道學, 「『日本書紀』의 百濟 義慈王代 政變 記事의 檢討」『韓國古代史研究』11, 1997; 金壽泰, 「百濟 義慈王代 王族의 動向」『百濟研究』28, 1999a; 노중국, 「백제의 멸망」『백제부흥운동사』, 일조각, 2003; 李道學, 「百濟 義慈王代의 政治 變動에 대한 檢討」『동국사학』40, 2004; 양종국, 「7세기 동아시아 국제정세와 百濟 義慈王」『백제부흥운동사연구』(공주대학교 백제문 화연구소 편), 서경, 2004; 김수태, 「의자왕 말기의 정치 상황」『백제문화사대계 8 - 백 제의 멸망과 부흥운동』, 충청남도역사문화연구원, 2007a; 김수태, 「백제 의자왕대 이 변(異變)기사의 검토」『백제실록 의자왕』, 부여군 문화재보존센터, 2008; 노중국, 「신 라 정복을 실행하다」『백제실록 의자왕』, 부여군 문화재보존센터, 2008.

101) 金壽泰, 「百濟의 滅亡과 唐」『百濟研究』22, 1991; 양종국, 「위의 논문」, 2004; 정동준, 「7세기 중반 백제의 대외정책」『역사와현실』61, 2006; 김영관, 「국제 정세의 변화」『백제 문화사대계8-백제의 멸망과 부흥운동』, 충청남도 역사문화연구원, 2007b.

이 남아있다.[102] 하지만 『삼국사기』는 신라 중심적인 입장과 유교적인 사관에 의해 의자왕을 백제를 멸망으로 몰아간 왕으로 부정적으로 묘사하고 있다는 점에서 그 내용을 그대로 따르기는 곤란하다. 이에 따라 의자왕 후기 정계개편의 원인을 의자왕의 전제왕권 확립에 따른 자신감의 반영[103]으로 파악하는 견해가 제기되었다. 필자 역시 의자왕 대는 백제 그 어느 시기보다 왕권이 강화된 시기로 파악하고 있으며, 의자왕 후기의 정계개편도 전제왕권이 확립된 상황에서 가능한 것이었다고 생각된다. 그러나 의자왕의 전제왕권 확립에 따른 자신감의 반영이라는 표현은 일반적인 상황을 제시하고 있는 것으로, 보다 구체적인 상황을 밝히는 것이 필요할 것이다. 따라서 의자왕 후기에 외교 정책의 변화를 추구하는 과정에, 의자왕 4년의 태자 책봉에 대한 불만을 갖고 있던 세력들이 의자왕의 새로운 외교 정책을 지지하고 나서면서 정계개편이 이루어졌음을 규명해 보고자 한다.

또 의자왕 후기의 정치적 변화와 관련하여 태자 교체의 문제에 대한 논쟁이 전개되고 있다. 태자 교체가 실제로 이루어졌는지, 태자 교체가 이루어졌다면 누구에서 누구로 교체된 것인지에 대해 여러 설들[104]이 대립하고 있다. 이러한 견해들을 종합적으로 재검토하여 의자왕 후기는 '융(隆)'에서 '효(孝)'로 태자를 교체하려는 움직임이 일어나면서 지배층들의 분열과 대립이 심해지고 있던 상황이었음을 밝혀 보고자 한다.

---

102) 노중국, 『앞의 책』, 2003, pp.30~32.

103) 金周成, 『百濟 泗沘時代 政治史 硏究』, 전남대학교 대학원 박사학위논문, 1990, pp. 137~146.

104) 李基白, 「百濟王位繼承考」 『歷史學報』 11, 1959; 金壽泰, 「앞의 논문」, 1992b; 「앞의 논문」, 1999a; 「앞의 논문」, 2007a; 梁起錫, 「百濟 扶餘隆 墓誌銘에 대한 檢討」 『國史館論叢』 62, 1995; 李道學, 「앞의 논문」, 1997; 이도학, 「앞의 논문」, 2004.

한편, 이와 같은 의자왕 후기 지배층들의 분열과 대립 과정을 설명할 때 지금까지의 연구 성과들이 주로 의자왕 대의 중앙 권력층들을 중심으로 그 분열상을 묘사하고 있다. 그러나, 당시 의자왕은 왕자들 사이의 권력 쟁탈전뿐만 아니라 직계 왕자 중심의 권력 집중에 대한 반발로 무왕 대에 활약한 왕족 및 귀족세력들로부터도 지지를 받지 못하였다고 생각된다. 즉 의자왕과 백제 왕실은 나당연합군의 공격이라는 위기 상황에서도 백제 지배층의 광범위한 지지를 이끌어내지 못한 채 고립되었고, 그 상황을 극복하지 못하고 결국 나당연합군에 항복하고 말았음을 논증해 보고자 한다.

1) 의자왕 후기 정계개편의 원인

의자왕 대의 정치는 의자왕 15년을 전후하여 전기와 후기로 구분된다. 대체적으로 의자왕 전기는 안정된 왕권을 확립하고 대 신라전에서 큰 성과를 거둔 시기로 긍정적으로 인식이 되고 있는 반면, 후기는 의자왕이 주색에 빠지고 지배층의 내분이 일어나면서 결국 멸망하게 된 시기로 파악되고 있다.

이렇게 의자왕 15년을 전환점으로 주목하게 된 것은 아래의 사료들에 근거한 것이다. 사료들에 나타나는 모습이 전기와는 다른 양상을 보여 주고 있기 때문이다.

G-① 봄 2월에 태자궁(太子宮)을 극히 사치스럽고 화려하게 수리하였다. 왕궁 남쪽에 망해정(望海亭)을 세웠다(『三國史記』 권28 百濟本紀 제6 義慈王 15년).

② 여름 5월에 붉은 색의 말이 북악의 오함사(烏含寺)에 들어가 울면서 법당을 돌다가 며칠 만에 죽었다(『三國史記』 권28 百濟本紀 제6 義慈王 15년).

③ 봄 3월에 왕은 궁녀와 더불어 주색에 빠지고 마음껏 즐기며(淫荒耽樂)

술마시기를 그치지 않았다. 좌평 성충(成忠)이 극력 간언하자 왕은 분노하여 그를 옥에 가두었다. 이로 말미암아 감히 간언하는 자가 없었다(『三國史記』 권28 百濟本紀 제6 義慈王 16년).

④ 봄 정월에 왕의 서자(庶子) 41명을 좌평으로 삼고 각각에게 식읍(食邑)을 주었다(『三國史記』 권28 百濟本紀 제6 義慈王 17년).

⑤ 봄 2월에 여러 마리의 여우가 궁궐 안으로 들어왔는데 흰 여우 한 마리가 상좌평(上佐平)의 책상 위에 앉았다. 여름 4월에 태자궁의 암탉이 참새와 교미했다(『三國史記』 권28 百濟本紀 제6 義慈王 19년).

H-① 밖으로 직신(直臣)을 버리고 안으로 요부(妖婦)를 믿었는데 형벌이 미치는 것은 오직 충량(忠良)이며 총애가 더해가는 것은 반드시 첨행(諂倖)이었다(「唐平百濟碑」『譯註韓國古代金石文』).

② 혹 백제는 스스로 망하였다고 한다. 군대부인(君大夫人) 요녀(妖女)의 무도로 말미암은 것으로 요녀가 국병(國柄)을 마음대로 하여 현량(賢良)을 주살한 때문에 이 화를 부른 것이었다(『日本書紀』 권26 제명 6년).

의자왕 15년부터 G-②와 같은 재이(災異) 기사가 나오기 시작하여 백제가 멸망하는 의자왕 20년까지 계속되고 있다. 또 G-①, ⑤의 기사와 관련하여 태자의 교체에 따른 지배층의 분열이 상정되고 있다.[105] 특히 G-③에 주목하여 의자왕 전기의 주도세력이 물러나고 의자왕의 독단적인 정치가 시작되었으며, H-①, ②와 같이 백제는 군대부인 요녀의 전횡이 나타나면서 멸망한 것으

---

105) 태자 교체의 문제는 논란이 심하고 대단히 중요한 문제이므로, 절을 달리하여 보다 자세히 검토하고자 한다.

로 보고 있다. 여기에 대해서 일찍부터 많은 논자들이 주목해 왔고, 이 시기를 합리적으로 이해하기 위해 많은 노력들을 해 왔다.

이러한 의자왕 15년 이후 정국 변화의 원인에 대해 기존의 견해들은, 대체적으로 의자왕이 음황(淫荒)과 탐락(耽樂)에 빠져서 정치를 그르쳤으며[106] 이는 의자왕이 전기의 치세를 통해 확립된 전제왕권을 바탕으로 한 과도한 자신감의 표출로 보고 있다.[107] 그리고 이 시기에 군대부인이 집권하고 왕족들의 활동이 활발해졌으며, 새롭게 달솔층이 성장하는 등 정치 세력의 교체가 일어나면서, 의자왕의 전제정치가 붕괴되고 지배층들이 분열하여 백제를 멸망으로 이끌었다고 하였다.[108]

그런데 의자왕이 음황, 탐락하여 정치에 손을 놓고 있었다거나, 그 틈을 타고 군대부인이 집권하여 전횡을 일삼았다고 보기는 어렵다. 의자왕은 집권 말기까지 신라에 대한 공격전을 계속 수행하고 있고, 『삼국사기』 의자왕 20년조의 재이기사들을 제외하고는 민심 이반의 모습이 사료 상에 나타나고 있지 않으며, 백제 멸망시의 호구 수가 충실한 것으로 보아, 의자왕의 통치 행위가 적극적으로 이루어지고 있었다[109]고 할 수 있다. 또 의자왕의 음황, 탐락 기사는 단 한 번 『삼국사기』에 나오지만, 동성왕이나 무왕의 경우는 그러한 내용의 기사[110]가 더욱 많이 나오고 있다. 만약 이 기사를 근거로 의자왕이 주색에 빠져 국정을 그르쳤다고 한다면, 동성왕과 무왕도 마찬가지일 수밖에 없다. 그런데

---

106) 노중국, 『앞의 책』, 2003, pp.30~32.

107) 金周成, 『앞의 박사학위논문』, 1990, pp.137~146.

108) 金壽泰, 「앞의 논문」, 1992a, pp.67~71.

109) 양종국, 「앞의 논문」, 2004, pp.18~19, p.25.

110) 『三國史記』 권26 백제본기 제4 동성왕 22년, 『三國史記』 권27 백제본기 제5 무왕 35년, 37년, 39년.

도 유독 의자왕만 부정적인 평가를 받게 된 것은 의자왕 대에 백제가 멸망했던 데서 나온 선입견에서 기인했을 가능성이 크다.

한편 의자왕 후기 정개개편의 원인을 의자왕의 전제왕권 확립에 대한 자신감의 반영이라고 보는 것은 의자왕 대의 정국 흐름을 볼 때 타당한 견해로 보인다. 다만 그것은 전체적인 흐름을 지적한 것에 불과하며, 구체적인 원인을 살피지 못한 점에서 한계가 없지 않다.

의자왕 후기 정계개편의 원인이 구체적으로 제시되지 않은 점에 착안하여 『일본서기』황극기 원년조[111]에 나오는 기사 내용을 의자왕 15년의 사실로 비정하고, 의자왕 전기는 무왕 대의 기반 위에 왕권과 귀족 세력이 타협한 시기로, 후기는 이 정변을 계기로 전제왕권이 확립되는 시기라는 견해가 나오기도 하였다.[112] 의자왕 후기 정치 변동의 원인과 관련해서 관심을 끄는 설명이기는 하나 『일본서기』황극기 원년조의 정변 내용은 의자왕 15년이 아니라 의자왕 2년에 일어난 사건으로 파악[113]되고 있기 때문에 설득력이 떨어진다.

그렇다면 의자왕 15년 이후 정치 세력의 개편이 일어나게 된 원인은 무엇인가? 이를 밝히기 위해서는 정계 개편으로 물러나게 된 핵심 인물인 성충(成忠)에 주목해야 할 것이다.

Ⅰ. 봄 3월에 왕은 궁녀와 더불어 주색에 빠지고 마음껏 즐기며 술마시기를

---

111) 『日本書紀』皇極紀 원년조에는 "금년 정월 國主母가 죽었으며 또한 弟王子·兒翹岐 및 그의 母妹女子 네 명과 內佐平 岐味를 비롯한 고명한 사람 40여 명이 섬으로 쫓겨났다."와 같은 백제에서 정변이 일어났음을 알려주는 기사가 나온다.

112) 李道學, 「앞의 논문」, 1997, p.420.

113) 김수태, 「의자왕의 친위정변 단행과 대왜관계」 『백제문화사대계5 - 사비도읍기의 백제』, 충청남도역사문화연구원, 2007b, pp.358~365; 남정호, 「『日本書紀』에 보이는 豊章」과 翹岐 關聯 記事의 再檢討」 『百濟研究』60, 2014, pp.128~132 참조.

그치지 아니하였다. 좌평 성충(成忠)이 극력 간언하자 왕은 분노하여 그를 옥에 가두었다. 이로 말미암아 감히 간언하는 자가 없었다. 성충이 옥중에서 굶어 죽었는데 죽음에 임하여 글을 올려 말하였다. "충신은 죽어도 임금을 잊지 않는 것이니 원컨대 한 말씀 올리고 죽겠습니다. 신이 늘 때(時)를 보고 변화를 살폈는데 틀림없이 전쟁이 있을 것입니다. 무릇 군사를 쓸 때에는 반드시 그 지리를 살펴 택할 것이니, (강의) 상류에 처하여 적을 맞이한 연후에야 가히 보전할 수 있을 것입니다. 만약 다른 나라의 군사가 오면 육로로는 침현(沈峴)을 넘지 못하게 하고, 수군은 기벌포(伎伐浦) 언덕에 들어오지 못하게 하고서 험난하고 길이 좁은 곳에 의거하여 적을 막은 연후에야 가할 것입니다." 왕은 살펴보지 않았다(『三國史記』 권28 百濟本紀 제6 義慈王 16년).

위 사료는 의자왕 16년 그의 정치 운영을 비판하다 정계에서 축출된 성충이 죽음에 임하여 올린 글로서 주목할 만한 내용이 들어 있다. 핵심 내용은 앞으로의 전쟁을 예견하고, 전쟁에서 육로는 침현(沈峴)을 지키고 수군은 기벌포(伎伐浦)를 지켜야 한다는 방어책을 제시한 것이다. 육로와 수로 양면의 방어를 강조하고 있다는 점에서 종래 백제의 전쟁 양상과는 다른 형태의 침략을 상정한 것으로 보인다. 즉 성충은 종래와 같은 신라만의 공격을 염두에 둔 것이 아니라 신라와 당나라 군대의 연합 공격을 예상하고 있는 것이다.

이렇게 성충이 나·당연합군의 양면 공격을 예상하게 된 배경에는 의자왕이 반당적 외교 노선을 채택하고 고구려와 동맹하여 신라를 공격한 사실이 숨어 있는 것으로 생각된다. 의자왕이 전기와 마찬가지로 당과 원만한 교섭 관계를 유지하고 있었다면, 성충이 기벌포에서 수군을 막아야 한다는 방어책을 건의했을 까닭이 없기 때문이다. 그렇다면 성충이 극간을 한 내용은 의자왕의 실정과 함께 기존의 외교 정책을 버리고 반당적 외교 노선을 추구한 것에 대한 비판도 들어 있었다고 보아야 한다.[114] 이는 의자왕이 나·당연합군의 공격을 받고 사비성을 떠날 때, "성충의 말을 쓰지 않아 이 지경에 이른 것을 후회한다."[115]고 탄식한 말을 통해서도 짐작할 수 있다. 의자왕은, 성충이 반당 외교노선을 비판하고 그로부터 야기될 수 있는 나·당연합군의 공격에 대한 방어책을 모두 무시했던 사실을 후회했던 것이다.

이 점을 보다 구체적으로 입증하기 위해서는 의자왕 대 외교 정책의 변화과정을 고찰해 볼 필요가 있다. 기존의 무왕·의자왕 대의 외교에 대한 연구에서 무왕 대부터 백제는 수와 연결하여 고구려를 견제하려고 하면서도 한편으로는 고구려와도 연결을 추구하는 양면외교를 추구하였으며, 이는 당의 등장 이후에도 계속 유지되면서 의자왕 초기에 이르러 더욱 확고하게 되는 것으로 이해하였다.[116] 이에 대해 고구려와 백제의 연화설이 나온 진원지는 신라로서, 신라의 대중국외교와 관련해서 조작된 허구라는 지적[117]이 제기되었다. 그이후 무왕 대와 의자왕 대의 외교를 분리하여 의자왕 대에 들어와서 대당외교를 유지하는 한편 고구려와도 관계를 개선해 나가다 결국 동맹관계를 맺었다는 견해[118]가 제시되었고, 제려동맹이 형성된 시기에 대해서는 652~654년경으로 파악[119]되고 있다. 643년 백제가 고구려와 연합하여 당항성을 공격하고자

---

114) 양종국, 「앞의 논문」, 2004, pp.22~24.

115) 『三國史記』 권28 백제본기 제6 의자왕 20년조.

116) 盧重國, 「高句麗·百濟·新羅 사이의 力關係 變化에 대한 一考察」 『東方學志』 28, 1981, pp.92~96.

117) 李昊榮, 「麗濟 連和說의 檢討」 『新羅三國統合과 麗濟敗亡原因研究』, 書景文化社, 1997.

118) 金壽泰, 「앞의 논문」, 1991; 「삼국의 외교적 협력과 경쟁」 『新羅文化』 24, 2004.

119) 김수태, 「위의 논문」, 2004, pp.26~33에서 '643년경부터 백제는 고구려와의 동맹 관계를 맺었으나 당의 견제로 고구려와의 동맹 관계를 유보하였고, 645년 이후 고구려와의 관계를 강화해 나갔고, 그 결과 655년 고구려, 말갈과 연합하여 신라를 공격하였다'고 하고 있다. 한편 정동준, 「앞의 논문」, 2006, pp.131~135; 김영관, 「앞의 논문」,

했다[120]는 『삼국사기』의 기사를 토대로 이 때부터 백제와 고구려가 군사 동맹을 맺었다고 보기는 어려울 것 같다. 바로 전해 백제의 공격을 받아 대야성까지 함락당한 신라가 김춘추를 고구려에 파견하여 군사 지원을 요청하고 있는 것으로 보아 당항성 공격이 고구려와는 무관함을 알 수 있는 것이다.[121]

특히, 이 때 김춘추에게 고구려 보장왕이 요구한 것은 "죽령 서북의 땅을 돌려달라"[122]는 것이었다. 또 644년 당 태종이 상리현장(相里玄奬)을 파견하여 신라와의 싸움을 중단하라는 경고를 했을 때, 고구려 집권자였던 연개소문이 "신라에게 빼앗긴 오백리 땅을 되찾기 전에는 싸움을 멈출 수 없다"[123]며 반발했던 사실이 있다. 이는 고구려 지배층이 죽령 서북의 한강 유역을 회복하고자 하는 열망이 강하였음을 보여주는 것이다. 그런데 죽령 서북의 땅은 옛 백제의 영토이었다가 5세기 이후 고구려가 장악한 지역이다. 만약 백제와 고구려의 동맹이 성립되어 643년 당항성에 대한 공동 군사 작전에 나서게 되었다면 이미 그 전에 그 지역에 대한 영토 문제에 합의가 이루어져야만 했을 것이다.[124] 하지만 고구려는 위의 사례를 통해 한강 유역 회복의 강한 열망을 갖고 있음이 확인되고 있고, 백제 또한 그 지역을 쉽사리 포기할 수 있었을 것으로는 생각되지 않는다. 또, 『문관사림(文館詞林)』의 「정관년중무위백제왕조일수

2007b, pp.88~97에서는 652~654년 사이에 백제와 고구려의 동맹이 형성되었고 그에 따라 655년 고구려와 연합하여 신라 북변을 공격하게 되었다고 하였다.

120) 『三國史記』 권28 백제본기 제6 義慈王 3년조.

121) 김영관, 「위의 논문」, 2007b, p.92.

122) 『三國史記』 권5 신라본기 제5 선덕왕 11년조.

123) 『三國史記』 권21 고구려본기 제9 보장왕 3년조.

124) 당과 신라가 군사 동맹으로 발전하게 된 것을 상기해 볼 필요가 있다. 당 태종과 김춘추 사이에 대동강을 경계로 영토 분할에 합의가 이루어졌기 때문에 군사 동맹이 이루어졌다고 할 수 있을 것이다.

(貞觀年中撫慰百濟王詔一首)」[125)]의 기록에 당 태종이 의자왕이 고구려와 협력하고 있는 것을 의심하였으나 백제의 표문과 부여강신에 물어본 결과 고구려와 협력하지 않고 있다는 것을 알게 되었다고 한 부분이 나온다. 이 조서가 내려진 것이 645년 정월이나 2월로 추정되고 있기 때문에[126)] 이 시점에는 백제가 당과의 관계에 많은 신경을 쓰고 있음을 알 수 있다. 따라서 이 시기에 백제와 고구려의 군사적 동맹을 상정하기는 어렵다고 하겠다.

백제가 당으로부터 외면당하게 된 직접적인 원인은 645년 당의 고구려 원정에서 비롯되었다.[127)] 645년 당의 고구려 원정 시에 신라는 3만의 대군을 동원하여 고구려를 공격함으로써 적극적으로 당을 돕고 있다. 그러나, 백제는 당에 군수물자만 지원하고 오히려 신라를 공격하여 7성을 빼앗음으로써 고구려를 도와주는 결과를 낳았던 것이다. 이러한 백제의 행동에 대해 당은 강한 의심을 품게 되었고, 백제보다 신라를 더 충실한 동맹국으로 생각하게 되었다. 이를 발판으로 신라는 더 적극적으로 대당 외교에 나서 나당동맹을 이루는데 성공하게 되었다.[128)] 이후 당과의 관계가 소원해진 백제는 당 고종이 즉위하자 651년과 652년 두 차례 사신을 파견하여 소원해진 관계를 회복시켜 보려고 했으나, 그러한 노력은 실패로 돌아가고 말았다. 652년 이후 당에 대한 사신 파견 기사가 없는 것으로 보아 당 고종의 설득에 실패한 후 결국 대당 외교를 포기하였음을 알 수 있다.[129)]

---

125) 충청남도역사문화연구원, 『백제사자료원문집(Ⅱ)』 중국편, 2005, p.468 참조.

126) 朱甫暾, 『文館詞林』에 보이는 韓國古代史 관련 外交文書」 『慶北史學』15, 1992, p.9.

127) 金壽泰, 「앞의 논문」, 1991, p.163, p.167; 정동준, 「앞의 논문」, 2006, pp.122~130.

128) 김수태, 「앞의 논문」, 2004, pp.33~38; 최현화, 「7세기 중엽 羅唐關係에 관한 考察」 『사학연구』73, 2004, pp.44~51에서 648년에야 비로소 확실한 나당동맹으로 발전하게 되었음을 고증하고 있다.

129) 정동준, 「앞의 논문」, 2006, pp.131~135.

이러한 상황으로 볼 때 의자왕은 652년부터 대당 외교의 실패를 만회할 새로운 동맹 세력을 적극적으로 모색할 수밖에 없었을 것이다. 이에 따른 의자왕의 선택은 전통적인 우호 관계에 있던 왜와의 관계를 더욱 강화하는 것이었고, 그러한 노력이 653년 왜와 통호하게 되었다는 기사[130]로 남게 되었다. 또한 고구려와의 관계 개선에도 나서 652~654년경에는 동맹 관계를 맺게 되었다.[131] 이러한 동맹관계의 첫 군사행동이 655년 고구려, 말갈과 연합한 백제가 신라 북변을 공격하여 33성을 함락시키는 것[132]으로 나타났다. 그러나 그 외의 군사 행동으로는 660년 백제 멸망 이후 고구려가 신라의 칠중성과 북한산성을 공격[133]하거나 661년 백제 부흥군에 의해 나당연합군의 고구려 공격이 지연되는 모습[134]만 나타나고 있다.[135] 이는 백제와 고구려의 동맹이 아직 적극적인 군사적 지원을 할 만큼 긴밀한 협조체제를 구축하는 단계까지는 발전하지 못했음을 의미한다. 이와 같은 상황은, 당시 백제의 국내 정치 상황이 지배층 내부의 분열과 대립으로 혼란해지면서 고구려와의 동맹 관계를 확고히 하는데 치중할 수 있는 형편이 아니었던 것에 기인한 것이다. 또 고구려도 당의 침략에 대한 대비를 우선시

---

130) 『三國史記』권28 백제본기 제6 義慈王 13년조.

131) 정동준, 「위의 논문」, 2006, pp.131~135; 김영관, 「앞의 논문」, 2007b, pp.88~97.

132) 『三國史記』권28 백제본기 제6 義慈王 15년조.

133) '경신 가을 7월에 왕이 당나라 군사와 함께 백제를 멸하였는데 이때 고구려에서 우리를 미워하여 겨울 10월에 군사를 출동시켜 칠중성을 포위하였다.'(『三國史記』권47 열전 제7 필부),
'고구려와 말갈이 신라의 예리한 군사가 모두 백제 땅에 가 있어 나라 안이 비어 있으므로 칠 수 있을 것이라 생각하고 군대를 동원하여 수륙으로 진군시켜 북한산성을 포위하였다.'(『三國史記』권42 열전 제2, 김유신 중).

134) '[문무왕 원년] 6월에 …(중략)… 그때 담당 관청이 보고하기를 "앞길에 백제의 잔적이 옹산성에 모여 길을 막고 있으니 곧바로 진격할 수 없습니다."하였다.'(『三國史記』권42 열전 제2, 김유신 중).

135) 정동준, 「앞의 논문」, 2006, pp.137~138.

하여 백제와의 동맹에 그리 큰 노력을 기울이지 않았던 것으로 보인다.

　이상과 같이 의자왕 대 외교 정책의 변화 과정을 검토해 보았을 때, 비록 백제가 의자왕 초기에 기존의 외교 정책과는 달리 고구려에 대한 적대 관계를 청산하고 우호적 입장에서 교섭을 시작하였을 가능성은 있지만, 대당 외교를 포기하고 고구려 및 왜와의 동맹에 치중하게 된 것은 652~654년경으로 판단된다. 그렇다면 이 시기에 의자왕은 외교 정책 변화를 놓고, 위 사료 G-③과 사료 I에서 살펴본 바와 같이 자신의 지지 세력이었던 성충 등과 갈등을 빚었을 수밖에 없었을 것이다. 성충 등은 유교적인 소양을 바탕으로 성장하였던 행정 관료 출신이었을 가능성이 많고,[136] 이들은 대국인 당과의 불화를 원하지 않았던 것이다. 이들이 추구하였던 것은 대신라공격을 최우선 과제로 하되 당과의 우호를 훼손하지 않는 것이었다고 생각된다. 이러한 성향으로 말미암아 의자왕 전기는 당과 고구려를 두고 양면 정책이 실시된 시기로 파악[137]이 되는 것이다. 그런데 652년 이후 의자왕이 당과의 외교를 포기하고 고구려와 동맹을 맺는 쪽으로 외교 정책의 변화를 추진하자 기존의 지지 세력들은 강하게 반대를 하였던 것이다.

　한편 652~654년경에 제려동맹이 형성되었다고 한다면, 성충이 극간을 하게 되는 의자왕 16년(656년)과는 약간의 시차(時差)가 있다. 이는 백제가 제려동맹의 결과로 실제 군사 활동을 시작한 시점과 관련이 있다고 하겠다. 이러한 갈등이 더욱 심해진 계기가 바로 655년 백제가 고구려와 연합하여 신라 북변

---

136) 金壽泰, 「百濟 武王代의 政治勢力」 『馬韓·百濟文化』14, 1999, pp.134~137에서 무왕 대부터 좌평의 관료화, 달솔층의 귀족화가 진행되었음을 지적하면서 이러한 현상이 무왕 대부터 유교를 강조하였음과 관련이 있을 것으로 보아, 이와 같이 새롭게 성장한 세력들이 이후 의자왕의 지지세력이 되었을 것이라고 추정하였다.

137) 金壽泰, 「앞의 논문」, 1991; 「앞의 논문」, 2004 참조.

의 33성을 함락시킨 사건[138]이었다. 이 사건 이후 반당적 외교 노선의 위험성을 경고하는 성충 등의 간언이 더욱 강력해졌을 것이다. 뿐만 아니라 655년은 일본에서 제명천황(齊明天皇)이 새로 등극하여 친백제정책으로 완전히 돌아서게 되는 해이기도 하다.[139] 655년이 되어야 고구려, 백제, 왜로 연결되는 동맹의 틀이 형성되는 것이다. 따라서 외교 정책의 변화에 따른 백제의 정계개편은 655년을 기준으로 삼는 것이 가장 합리적인 것으로 보인다.

그리고 이러한 외교 정책의 변화는 의자왕 초기 대 신라전에서 우위에 있던 군사력이 점차 신라에 밀리는 상황으로 바뀌는 것과 무관하지 않아 보인다.[140]

J-① 겨울 10월에 장군 의직(義直)이 보병과 기병 3천 명을 거느리고 신라의 무산성(茂山城) 아래로 나아가 주둔하고, 군사를 나누어 감물성(甘勿城)과 동잠성(桐岑城) 두 성을 공격하였다. 신라 장군 유신(庾信)이 친히 군사를 격려하여 죽기를 결심하고 싸워 크게 깨뜨리니 의직은 한 필의 말을 타고 혼자 돌아왔다(『삼국사기』 권 제28 백제본기 제6 의자왕 7년).

② 봄 3월에 의직이 신라 서쪽 변방의 요거성(腰車城) 등 10여 성을 습격하여 빼앗았다. 여름 4월에 옥문곡(玉門谷)으로 군사를 나아가게 하니 신라 장군 유신이 맞아 두 번 싸워 크게 이겼다(『삼국사기』 권 제28 백제본기 제6 의자왕 8년).

③ 가을 8월에 왕이 좌장(左將) 은상(殷相)을 보내 정예 군사 7천 명을 거느리고 신라의 석토성(石吐城) 등 일곱 성을 공격하여 뺏어갔다. 신라 장군 유신·

---

138) 『三國史記』 권28 백제본기 제6 義慈王 15년.

139) 鄭孝雲, 「7世紀 中葉의 百濟와 倭」 『百濟硏究』27, 1997, pp.229~231.

140) 648년과 649년의 전투를 통해 신라가 백제에 대해 군사적 우위에 서게 되었다는 것은 이문기 선생님의 가르침에 의한 것이다.

진춘(陳春)·천존(天存)·죽지(竹旨) 등이 이를 맞아 치자, [은상의] 이롭지 못하므로 흩어진 군사들을 수습하여 도살성(道薩城) 아래에 진을 치고 다시 싸웠으나 우리 군사가 패배하였다(『삼국사기』 권 제28 백제본기 제6 의자왕 9년).

사료 J는 의자왕 7~9년(647~649)에 백제가 신라를 선제공격하였으나 신라 장군 김유신(金庾信) 등의 활약으로 인해 계속 패배하고 있는 상황을 보여준다. 이러한 대신라전에서의 연이은 패배는 이를 이끌었던 의직, 은상 등 의자왕 전기를 주도하던 세력들의 정치적 입지를 약화시켰을 것이다. 그리고 이러한 군사적 열세를 만회하기 위해서라도 새로운 동맹을 모색하지 않을 수 없었을 것이다.

이런 상황 속에 당과의 관계를 끊고 고구려와의 동맹을 강화하자고 하였으나, 자신의 지지 세력들에게서 강력하게 비판을 받게 되었을 때, 의자왕은 인간적인 고뇌에 빠지게 되고, 그러한 상황 속에서 음황·탐락하는 모습도 보이게 되었을 것이다. 그러나 의자왕은 결국 강력해진 왕권을 바탕으로 기존의 정치 세력들을 축출하고 새로운 세력들을 등용하는 정계개편을 단행하였다.

하지만 이러한 변화가 단순히 외교 정책의 변화 때문에 일어난 것으로 보기는 어렵다. 다음 절에서 상세히 설명하겠지만 백제 지배층 내에 태자 책봉을 둘러싼 갈등이 존재하고 있었고, 기존 정계 구도에 불만을 갖고 있던 세력들이 의자왕과 성충 등의 세력과의 갈등 관계에 개입하고 연이은 군사적 패배에 대한 책임을 추궁하였을 것이다. 즉 융의 태자 책봉으로 인해 정치에서 소외되어 불만을 갖고 있던, 군대부인 은고(恩古)와 그 아들 효(孝)를 중심으로 하는 세력들이 의자왕이 추구하는 제려동맹을 적극 지지함으로써 당과의 우호 관계를 주장하던 태자 융과 그를 지지하는 세력들을 약화시키고 자신들의 입지를 강화하고자 하였던 것이다. 다시 말해 당과의 우호를 주장하는 성충 등의 기존

세력들과 의자왕의 고구려와의 동맹을 지지하는 은고 및 효의 세력들이 대립하기 시작하였던 것이다. 그러나 이러한 대립이 표면적으로는 외교 정책의 변화와 군사적 실패에 대한 추궁으로 나타났을 지라도 보다 근본적으로는 태자 책봉과 관련하여 잠재되어 있던 권력 쟁탈전이 벌어진 것이라 하겠다. 이러한 갈등 상황에서 의자왕은 자신의 정책을 비판하는 성충 등의 세력을 몰아내고 은고와 효 등의 새로운 세력을 등용함으로써 정계개편을 단행하였던 것이다.

이때 군대부인 은고, 효와 함께 등장한 새로운 세력들이 바로 의자왕 전기에 소외되어 있던 왕족들이고, 의자왕 20년 군신회의에서 강력한 발언권을 행사하고 있는 달솔층들이라고 하겠다.[141] 그러나 이때의 정계개편은 의자왕 2년의 정변 때처럼 완전하게 이루어지지 못하였다고 판단된다. 의자왕 15년 이후 군대부인 은고와 그 아들인 효의 정치적 영향력이 강화되고 태자 교체 문제가 제기되면서 태자 융을 지지하는 세력들과 격심한 대립과 분열을 일으키게 된 것이다. 이처럼 백제 내부에서 분열과 갈등이 계속됨에 따라 고구려와의 외교 활동도 제대로 이루어지지 못하고 확고한 군사적 동맹관계로도 발전하지 못하였다.

2) 태자 교체를 둘러싼 갈등

전술한 바대로 의자왕 15년 이후는 백제 지배층이 분열하게 되면서 혼란한 정치 상황을 맞이하게 되는데, 이 분열의 핵심에 태자의 교체 문제가 있었다. 이에 대해서 일찍부터 학계의 논의가 집중되어 왔는데, 여러 견해들이 제시되

---

141) 金壽泰, 「앞의 논문」, 1992a, pp.68~69.

면서 논쟁이 계속되고 있다. 이에 필자는 기존의 견해들을 재검토하여 태자 교체의 문제를 밝혀 보고자 한다.

먼저 기존의 유력한 견해를 살펴보면, 효가 태자였다는 설,[142] 효에서 융으로 교체되었다는 설,[143] 융에서 효로 교체되었다는 설,[144] 처음부터 끝까지 융이 태자였다는 설[145] 등을 들 수 있다.[146]

이 문제를 살펴보기 위해 국내외의 관련 사료들을 제시하면 다음과 같다.

K-① 백제의 태자(太子) 여풍(餘豊)이 벌통 네 개를 삼륜산에 놓아 길렀다 (『日本書紀』 권24 황극 2년).

② 장군 소정방(蘇定方) 등에 잡힌 백제의 왕(王) 이하, 태자(太子) 융(隆) 등 왕자(王子) 13인, 대좌평(大佐平) 사택천복(沙宅千福), 국변성(國辯成) 이하 37인 등 모두 50여인이 조당(朝堂)에 나아갔다(『日本書紀』 권26 제명 6년).

L-① 왕자(王子) 융(隆)을 세워 태자(太子)로 삼고 대사(大赦)하였다(『三國史記』 권28 百濟本紀 제6 義慈王 4년).

② 당병은 승전하여 성으로 육박하니 왕은 면하지 못할 것을 알고 탄식하여 말하기를 "성충의 말을 쓰지 않고 이에 이른 것을 후회한다"고 하고 드디어 태자 효(孝)와 함께 북변(北邊)으로 도망하였다. 정방(定方)이 성을 포위하니

---

142) 李基白, 「앞의 논문」, 1959.
143) 金壽泰, 「앞의 논문」, 1992b; 「앞의 논문」, 1999a; 「앞의 논문」, 2007.
144) 李道學, 「앞의 논문」, 1997; 「앞의 논문」, 2004; 노중국, 『백제부흥운동사』, 일조각, 2003.
145) 梁起錫, 「앞의 논문」, 1995.
146) 그 외에 주로 일본 학계에서는 태자가 풍에서 융으로 교체되었다는 설도 있다(山尾幸久, 「앞의 논문」, 1992; 鈴木靖民, 「앞의 논문」, 1992.).

왕의 둘째 아들 태(泰)가 스스로 왕이 되어 무리를 거느리고 굳게 지켰다. 태자 효의 아들 문사(文思)가 왕자 융(隆)에게 이르기를 "왕과 태자가 밖으로 나 갔는데 숙부가 자의로 왕이 되니 만일 당병이 포위를 풀고 가면 우리들이 안전 할 수 있겠는가" 하고 드디어 좌우를 거느리고 줄에 매달려 밖으로 나갔다. 백 성들이 모두 그를 따르매 태(泰)가 말릴 수 없었다. 소정방이 병사로 하여금 성 첩(城堞)에 뛰어 올라 당의 깃발을 세우게 하니 태가 궁박(窮迫)하여 문을 열고 명을 청하였다. 이에 왕 및 태자 효가 제성(諸城)과 함께 모두 항복하였다. 정 방이 왕 및 태자 효(孝), 왕자 태(泰), 융(隆), 연(演) 및 대신(大臣), 장수(將帥) 88명과 백성 1만 2천 8백 7명을 당의 수도(唐京)로 보내었다(『三國史記』 권 28 百濟本紀 제6 義慈王 20년).

③ 소정방이 의자왕과 태자 효(孝), 왕자 태(泰) 등을 포로로 하여 당으로 돌아갔다(『三國史記』 권44 열전 제4 김인문전).

④ 당군은 이긴 기세를 타서 성에 들이닥치니 의자왕은 죽음을 면하지 못 할 줄 알고 탄식하며 말했다. "성충의 말을 쓰지 않다가 이 지경에 이른 것을 뉘우친다."드디어 태자 융(隆)-혹은 효(孝)라고도 하나 잘못이다-과 함께 북쪽 변읍(邊邑)으로 달아나니 소정방은 도성(都城)을 포위하였다. 왕의 둘째 아들 태(泰)가 스스로 왕이 되어 무리를 거느리고 굳게 지키니 태자의 아들 문사(文 思)가 태에게 말했다. "왕이 태자와 함께 달아났는데 숙부께서 자기 마음대로 왕이 되었으니, 만약 당군이 포위를 풀고 물러가면 우리들이 어찌 무사할 수 있겠습니까?" 측근자를 거느리고 성을 넘어서 나가니, 백성들이 모두 그를 따 랐으나 태는 금할 수 없었다. 소정방이 군사를 시켜 성가퀴를 넘어 당나라 깃 발을 세우니 태는 매우 급하여 이에 성문을 열고 항복하기를 청했다(『三國遺 事』 권2 紀異 제2 太宗 春秋公).

M-① 경오삭(庚午朔)에 백제 태자(太子) 부여강신(扶餘康信)이 … (중략) … 조공을 바쳤다(『册府元龜』권970 外臣部 朝貢3 唐 太宗 貞觀 19년 정월).

② 의자(義慈) 및 태자(太子) 융(隆), 소왕(小王) 효(孝), 연(演)과 위장(僞將) 58명을 사로잡아 경사(京師)에 보내왔다. … (중략) … 그런 까닭에 전백제태자(前百濟太子) 사가정경(司稼正卿) 부여융(扶餘隆)을 세워 웅진도독(熊津都督)으로 삼아서 제사를 받들고 그의 고장을 보존하게 하였다(『舊唐書』권199상 열전 149상 東夷 百濟國).

③ 그 왕 의자(義慈) 및 태자(太子) 융(隆)은 북경(北境)으로 달아났다. 소정방이 나아가 그 성을 포위하였다. 의자의 둘째 아들 태가 스스로 왕이 되었다. 적손(嫡孫)인 문사가 말하기를 … (중략) … 드디어 그 좌우를 이끌고 성에서 내려가 항복하였다. 백성들도 이에 따르니 태는 말릴 수 없었다. 정방이 부하에게 명하여 성에 올라가 깃발을 세우게 하였다. 이에 태는 문을 열고 이마를 조아렸다(『舊唐書』권83 열전33 蘇定方).

④ 의자(義慈)가 태자 융(隆)과 함께 북쪽 변방으로 도망치니 소정방은 이를 포위하였다. 둘째 아들 태가 스스로 왕의 자리에 올라 무리를 거느리고 수비를 굳히자, 의자의 손자 문사는 아직 왕과 태자께서 건재하여 있는데 숙부께서 스스로 왕이 되었으니 만약 당병이 포위를 풀고 물러간다면 우리 부자는 어떻게 될 것인가 하고 측근들과 함께 밧줄을 타고 성을 나왔다. 백성들이 모두 따라 나서자 태는 제지하지 못하였다. 소정방이 군사에게 명하여 성첩에 뛰어올라 깃발을 꽂게 하니 태가 성문을 열고 항복하였다. 정방은 의자(義慈), 융(隆), 소왕(小王) 효(孝), 연(演) 및 추장(酋長) 58명을 사로잡아 경사(京師)로 보내고 … (중략) … 그러므로 전태자(前太子) 융을 세워 웅진도독으로 삼아 제사를 받들게 한 것이다(『新唐書』권220 열전 145 東夷 百濟傳).

⑤ 그 왕 부여의자(扶餘義慈) 및 태자 융(隆), 외왕(外王) 여효(餘孝)로부

터 13인, 그리고 대수령(大首領) 대좌평(大佐平) 사타천복(沙吒千福), 국변성(國辯成) 이하 70여인을 붙잡아갔다(『唐平百濟碑』『譯註韓國古代金石全』).

⑥ 그 왕 부여의자(扶餘義慈) 및 태자 융(隆) 그리고 좌평(佐平), ?솔(?率) 이하 700여인… (하략)(『劉仁願紀功碑』『譯註韓國古代金石全』).

⑦ 소정방이 백제왕 의자와 태자 숭(崇)을 포로로 잡아왔다(『唐會要』권 95 百濟).

먼저 K-①에 나오는 여풍(餘豊)과 관련하여 일본학계에서는 주로 의자왕의 태자였다가 『일본서기』황극 원년 기사에 보이는 정변으로 융(隆)으로 교체되었다고 보고 있다. 그러나 이에 대해서 다수 한국 학자들은 풍을 무왕의 왕자로 파악[147]하고 있고, 필자 역시 동의하므로 더 이상 논의의 대상이 되지 않는다. 다음 부여강신은 『책부원구』에서만 태자로 나오는데, 이는 이미 전해에 융을 태자로 책봉한 기록(L-①)과 상충될 뿐 아니라, 이에 관한 사실을 전하고 있는 또 다른 기록인 『문관사림(文館詞林)』의 「정관년중무위백제왕조일수(貞觀年中撫慰百濟王詔一首)」[148]에는 강신을 태자로 언급하고 있지 않기 때문에 잘못된 기록으로 보인다.[149] 그리고 부여숭을 태자로 기록하고 있는 『당회요』의 경우(M-⑦) 당 현종의 휘를 피하기 위해 융을 숭(崇)으로 표기한 피휘법으로 보는 것이 옳을 것이다.[150]

---

147) 이에 대한 고증으로는 金壽泰, 「앞의 논문」, 1992b, pp.147~151, 남정호, 『日本書紀』에 보이는 豊章과 翹崎 關聯 記事의 再檢討 『백제연구』60, 2014, pp.132~139의 내용이 자세하다.
148) 충청남도역사문화연구원, 『앞의 책』, 2005, p.468 참조.
149) 梁起錫, 「앞의 논문」, 1995, p.148.
150) 梁起錫, 「위의 논문」, 1995, p.148.

그렇다면 위 사료 중 태자였다고 파악할 수 있는 인물은 융(隆)과 효(孝)밖에 없다. 이에 대한 우리 학계의 대표적인 주장들을 간략하게 소개하면 다음과 같다.

먼저, 효(孝)를 태자로 보는 견해[151]는, 융(隆)을 태자로 기록한 중국 기록(M-①, ②, ③, ④, ⑤, ⑥, ⑦)보다 『삼국사기』의 백제 멸망기 기사를 더 신뢰하는 입장에서 제기된 것이다. 효를 태자로 보게 되면 『삼국사기』 의자왕 4년조에 나오는 융의 태자 책봉기사와 상충되는데, 이 기사는 중국 측 사료에 의해 잘못 기록된 것으로 보고 있다. 중국 측 사료에서 융을 태자로 보고 있는 이유는 융이 당의 사비성 공격 때 가장 먼저 항복해 왔고, 나중에 웅진도독으로 임명되는 등 중국 측에서 융을 의자왕의 후계자로 정했기 때문으로 보고 있다. 이 견해에서 융이 가장 먼저 항복했기 때문에 당이 웅진도독으로 삼았다는 것은 이미 지적[152]된 바대로 태자의 아들인 문사가 융보다 먼저 항복하였고, 융을 설득해 항복을 권유하는 모습(L-②)을 보이고 있으므로 따르기 어렵다고 할 수 있다. 또 『삼국사기』를 제외한 한·중·일 사서들에 융을 태자로 기록하고 있는 부분을 완전히 무시하고 있는 점, 특히 중국과는 이해관계가 다른 일본 기록(K-②)에서도 융을 태자로 기록하고 있는 부분에 대해 설명할 수 없는 점 등에서 수용하기 어렵다고 하겠다.

효에서 융으로 태자가 교체되었다는 견해[153]는, 『삼국사기』 백제멸망기의

---

151) 李基白, 「앞의 논문」, 1959, pp.15~16.

152) 金壽泰, 「앞의 논문」, 1992b, pp.152~153.

153) 김수태, 「앞의 논문」, 2007a, pp.55~62.
　　그 근거로 의자왕 후기의 정치적 변화와 관련하여 군대부인 은고가 집권하면서 그 아들인 융을 의자왕 19년에 비정상적인 방법으로 태자로 즉위시켰다고 파악하고 있다. 그리고 「唐平百濟碑銘」에 孝를 '外王', 『舊唐書』에서 孝를 '小王'으로 칭하고 있는 것을 통해 효가 태자의 지위에 있었음을 알 수 있다고 한다.

기사(L-②,③)가 다른 자료들보다 신빙성이 있다고 보고, 효가 의자왕의 장자로써 태자에 책봉되었다고 한다. 그러나 중국과 일본의 사서들이 태자를 융으로 기록(K-②, M-①, ②, ③, ④, ⑤, ⑥, ⑦)하고 있는 것으로 보아 의자왕 말기에 효에서 융으로 태자가 교체되었다고 보고 있다.

반면 융이 줄곧 태자였다는 견해[154]에서는, 효가 태자로 기록된 『삼국사기』 백제 멸망기의 기록(L-②)은 의도적으로 융을 태자로 인정하지 않으려는 신라 측의 입장이 반영된 결과로 이해하고 있다. 또 태자가 교체되었다고 보기 어려운 점은 어떤 기록에도 태자 교체 사실이 기록되지 않았을 뿐 아니라, 만약 태자의 교체가 발생하였다면 전 태자는 외국으로 추방되거나 정치적으로 제거되는 것이 일반적인 현상인데 이런 모습이 보이지 않으므로 인정하기 어렵다고 한다.

마지막으로 태자가 융에서 효로 교체되었다고 보는 견해[155]는 『일본서기』 황

---

154) 梁起錫, 「앞의 논문」, 1995, pp.148~153.
　　『三國史記』 신라본기 태종 무열왕과 문무왕 대의 기사 중에는 중국사서에서도 찾아볼 수 없는 고유한 기사가 간간이 발견되고 있는데, 예를 들어 사비성이 함락되는 상황을 서술한 기사와 김인문과 부여융 사이에 맺어진 熊嶺 서맹(664년 2월) 기사 등이 참고된다고 한다. 이 기사들은 연·월·일을 밝혀 연대기적으로 서술하고 있는 것으로 보아 통일 과정을 구체적으로 기록한 어떤 국내의 저본 사료를 토대로 작성된 것으로 보이는데, 여기에서 융의 태자 관작을 고의적으로 누락시키고 있음이 발견된다는 것이다. 이는 일연이 『三國遺事』에서 같은 저본 사료를 보고 『三國史記』에서 태자를 효로 기록한 것은 잘못되었다고 지적(L-④)하고 있음을 봐도 알 수 있다고 한다. 또, 「唐平百濟碑」(M-⑤), 「唐劉仁願起功碑」(M-⑥), 『日本書紀』 제명 6년기에 인용된 「伊吉連博德書」(K-②)가 당대인이 남긴 사료로서 가장 신뢰도가 높다고 보고 있다. 이들 사료에서 융을 태자로 밝히고 있는 것이다. 그리고 융이 당에 의해 웅진도독으로 임명되고 백제왕실의 제사를 주재하도록 하고 있는 점에서도 융이 태자였음을 알 수 있다고 하고 있다.
155) 李道學, 「앞의 논문」, 2004, pp.95~106.
　　이는 『三國史記』의 기록(L-①,②)을 그대로 신봉하여 의자왕 4년에 융이 태자로 책봉되었다가 의자왕 15년의 정변으로 융의 세력은 밀려나고, 은고와 효의 세력이 권력을 잡

극기 원년 기사의 백제 정변을 655년 정월로 파악하고, 이때 융의 외가세력과 효의 외가세력의 정권다툼에서 효의 외가 세력이 승리함으로써 태자가 교체되었다고 보고 있다. 『삼국사기』의자왕 15년조의 "태자궁을 지극히 화려하게 수리하였다"는 기록은 바로 이 정변의 결과로 이해된다고 한다. 이때 군대부인 은고가 등장하여 영향력을 행사하게 되는데 이 은고의 아들이 효라고 보고 있다.

이러한 견해들을 보면 공통적인 인식이 있는데, 바로 적장자를 태자로 책봉하였을 것이라는 가정아래 논의를 전개하고 있다는 점이다. 이기백과 김수태는 『삼국사기』 백제멸망기의 기사(L-②)를 토대로 왕자들의 서열을 추정하여 효를 적장자로 보고, 『삼국사기』의자왕 4년 융의 태자 책봉 기사(L-①)를 잘못이라고 하였다. 반면 양기석과 이도학은 반대로 『삼국사기』의자왕 4년의 융이 태자로 책봉된 기사(L-①)에서 융이 적장자였기에 태자로 책봉했다고 파악하고 있다. 그러나 이는 『삼국사기』의 기사 중 어느 한쪽만을 신빙한다는 점에서 한계가 있다.

먼저 『삼국사기』의자왕 4년 융의 태자 책봉 기사(L-①)를 살펴보면, 융이 '왕자(王子)'로 표기된 사실에 유의할 필요가 있다. 그 이유를 살펴보기 위해 『삼국사기』에서 태자로 책봉된 백제 왕자들을 어떻게 표현하고 있는지 관련 사료를 뽑아보면 다음과 같다.

으면서 태자가 교체되었다고 보는 것이다. 이 때 「唐平百濟碑」, 「唐劉仁願起功碑」를 비롯한 중국측 사서(M-①,②,③,④,⑤,⑥,⑦)에 융을 태자로 기록한 것은 백제를 망치게 한 장본인인 은고와 그의 아들 효를 태자로 인정하지 않으려는 정서 때문이며, 그 결과 웅진도독도 융이 임명되었다는 것이다. 이처럼 백제 멸망의 장본인이 은고와 효라는 데에는 일본에서도 같은 인식을 하여 『日本書紀』(K-②)에도 그러한 기사가 남게 되었다고 보고 있다.

N-① 원자(元子) 다루(多婁)를 세워 태자로 삼았다(『三國史記』권23 百濟本紀 제1 溫祚王 28년).

② 원자(元子) 기루(己婁)를 세워 태자로 삼았다(『三國史記』권23 百濟本紀 제1 多婁王 6년).

③ 원자(元子) 전지(腆支)를 세워 태자로 삼았다(『三國史記』권25 百濟本紀 제3 阿莘王 3년).

④ 장자(長子) 삼근(三斤)을 책봉하여 태자로 삼았다(『三國史記』권26 百濟本紀 제4 文周王 3년).

⑤ 원자(元子) 의자(義慈)를 책봉하여 태자로 삼았다(『三國史記』권27 百濟本紀 제5 武王 33년).

기록에 남은 태자로 책봉된 백제 왕자들의 경우, 모두 '원자(元子)' 혹은 '장자(長子)'로 표현되어 있다. 백제왕들의 즉위 기사에서도 이와 같이 '원자' 혹은 '장자'로 기록하거나 아니면, '~의 이자(二子)', '~의 자(子)'로 표현하고 있다. 여기서 '원자(元子)'는 정비 소생의 적장자(嫡長子)라는 의미가 분명하다.[156] 한편 '장자(長子)'는 여러 왕자 중 출생 순서가 가장 빠른 맏아들이라는 뜻이지만, 반드시 정비 소생인지 여부는 단정하기 어렵다. 그 밖의 '~의 이자(二子)', '~의 자(子)'라는 표현들은 맏아들이 아닌 경우로 볼 수 있다.

『삼국사기』 전체를 찾아보면 신라본기나 고구려본기에는 '왕자(王子)'로 표현된 경우에도 맏아들인 경우가 종종 찾아지고 '원자'나 '장자'로 표현한 경우가 별로 많지 않다. 그러나 백제본기에는 '왕자'로 표기된 경우는 융이 유일하

---

156) 주4) 참조.

고 위 사료처럼 '원자'나 '장자'로 구분하여 표기한 경우가 대부분이다. 따라서 이러한 차이는 본기별로 편찬자가 다르고 편찬 원칙이 달랐을 가능성이 많다고 하겠다.

이를 참조한다면, 융이 '원자'나 '장자'가 아닌 '왕자'로 기록된 것은 그가 의자왕의 맏아들이 아니었음을 시사한다. 이 당시의 백제나 신라 혹은 『삼국사기』가 편찬된 고려는 왕조 국가이고, 왕조 국가에서 역사서를 편찬할 때 왕통을 대단히 중요시했을 것임은 의심의 여지가 없다. 맏아들의 경우 '원자'와 '장자'로까지 구분하고 있는 것이다. 따라서 융을 '왕자'로 표기한 것을 오기로 보기는 어렵다. 그렇다면 의자왕은 맏아들이 아닌 왕자 융을 태자로 책봉했던 것으로 보아야 한다.

이를 방증하는 것이 L-②의 기사이다. 여기에는 의자왕의 왕자들을 효(孝), 태(泰), 융(隆), 연(演)의 순서로 기록하고 있는데, 출생 서열에 따라 왕자들의 이름을 열거한 것으로 생각된다. 즉 이를 통해 의자왕의 맏아들은 효임을 알 수 있다. 『삼국사기』의 의자왕 왕자들에 대한 다른 기록도 일관성을 보여주고 있으며, 한결같이 맏아들은 효로 인식하였다. 『삼국사기』의 의자왕 왕자들의 순서 기록은, 다른 국외 사료들이 백제 멸망 이후 왕실세력이 당에 포로로 끌려갈 때 공식적인 서열인 왕-태자-왕자 순서로 기록한 것과는 성격이 다르므로, 상대적으로 신빙성이 높다고 하겠다.

왕자들의 이름을 통해서도 의자왕 왕자들의 출생 순서에 대한 또다른 방증을 얻을 수 있다. 이와 관련하여 유교를 통해 전제왕권을 강화하고자 하였고, '해동증자'라고까지 불렸던 의자왕이 효를 강조하여 첫째 아들의 이름을 효(孝)로 하고, 백제가 크게 일어나고 융성해지라는 의미에서 둘째, 셋째를 태

(泰), 융(隆)으로 이름지었다는 견해[157]가 참조된다. 또 이렇게 이해를 하면 M-③에서 문사를 적손(嫡孫)으로 표현하고 있는 것도 자연스럽게 해결이 된다. 효의 아들 문사는 맏아들의 아들이므로 적손으로 표현이 가능한 것이다.

이처럼 맏아들이 아닌 왕자를 태자로 책봉하는 것은 장차 왕위 계승을 둘러싼 분쟁을 야기할 소지가 있다. 또 실제로 의자왕 후기에는 이와 관련된 문제가 발생하고 있는 것이다. 그런데 왜 의자왕은 맏아들이 아닌 셋째 융을 태자로 책봉한 것일까? 그러한 이유를 설명할 수 있는 자료를 아직 찾지 못하였기에 추정할 수밖에 없지만, 그 가능성은 2가지 정도로 생각해 볼 수 있겠다.

첫 번째로 융의 모(母)가 의자왕의 첫 번째 부인 즉 정비이었을 가능성을 생각해 볼 수 있다. 의자왕의 왕비로는 후기에 등장하는 군대부인 은고가 있는데, 이 외의 다른 왕비들도 있었을 것이다. K-②의 기사를 보면 의자왕은 13명의 왕자가 있었는데, 한 명의 왕비가 13명의 아들을 낳았다고 볼 수는 없는 것이다. 그렇다면 의자왕은 2명 이상의 왕비가 있었다고 할 수 있고, 효와 융은 모계가 다른 것으로 추정할 수 있다. 의자왕의 첫 번째 부인 즉 정비가 아들을 늦게 낳아서 이미 왕자 효, 태가 출생한 후 융이 태어난 것이다.[158] 의자왕은 자신이 즉위하는 과정에 첫째 부인의 맏아들로서 어려움을 겪었기 때문에 자신의 태자는 첫째 부인(정비)의 아들로 정하고자 했을 가능성이 있다.

두 번째는 은고와 의자왕 2년의 정변과의 관련성이다. 은고는 의자왕의 계

---

157) 김수태, 「앞의 논문」, 2007a, p.62.
158) 정비 소생의 아들이면 셋째라고 하더라도 적장자로 봐야 한다는 반론이 있을 수 있는데, 이 당시에 조선시대처럼 확고한 처첩과 적서의 구별이 있었다고 보기는 어렵다. 그리고 백제에서는 정비 소생이 아니더라도 왕위 계승권이 있었던 것으로 파악된다(주보돈, 「彌勒寺址 출토 舍利奉安記와 백제의 王妃」『百濟學報』7, 2012).

모였던 국주모(國主母)[159]와 연결된 인물로 보인다. 은고와 효의 세력이 확장되는 의자왕 후기에 들어와 사택천복, 사택손등 등이 좌평으로 진출하고 있는 상황을 고려하면 은고는 사택씨였을 가능성이 많다.[160] 특히 무왕 후기 이후 대신라공격을 주도한 세력이 사택씨로 파악[161]되고 있음을 감안할 때 의자왕 후기 대신라공격을 견제하는 당과의 외교를 포기하고 고구려와 동맹을 지지한 세력들 역시 은고와 연결된 사택씨였을 것으로 추정할 수 있다. 즉 의자왕은 사택씨의 모후가 죽은 후 그와 연결된 세력들을 제거하는 친위정변을 단행하였고, 그 뒤 태자를 책봉할 때 효가 맏아들이었음에도 불구하고 정변으로 제거한 사택씨와 연결된 은고와 효를 배제하고, 모계가 다른 셋째 융을 태자로 책봉한 것이다. 그러나 이러한 태자 책봉은 결국 의자왕 후기 외교 노선을 두고 다시 양 세력의 갈등을 낳았고 그 과정에 은고와 효를 중심으로 한 사택씨 세력이 다시 대두하게 되었을 것으로 보인다.

필자는 두 번째의 상황이 더 가능성이 높다고 생각하며, 2가지 가능성이 함께 작용했을 수도 있다고 생각한다. 하여간 의자왕은 셋째인 융을 태자로 책봉함으로써 이후 태자를 둘러싼 분쟁의 소지가 발생하였던 것이다.

그런데 최근 『문관사림(文館詞林)』의 「정관년중무위백제왕조일수(貞觀年中撫慰百濟王詔一首)」의 내용을 토대로 의자왕 4년에 융이 태자로 책봉된 것은 의자왕의 병이 위중하였기 때문이라는 견해가 제시되었다.[162]

---

159) 필자는 이 國主母를 미륵사탑에서 나온 사리봉안기의 '사탁적덕의 딸'인 백제 왕후로 파악하고 있다.

160) 이도학, 「해동증자 의자왕의 생애」 『백제실록 의자왕』, 2008, p.42.

161) 김수태, 「백제 무왕대의 대신라 관계」 『백제문화』42, 2010.

162) 윤진석, 「백제멸망기 '태자'문제의 재검토-관련사료 분석과 기존견해 비판을 중심으로-」 『지역과 역사』29, 2011, pp.134~135; 박준형 · 서영교, 「『文館詞林』에 보이는 蔣元昌과 蔣氏家門 醫官」 『歷史學報』222, 2014, pp.191~194.

O. 또 장원창(蔣元昌)을 그곳으로 보내어 왕의 병을 치료하게 해달라고 청한 것에 대해서는, 장원창을 짐이 먼저 익주도(益州道)로 가게 하였는데, 지금까지 돌아오지 않고 있다. 이 때문에 왕이 있는 곳으로 향해 가게 할 수가 없다 (『文官詞林』「貞觀年中撫慰百濟王詔一首」).[163]

위 사료를 통해 윤진석은 의자왕이 질병 치료를 위해 의원 장원창을 당에 요청하였음을 근거로, 의자왕 4년 당시에 의자왕이 질병으로 국정을 돌보기 어려운 상황에 놓여, 융을 태자로 책봉하고 국정 운영을 맡겼다는 견해를 제시하였다. 또 박준형·서영교도 644년 백제가 부여강신을 보내 장원창을 요청하였음을 지적하고 장원창이 당 대 유명한 의관 집안 출신임을 검증하였다. 그러나 의자왕이 와병으로 인해 국정을 수행하기 어려워서 융을 태자로 책봉하였다고 보기는 어렵다. 만약 위의 주장대로 의자왕의 병이 위중하여 백제에서 치료할 수 없었기 때문에 당의 장원창을 요청하였다면 다음해 645년 당의 고구려 원정 때 백제가 당이 고구려 공격에 동참하라고 한 요구를 무시한 것을 이해하기 어렵다. 645년 신라가 당을 도와 대군을 동원하여 고구려를 공격하자 백제는 오히려 신라를 공격하여 7성을 빼앗음으로써 결과적으로 고구려를 도와주었다. 박준형·서영교는 당 태종이 장원창을 보내주지 않았기 때문에 당의 요구대로 행동하지 않고 신라를 공격하였다고 하였지만 그 반대로 생각을 해야 옳을 것이다. 왕의 병이 위중하고 그 병을 치료할 수 있는 의관이 당에 있는데 당의 요구를 거부하고 오히려 당의 적대국인 고구려를 돕는 행위를 하기는 어려운 것이다. 따라서 의자왕의 와병으로 인해 융을 태자로 책봉하고

---

163) 충청남도역사문화연구원, 『앞의 책』, 2008, p.342.

국정을 위임하였다는 견해는 따르기 어렵고, 의자왕이 질병이 있긴 하였으나 그렇게 위중한 병이었다고 보기는 어렵다고 하겠다.

그럼 이제 태자 교체의 문제를 다시 검토해 보자.

먼저 의자왕 4년에 융을 태자로 책봉하였다는 기록은 이를 부정할 별다른 근거가 없으므로 사실로 받아들여야 한다. 융의 태자 책봉 이후 의자왕 후기에 대당 외교를 포기하고 고구려와 동맹을 맺는 과정에 군대부인 은고가 신임을 얻으면서 변화가 발생하게 되었다. 이 은고와 관련하여 누가 은고의 아들인지에 대한 논란도 지속되고 있는데 이는 다음의 사료에 대한 해석의 차이 때문이다.

P. 백제의 의자왕(義慈王), 그의 처(妻)인 은고(恩古), 그의 아들 융(隆)을 비롯하여 신하인 좌평(佐平) 천복(千福), 국변성(國辯成), 손등(孫登) 등 50여인이 가을 7월 13일 소장군(蘇將軍)에게 잡혀 당(唐)으로 보내졌다(『日本書紀』 권26 齊明 6년 10월).

이 중 그의 아들 융[其子隆]이란 구절에서, 그는 의자왕을 가리키는 것이지 은고의 아들이란 뜻은 아니다.[164] 이에 대해 열거된 이들은 모두 의자왕 후기의 집권세력으로, 언급조차 되지 않은 효보다 융이 혈연적으로 은고의 아들일 가능성이 많다는 반론[165]이 제시되었다. 그러나 이 때 융은 태자였기 때문에 함께 기록된 것으로 보아야지, 은고의 아들이기 때문에 기록된 것으로 보기는 어렵다. 은고가 집권하면서 백제 정계에 큰 변화가 일어나고 태자 교체 문

---

164) 李道學, 「앞의 논문」, 1997, pp.415~416 주 20).
165) 김수태, 「앞의 논문」, 2007a, pp.59~60.

제가 발생하고 있기 때문에 은고의 아들은 효라고 보는 것이 자연스러운 것이다.[166] 또 『삼국사기』에는 의자왕이 사비성이 함락되기 직전 웅진성으로 도피하면서 효를 데리고 간 것으로 기록[167]되어 있다.[168] 반면 중국 사서들은 모두 의자왕이 태자 융을 데리고 피신한 것으로 기록되어 있는데, 어떤 기록이 옳은 것인지를 검토하면 당시 의자왕과 입장을 같이 한 것이 누구인지 알 수 있을 것이다. 이 기록들의 정합성 여부를 살펴보기 위해서는 문사의 말이 중요하다. 중국 기록대로 의자왕이 융을 데리고 피신하였고, 태가 자립한 상황에서 문사는 '아직 왕과 태자가 멀쩡히 살아있는데 숙부가 스스로 왕이 되었다. 만약 당나라 군대가 포위망을 풀고 가면 우리 부자(我父子)는 어떻게 되겠는가?'라고 말하고 있다.[169] 그런데 이 말을 누구한테 한 것인지 알 수가 없다. 태가 자립한 상황이므로 태에게 한 말은 아니다. 우리 부자(我父子)라는 표현이 있으므로 중국 기록대로 하면 태자인 아버지 융에게 해야 하는 말이 되는데, 융은 의자왕과 함께 피신을 가고 사비성에 없는 상황이므로 그 말을 할 수가 없다. 따라서 중국 사서들의 기록은 정확하다고 하기 어렵다. 『삼국유사』(L-④)에는 의자왕이 융과 함께 북쪽으로 달아나자 태자의 아들 문사가 태에게 말하였다고 기록하고 있다. 이 역시 어색하다. 태가 스스로 왕이 되었는데, 문사가 태에게 '우리들(我等)이 무사할 수 있겠느냐'는 말을 할 수는 없는 것이다. 『삼국

---

166) 노중국(「앞의 논문」, 2003), 李道學(「위의 논문」, 1997) 등은 효를 은고의 아들로 보고 있다.
167) 『三國史記』 권28 백제본기 제6 의자왕 20년조.
168) 중국측 사서에는 의자왕이 융과 함께 피신한 것으로 나오지만, 백제 멸망기의 『三國史記』 기사가 중국 사서에 나오지 않는 내용들을 기록하고 있어 신빙성이 크다는 점에서 『三國史記』의 기록을 따르고자 한다.
169) 『舊唐書』 권83 열전33 蘇定方, 『新唐書』 권220 열전145 東夷 百濟, 『資治通鑑』 현경5년조에 거의 같은 내용의 기사가 기록되어 있다.

사기』의 기록대로 의자왕이 효를 데리고 웅진으로 갔고, 태가 스스로 왕이 되자 문사가 융에게 '우리들(我等)'이 무사할 수 있겠는가'라고 말하면서 당군에 항복을 하였다는 것이 가장 자연스러운 것이다. 따라서 의자왕이 웅진성으로 데려간 인물은 효로 파악되는 것이다. 이 점이 은고의 아들은 효이며, 의자왕 후기에 새롭게 등장한 것이 효임을 입증해 주고 있다. 필시 이때 의자왕은 군대부인 은고와 효를 데리고 웅진성으로 피신하였을 것이고, 이는 의자왕이 당시 이들 세력과 정치적 입장을 같이 했음을 보여주는 것이다.

그런데, 사료 K-②, M-②~⑥에서 융이 계속 태자로 기록된 것을 보면, 융은 의자왕 4년에 책봉이 되어 백제 멸망 당시까지 태자의 지위에 있었던 것이 된다. 특히, 당대인이 남긴 사료인 「당평백제비(唐平百濟碑)」, 「당유인원기공비(唐劉仁願紀功碑)」, 『일본서기』에 인용된 「이길련박덕서(伊吉連博德書)」들에서 융을 태자로 기록하고 있으므로 태자의 교체를 상정하기는 어렵다. 이 사료들에서 융을 태자로 적은 것은, 당이 백제 멸망의 장본인인 은고의 아들 효의 태자 지위를 인정하지 않고 전 태자였던 융을 복권시킨 것으로 파악하는 견해[170]가 있지만, 일부러 다른 모든 사람들이 알고 있는 태자까지 바꾸어 기록했다고 보기는 어렵다. 더군다나 태자의 교체라면 굉장히 중요한 일인데도 어떤 사서도 태자가 교체되었다는 것에 대해서는 언급이 없다.

그렇다면 의자왕 후기에 군대부인 은고가 집권하고 정치 주도 세력이 바뀌면서 어떤 변화가 일어났던 것인가? 바로 태자의 교체 문제가 진행 중이었다고 생각된다. 사료 M-②, ④, ⑤에서 효를 소왕(小王), 외왕(外王)으로 적고 있는 것을 그대로 인정하면 당시 효는 태자가 아니라 소왕 혹은 외왕의 지위에 있었

---

170) 李道學, 「앞의 논문」, 2004, p.98.

던 것이다.[171] 이 점과 관련하여 백제 무왕 대부터 대왕체제를 구축하였음[172]을 상기할 필요가 있다. 이러한 대왕체제가 의자왕 대에도 지속되었을 것이고 의자왕 후기에는 대왕 - 태자 - 소왕 - 왕자[173]로 이어지는 새로운 체제를 만들어 직계 왕자와 왕족 중심의 정치를 추구한 것으로 보인다.[174] 즉 융이 마지막까지 태자의 지위를 유지하고 있었던 것은 의자왕이 융의 태자 지위를 끝까지 인정했음을 의미한다. 의자왕은 처음 책봉한 태자 융을 중심으로 왕자들을 소왕, 좌평으로 임명하여 직계 왕족 중심의 정치를 하고자 하였으나, 군대부인 은고를 중심으로 다시 사택씨 세력들이 성장하면서 융 대신 효를 차기 왕위 계승권자로 만들고자 노력하였다. 따라서 백제 지배층들은 태자 융을 지지하는 세력과 소왕 효를 지지하는 세력으로 나뉘어 권력 투쟁을 벌이게 되었던 것이다.

이처럼 군대부인 은고에 의해 백제 정계의 갈등이 더욱 심화된 것에 대해 그녀를 요부라고 표현하는 부정적인 인식이 남게 된 것이다. 또 이러한 이유로 의자왕 19년에는 '태자궁의 암탉이 참새와 교미하였다'는 식으로 태자궁에서 일어나고 있는 일에 대한 비판적인 기사[175]가 나타나게 되었을 것이다. 따라서 이러한 태자 교체를 둘러싼 혼란과 대립이 가장 심해진 것이 의자왕 19

---

171) 박민경, 「앞의 논문」, 2000, pp.591~592.

172) 김수태, 「백제 무왕대의 미륵사 서탑 사리 봉안」 『新羅史學報』16, 2009, pp.15~16.

173) 양기석, 「앞의 논문」, 1995, p.153에서 왕 - 태자(태자궁에서 거주하는 차기 왕위 계승권자) - 소왕(왕자들 중에 유력한 자) - 왕자의 순으로 왕자들을 세 단계로 서열화하는 제도를 마련하였을 것으로 추정하였다. 필자 역시 같은 생각이나 소왕 혹은 외왕은 대왕에 대비되는 개념으로 지방에 분봉된 왕자들을 지칭하는 용어가 아닐까 한다.

174) 이도학, 「앞의 논문」, 2008, p.43에서 대왕 체제는 다수의 왕을 거느리는 체제로, 의자왕은 내왕과 외왕인 다수의 소왕들을 거느린 대왕으로서의 위상을 확립했다고 하였다. 이는 의자왕 후기 융이 태자의 자리에서 밀려나고 그 대신 효가 소왕이 되어 왕위계승권을 확립했다는 시각이어서 태자의 위상 부분에서 필자의 견해와 차이가 있다.

175) 『三國史記』 권28 백제본기 제6 의자왕 19년조.

년이었을 가능성이 크다. 또, 이런 대립이 진행 중에 있었다는 중요한 증거로, 『삼국사기』 기록에 따르면 효와 융이 동시에 사비도성에 있었던 것으로 나오는데, 만약 효가 태자로 책봉되거나 소왕이 되어 융의 태자 지위를 박탈했다면 융이 사비도성에 남아 있기 어려웠을 것이다. 이럴 경우 외국으로 추방되거나 정치적으로 제거되는 것이 일반적인 현상인 것이다.[176)]

그렇다면 『삼국사기』에서 백제 말기의 태자를 효라고 기록하고 있는 부분이 문제가 된다. 이미 대부분의 논자들이 지적하고 있고, 동의하는 바대로 『삼국사기』 백제 멸망기의 기록은 대단히 신빙성이 있는 자료임은 틀림이 없다. 그러나 이 부분의 설명을 위해서는 『삼국사기』에서 고의로 융의 태자 경력을 누락시키고 있다[177)]는 점이 주목된다. 여기서 『삼국사기』 백제본기 의자왕조의 기록이 어떻게 정리되었을 지를 생각해보면, 아무래도 백제가 의자왕 대에 멸망하였기 때문에 백제에 전해져 오던 기록들을 신라가 정리하여 남겼고, 그것이 『구삼국사』를 거쳐 『삼국사기』에 남게 된 것이 아닐까 한다. 따라서 『삼국사기』 백제본기 의자왕조의 기록은 신라의 입장이 많이 게재되어 있을 가능성이 높은 것이다.

당시의 신라 왕실은 대야성이 함락되고 태종 무열왕의 딸 고타소랑이 죽은 것에 대해 대단히 큰 원한을 갖고 있었다. 또 후에 융은 웅진도독에 임명되어 신라와 끝까지 대립하였으므로 그에 대한 인식이 좋을 수가 없었던 것이다. 이러한 신라 왕실의 원한은, 의자왕이 항복한 후 신라 태자 김법민이 부여융을 말 앞에 꿇어앉힌 채 얼굴에 침을 뱉으며 모욕을 준 일이나[178)] 나·당연합군의 승전축하연에서 부여융이 의자왕과 함께 나란히 당하에 앉아 수모를

---

176) 梁起錫, 「앞의 논문」, 1995, p.150.
177) 梁起錫, 「위의 논문」, 1995, p.149.
178) 『三國史記』 권5 新羅本紀 제5 太宗武烈王 7년.

겪은 일[179]을 보아서도 익히 짐작할 수 있다. 태자로 기록된 효도 분명히 함께 포로로 잡혀 있었을 것인데도 불구하고 융이 의자왕과 함께 수모를 겪고 있는 것이다. 따라서 『삼국사기』에 기록된 대로 당시 태자가 효였다고 하기는 어렵고 의자왕과 함께 여러 수모를 겪고 있는 융이 태자였다고 할 수 있다.

왜 『삼국사기』에서 백제 말의 태자를 효로 기록했는지 정확한 이유를 밝히긴 어렵지만, 2가지 정도 가능성을 생각해 볼 수 있다. 먼저, 효를 태자로 기록한 신라의 다른 저본 자료가 남아 있었고 그 자료를 중국 사서보다 더욱 신뢰하여 융의 태자 기록은 삭제하고 효를 태자로 기록하였을 가능성이 있다. 두 번째는 중국 사서에 융을 태자로, 효를 소왕으로 기록을 한 것이 혼란을 야기하였을 가능성이 있다. 현재의 연구자들과 마찬가지로 고려 시대의 역사가들 또한 태자와 소왕을 어떻게 인식할 것인지 고민을 하였을 것이다. 그 결과 『삼국사기』의 찬자들은 소왕 효가 실권을 장악하였다고 보고 효를 태자로 기록하였고, 반대로 『삼국유사』를 지은 일연은 중국의 기록대로 태자를 융으로 파악하였을 가능성이 있다.

또 하나 제기될 수 있는 문제로 의자왕과 효가 웅진성으로 도망간 상황에서 아직 태자의 지위에 있던 융이 아닌, 둘째 태가 자립한 이유는 무엇인가 하는 것이 있다. 이는 모계를 파악함으로써 해결이 될 것이다. 둘째 태는 군대부인 은고의 아들로 효와 함께 실권을 잡아가던 세력이거나 또 다른 부인의 아들이었을 가능성이 있다. 태자 융은 모계를 달리하는 왕자로써 이미 자신을 지지하던 상당수의 세력들이 도태된 상황이었던 것이다. 또, 융은 대당 강화파였기 때문에 적극적으로 항전에 나서고자 하지 않았을 것이다. 이에 융보다 태가 대

---

179) 『三國史記』 권5 新羅本紀 제5 太宗武烈王 7년.

당 항전을 주장하면서 자립할 수 있었던 것이다. 이때 태가 자립했다는 의미는 의자왕이 그에게 사비도성의 방어 책임을 맡긴 것은 아니라는 뜻이므로, 의자왕과 효가 웅진성으로 도망가면서 사비도성에 대한 방어는 효의 아들 문사에게 맡긴 것으로 파악하고자 한다. 그런데 태가 자립하여 왕이 되자 곤란한 상황에 처한 문사가 가장 먼저 반발하여, 융을 설득하여 항복하였던 것이다.

마지막으로 당이 부여융에게 백제 왕실의 제사를 받들게 하고 웅진도독으로 임명한 이유를 검토해 보고자 한다. 당이 융을 웅진도독으로 임명한 것은 그가 태자의 지위에 있었기 때문인 것은 당연하다. 하지만 거기에는 또 다른 이유가 있다.

의자왕 전기까지 당과의 외교 관계가 단절된 때도 있었지만, 652년까지는 당에 대한 외교를 포기하지는 않았다. 따라서 의자왕 전기의 집권 세력은 당과의 우호관계를 추구해 온 세력이었다고 할 수 있다. 이는 당시 태자였던 융도 마찬가지였다. 특히 아래의 사료를 통해서 그 점을 입증할 수 있다.

　　Q. 백제왕이 그 태자 융(隆)을 보내 와서 조공하였다(『舊唐書』 권3 본기3 太宗下 貞觀 11년).

위 사료에 대해서는 논란이 많다. 당 태종 정관 11년은 무왕의 재위 시절(무왕 38년, 637년)이기 때문에 태자는 의자였지 융이 아닌 것이다. 이에 대해 융을 의자로 고쳐야 한다는 입장[180]도 있지만, '융이 조공하였다.'는 기사 내용을 그대로 받아들일 수 있다고 생각한다. 그 가능성을 검토해보면, 첫째 융이 이

---

180) 양기석, 「앞의 논문」, 1995, p.139.

당시의 나이가 이미 23세로 충분히 대당외교를 감당할 수 있는 나이이므로, '太子之子隆'으로 기록되어야 하는데 '之子'가 누락되었다고 볼 수 있다.[181] 둘째, 『구당서』는 융이 당에 들어가서 백제왕실의 후계자로 인정받은 이후에 편찬된 사서이므로, '태자(太子)'라는 용어는 나중에 삽입된 추기일 가능성이 있다. 셋째, 중국이나 우리나라에서 사서를 편찬할 때 계년을 착각하는 경우가 많다. 이 경우 의자왕 7년인 정미년(647년)을 10년 앞선 정유년(637년)에 기록하였을 가능성도 있다. 어느 경우를 따르더라도 융은 일찍이 당에 파견되어 대당외교를 추진해온 인물로 볼 수 있는 것이다. 이와 같이 부여융이 당과 긴밀한 관계에 있었고 당과의 우호를 주도하던 인물이었다는 점에서 그를 웅진도독으로 삼아, 당의 백제에 대한 기미정책을 추진하도록 했다고 하겠다.

이상의 논의를 통해 의자왕 후기에 일어난 정국 변화에 대해 정리를 하면, 의자왕 후기의 정치적 변화는 당에 대한 외교를 포기하고 고구려와의 동맹이라는 외교 노선의 변화에 대해 의자왕 전기를 주도한 성충 등의 세력이 반대하면서 일어나게 되었다. 이러한 의자왕과 성충 세력 사이에서 일어난 갈등을 이용하여, 융의 태자 책봉에 불만을 품고 있던 군대부인과 그의 아들 효가 의자왕의 제려동맹 노선을 지지하면서 세력을 확대하게 되었다. 그러면서 그들과 함께 부각된 세력이 그동안 소외되었던 왕서자 41인으로 표현된 왕족 세력과 새롭게 이름을 보이고 있는 달솔층이라고 할 수 있다. 이때 이러한 정계 개편과 맥을 같이 하여 당과의 우호를 주도하던 태자 융의 지위는 상당히 흔들리게 되었다. 군대부인 은고는 자신의 아들 효를 왕위 계승권자로 만들고자 하였다. 이러한 상황 속에 의자왕은 융의 태자 지위는 인정하면서 효를 소왕

---

181) 양종국, 「7세기 중엽 義慈王의 政治와 동아시아 국제관계의 변화」, 『백제문화』31, 2002, p.206에서 '太子 子隆'으로 기록해야 되는데 '子'가 누락되었다고 보고 있다.

으로 만들어 왕자들 중에서 가장 높은 지위로 격상시키게 되었다. 이러한 시도는 백제 지배층을 태자 융과 소왕 효의 세력으로 분열시키게 되었으며, 이것이 극에 달한 것이 의자왕 19년이었던 것이다. 이러한 백제의 상황은 임자와 같은 신라와 내통한 세력들을 통해 신라에 알려졌을 것이고, 신라는 당에 사신을 파견하여 백제의 내분을 알리고 당 고종을 설득하였다. 이미 648년부터 백제 공격을 약속해놓고 계속 미루어만 오던 당이 이때 백제 공격 결정을 내린 것은 이러한 신라의 첩보가 상당한 역할을 했을 것이다.

3) 백제 멸망 과정에 나타난 지배층의 분열상

이처럼 의자왕 15년 이후는 정계개편과 그와 더불어 진행된 태자 교체 문제를 둘러싸고 왕실과 지배층 내의 분열과 대립이 격심했던 것으로 파악된다. 이러한 분열상은 백제가 나당연합군의 공격을 받는 의자왕 20년의 기록들 중 곳곳에서 드러나고 있다. 그런데 기존의 연구들이 주로 의자왕 대 정치 주도 세력들의 분열만을 언급하고 있는 경향이 있다. 그러나 당시는 의자왕 대의 중앙 정치 세력들뿐만 아니라 지방 세력 혹은 의자왕 대에 소외되어 있던 무왕 대에 활약한 귀족 세력들의 동향도 함께 살펴보아야 그 분열상을 제대로 이해할 수 있을 것이다.

먼저 의자왕 대 핵심 권력층들의 분열상을 살펴보면, 태자 융을 지지하는 세력과 새롭게 등장한 소왕 효를 지지하는 세력의 대립을 아래의 사료를 통해 살펴볼 수 있다.

R-① 왕이 이를 듣고 여러 신하들을 모아 싸우는 것이 좋을지 지키는 것이 좋을지를 물었다.

좌평 의직(義直)이 나와 말하였다. "당나라 군사는 멀리 바다를 건너왔으므로 물에 익숙지 못한 자는 배에서 반드시 피곤하였을 것입니다. 처음 육지에 내려서 군사들의 기운이 안정치 못할 때에 급히 치면 가히 뜻을 얻을 수 있을 것입니다. 신라 사람은 당나라(大國)의 후원을 믿는 까닭에 우리를 가벼이 여기는 마음이 있을 것인데 만일 당나라 군사가 불리하게 되는 것을 보면 반드시 의심하고 두려워하여 감히 기세 좋게 진격하지는 못할 것입니다. 그러므로 먼저 당나라 군사와 승부를 결정하는 것이 좋을 것으로 압니다."

② 달솔 상영(常永) 등이 말하였다. "그렇지 않습니다. 당나라 군사는 멀리서 와서 속히 싸우려고 생각하고 있으므로 그 예봉을 감당하지 못할 것입니다. 신라 사람은 이전에 여러 번 우리 군사에게 패배를 당하였으므로 지금 우리 군사의 위세를 바라보면 두려워하지 않을 수 없을 것입니다. 오늘의 계책은 마땅히 당나라 군대의 길을 막아 그 군사가 피로해지기를 기다리면서 먼저 일부 군사로 하여금 신라군을 쳐서 그 날카로운 기세를 꺾은 후에 형편을 엿보아 세력을 합하여 싸우면 군사를 온전히 하고 국가를 보전할 수 있을 것입니다."

왕은 주저하여 어느 말을 따를지 알지 못하였다.

③ 이 때에 좌평 흥수(興首)는 죄를 얻어 고마미지현(古馬彌知縣)에 유배되어 있었다. (왕은) 사람을 보내 그에게 묻기를 "사태가 위급하니 이를 어찌하면 좋겠느냐?"고 하였다.

흥수가 말하였다. "당나라 군사는 수가 많고 군대의 기율도 엄하고 분명하며 더구나 신라와 함께 모의하여 앞뒤에서 호응하는 형세를 이루고 있으니 만일 평탄한 벌판과 넓은 들에서 마주 대하여 진을 친다면 승패를 알 수 없을 것입니다. 백강(白江) <혹은 기벌포(伎伐浦)라고도 하였다>과 탄현(炭峴) <혹은 침현(沈峴)이라고도 하였다>은 우리 나라의 요충지여서 한 명의 군사와 한 자루의 창으로 막아도 1만 명이 당할 수 없을 것입니다. 마땅히 용감한 군사를 뽑아 가서 지키게 하여, 당나라 군사가 백강에 들어오지 못하게 하고 신라 군사가 탄현을 넘지 못하게 하고, 대왕은 (성을) 여러 겹으로 막아 굳게 지키다가 적의 군량이 다 떨어지고 사졸이 피로함을 기다린 연후에 힘을 떨쳐 치면 반드시 깨뜨릴 것입니다."

④ 이 때에 대신들은 믿지 않고 말하였다. "흥수는 오랫동안 잡혀 있던 몸으로 있어 임금을 원망하고 나라를 사랑하지 않았을 것이니 그 말을 가히 쓸 수가 없습니다. 당나라 군사로 하여금 백강에 들어오게 하여 물의 흐름을 따라 배를 나란히 할 수 없게 하고, 신라군으로 하여금 탄현을 올라오게 하여 좁은 길을 따라 말을 가지런히 할 수 없게 함과 같지 못합니다. 이 때에 군사를 놓아 공격하면 마치 조롱 소고에 있는 닭을 죽이고 그물에 걸린 물고기를 잡는 것과 같습니다." 왕이 그럴 듯이 여겼다(『三國史記』 권28 百濟本紀 제6 義慈王 20년).

이는 나·당연합군의 공격 소식을 접한 의자왕이 군신회의를 열어 그 대책을 논의하는 모습이다. 여기에서 좌평 의직[182](R-①)과 달솔 상영 등(R-②)의 의견이 대립하고 있다. 그런데 결론을 내리지 못하고 고마미지현에 유배되어 있던 흥수의 의견(R-③)을 묻는다. 이 흥수의 의견은 사료 H에 나오는 성충의 의견과 거의 같으므로 의자왕 전기를 주도했던 인물로 보인다. 그런데 이 흥수의 의견에 다시 대신[183]으로 표기된 인물들이 반론(R-④)을 제기하고 있는데, 이들이 주장한 내용에 흥수의 의견과 공통점이 있다. 백강과 탄현을 막아야 한다는 흥수의 의견은 방어 중심이고, 백강과 탄현에 들어온 후 공격한다

---

182) 의자왕 7년과 8년에 신라를 공격했으나 실패한 장군으로 의자왕 전기에 군사 부문에서 활약하였다. 따라서 성충, 흥수와 정치적 입장을 같이하였던 것으로 보인다.
183) 이 때 대신으로 표현된 사람들은 앞에 나온 달솔 상영 등의 무리였을 것이다.

는 대신들의 의견은 공격 중심적인 의견이긴 하지만, 둘 다 백강과 탄현의 중요성을 말하고 있는 것이다. 모든 군사전략이 그러하겠지만 어떤 전략도 승리를 장담할 수는 없는 것이다. 각각의 전략이 가진 장단점이 있기 마련이고 그것을 절충한 전략을 세울 수도 있는 것이다. 그런데도 굳이 이들이 흥수의 의견을 쓸 수 없다고 하면서 자신들의 의견만이 옳은 것 인양 이야기하는 것은 의자왕에게 자신들의 전략이 채택되도록 하여 자신들의 정치적 위상을 유지하고자 하는 것이다. 즉 이 군신회의에서 대립하고 있는 세력은, 의자왕 전기를 주도하던 세력이자 태자 융의 지지 세력인 좌평 의직, 흥수 대 의자왕 후기에 군대부인 은고의 지원으로 새롭게 등장한 세력이자, 소왕 효를 지지하는 달솔 상영 등의 대신들인 것이다.[184] 이들은 나 · 당연합군의 공격이라는 절체절명의 위기의 순간에도 자신들의 영향력을 확대하기 위해 힘을 쏟고 있다. 그 결과 달솔 상영 등의 의견이 채택되어 상영은 좌평으로 승진하게 되었으며, 이 때 태자 융과 그의 지지 세력은 더욱더 위축되었을 것이다.

두 번째, 의자왕이 선택한 군사전략이 실패하면서 나 · 당연합군이 사비성을 압박해오자 백제 왕실 및 왕자들이 분열하고 있는 모습을 찾아볼 수 있다.『삼국사기』의 백제본기와 신라본기를 종합하여 나 · 당연합군의 공격과 그에 대한 백제군의 대응 기사를 날짜별로 정리해 보면 다음과 같다.

---

184) 김수태,「앞의 논문」, 2008, p.212에서도 당시 백제 지배층이 두 세력으로 분열하고 있음을 지적하고 있다.

【표 8】 660년 나 · 당연합군의 공격 및 백제군의 대응

날짜	내용	출처
7월 9일	백제군이 황산벌 전투에서 신라군에게 패배	『삼국사기』 신라본기 태종무열왕 7년, 백제본기 의자왕 20년
7월 9일	백제군이 기벌포 전투에서 당군에게 패배	『삼국사기』 신라본기 태종무열왕 7년, 백제본기 의자왕 20년
7월 10일 (추정)	백제군이 도성 30리 지점에서의 전투에서 당군에게 패배	『삼국사기』 백제본기 의자왕 20년
7월 11일 (추정)	신라군이 도착하여 당군과 합류	『삼국사기』 신라본기 태종무열왕 7년
7월 11일	백제 왕자가 좌평 각가를 시켜 철군 애원	『삼국사기』 신라본기 태종무열왕 7년
7월 12일	나당연합군이 소부리벌판으로 진격	『삼국사기』 신라본기 태종무열왕 7년
7월 12일	백제 왕자가 상좌평을 시켜 제사에 쓸 가축과 많은 음식을 보냈으나 소정방이 거절	『삼국사기』 신라본기 태종무열왕 7년
7월 12일	왕의 여러 아들이 좌평 6인과 함께 죄를 빌었으나 소정방이 물리침	『삼국사기』 신라본기 태종무열왕 7년
7월 13일	의자왕이 효와 함께 웅진성으로 달아남	『삼국사기』 신라본기 태종무열왕 7년, 백제본기 의자왕 20년
7월 13일	나당연합군이 사비성을 포위하자 둘째 태가 자립하여 항전함	『삼국사기』 신라본기 태종무열왕 7년, 백제본기 의자왕 20년
7월 13일	태자의 아들 문사가 왕자 융을 설득하여 항복함, 융이 사택천복과 함께 항복함	『삼국사기』 신라본기 태종무열왕 7년, 백제본기 의자왕 20년, 『일본서기』 제명기 6년
7월 13일	둘째 태가 문을 열고 항복함	『삼국사기』 백제본기 의자왕 20년
7월 18일	웅진방령 예식(진)이 의자왕을 사로잡아 항복함[185]	『삼국사기』 신라본기 태종무열왕 7년, 백제본기 의자왕 20년, 『구당서』 열전 소정방.

위 표에서 7월 10일까지 백제군은 효의 지지 세력인 상영 등이 주장한 전략에 의해 나 · 당연합군에 맞서 싸웠음을 알 수 있다. 그러나 그러한 저항들이 모두 패전으로 돌아가자 7월 11일부터는 소정방의 당군에 강화를 요청하고 있다.

---

185) 金榮官, 「百濟遺民 禰寔進 墓誌 소개」 『신라사학보』10, 2007c, pp.374~379.

이때 강화를 주도하는 백제 왕자는 당과 가장 친밀한 왕자였던 융일 수밖에 없다.[186) 당시 권력을 잃어가고 있던 융을 중심으로 한 세력들은 당과의 강화를 통해 자신들의 입지를 강화하고자 하였다. 즉 이때까지도 효와 융을 둘러싼 주도권 싸움이 지속되고 있음을 알 수 있다.

그리고 당과의 강화가 실패로 돌아가면서 의자왕이 효와 함께 사비성을 포기하고 웅진성으로 떠나버리자 남은 백제 왕자들은 다시 주전파와 강화파로 나뉘어 대립하고 있다. 가장 강력한 주전파인 둘째 아들 태가 사비도성을 끝까지 수호하고자 하였으나, 효의 아들 문사가 이에 반발[187)하면서 융과 함께 항복을 하게 되고, 결국 사비성에 남아 있던 모든 세력이 항복을 하고 말았다. 왕자들의 분열로 사비도성의 방어전도 제대로 이루어지지 못한 것이다.

세 번째로 의자왕 대에 중앙 권력에서 소외되어 있던 지방 세력 혹은 무왕 대 귀족 세력들의 동향을 분석해보면, 이들은 의자왕에 대해 상당한 불만을 갖고 있었으며 따라서 의자왕을 위해 군사적 지원을 하지 않았음을 알 수 있다. 나·당연합군의 공격이 시작되고 사비도성이 함락당할 때까지 지방군이

---

186) 김영관, 「앞의 논문」, 2007a, p.193.
그리고 이때 태자 융이 강화하고자 한 대상은 당이었지, 신라는 아니었다고 생각된다. 당시 원정의 주도세력으로 판단되는 당에게 그동안의 죄를 빌어 강화하고자 한 것으로 파악된다.

187) 『三國史記』 권28 백제본기 제6 의자왕 20년조에는 태가 자립하자 효의 아들 문사가 왕자 융에게 항복을 설득한 것으로 나오고 있다. 효와 태를 은고의 아들로 보고 이들을 주전파로 파악을 하면 효의 아들 문사 역시 주전파로 분류할 수 있다. 그렇다면 태자 융의 반대 세력이었을 것으로 보이는데 융에게 항복을 권유한 것이 쉽게 이해가 되지 않는다. 그러나 앞서 파악한 바대로 사비도성의 방어 책임이 문사에게 주어졌으나 숙부인 태가 자립하자 문사는 사비성이 당군에 함락되든, 수성에 성공하여 의자왕이 돌아오든 죽임을 면할 수 없게 되었다고 판단하여 강화파인 융에게 접근하여 항복한 것으로 파악하고자 한다.

동원된 기록은 보이지 않는다. 사비도성 함락 이후 복신(福信), 흑치상지(黑齒常之) 등의 부흥군이 일어나자 열흘이 안 되어 합세한 사람이 3만이나 되었다는 기록[188]을 통해서 지방군의 전력이 온전히 보전되어 있음을 확인할 수 있다. 의자왕이 웅진성으로 간 이유도 지방군을 모아 항전하고자 하는 뜻이 있었던 것이다. 그런데 지방군이 적극적으로 의자왕을 구원하지 않은 것은 의자왕과 당시의 정치 상황에 대한 지방 세력의 불만이 있었음을 보여주는 것이라 하겠다. 왕자들 사이의 내분에 따라 지방 세력들도 어느 한 쪽을 지지하면서 분열하였고, 상대세력을 지지하는 지방군을 불러들이지 못하였을 것이라고 추측할 수 있다. 의자왕의 직계 왕자들 중심의 정치에 대한 무왕 대 세력들의 반발도 있었던 것으로 보인다. 당에 항복하여 당군에 협조한 부여융과 달리 무왕 대에 활약한 왕족인 복신과 부여풍 등은 백제 부흥 운동에 나서고 있는 것을 통해서도 그러한 갈등을 짐작할 수 있다.

한편 웅진성으로 피신한 의자왕을 대장 예식(禰植=예식진(禰寔進))[189]이 거느리고 와서 항복했다[190]는 기록으로 보아 웅진방령이던 예식(진)이 의자왕을 사로잡아 항복한 것으로 볼 수 있다.[191] 이 예씨 집안도 무왕 대부터 좌평 벼슬을 역임하면서 웅진성을 중심으로 활약한 집안으로 보이는데,[192] 그러한 예식(진)이 의자왕을 배신한 것은 의자왕이 무왕 대의 왕족이나 중신들을 배척하고 직계 중심의 정치를 해나간 데에 대한 불만이 잠재해 있었기 때문일

---

188) 『三國史記』 권44 열전 제4 흑치상지.

189) 金榮官, 「앞의 논문」, 2007c, pp.374~379에서 『舊唐書』 蘇定方列傳에 나오는 禰植이 禰寔進임을 밝히고 있다.

190) 『舊唐書』 열전 소정방전

191) 노중국, 『앞의 책』, 2003, p.57; 金榮官, 「앞의 논문」, 2007c, pp.374~379.

192) 金榮官, 「앞의 논문」, 2007c, pp.374~379.

것이다. 즉 백제의 왕족과 귀족들은 나·당연합군의 침공 앞에 무왕 대의 세력과 의자왕과 그의 왕자들 세력으로, 또 의자왕의 왕자들은 태자 융을 지지하는 세력과 소왕 효를 지지하는 세력으로 사분오열되었음을 알 수 있다. 이렇게 지배층이 분열되고 백제 왕실이 고립되면서, 지방군과 중앙군이 긴밀히 연계하여 나·당연합군에 대처하지 못하였던 것이다.

B A E K J E

제5장
결론

본 연구는 백제 사비시대 후기의 정치세력과 정국운영의 변화를 왕권과 여러 정치 세력의 대립 관계를 중심으로 살펴본 것이다. 그동안 이 시기에 대한 연구들이 많이 축적되었고, 특히 2009년 미륵사지 서탑에서 사리봉안기가 발굴되면서 수많은 연구 성과들이 발표되어 무왕 대의 정치에 대한 이해가 더 심화되었다. 그러나 한편으로는 기존의 견해가 논거를 보강하여 되풀이되는 가운데 새로운 견해들이 추가됨으로써 여러 문제들을 둘러싼 논쟁이 더욱 심해졌다. 이러한 상황 속에 본 연구는 기존의 견해들을 종합·정리하여 각 견해들 중 합리적인 부분들을 수용·보강하고, 기존 견해들이 미처 주목하지 못한 부분과 새로운 시각에서 바라본 결과들을 더하는 방식으로 연구를 진행하였다.

먼저, 사비 시대 후기의 정치 상황에 대한 올바른 이해를 위해서『일본서기』황극기 백제 관련 기사를 재검토하여『일본서기』에 나타난 당시의 백제 정치 상황을 정리하였다. 그리고 미륵사지 서탑 사리봉안기와『삼국유사』무왕조의 서동설화 등 기본 사료들과 선행 연구들을 검토하여 무왕의 왕비와 의자왕의 생모가 누구였는지를 밝혀 보았다.

『일본서기』황극기의 백제 관련 기사를 재검토한 결과,『일본서기』에 여러 차례 기록된 풍장은 1명이 아니라 2명으로 파악할 수 있었다. 즉 서명기와 효덕기의 풍장과 황극기의 교기(=제명기와 천지기의 풍장=규해=부여풍)로 나누어 볼 수 있고, 이 둘 사이는 부자지간으로 보인다. 서명기의 풍장은 631년에 의자와의 태자 경쟁에 패해 왜로 보내진 것으로, 황극기의 교기는 642년 백제 정변과 관련하여 백제에서는 추방의 성격을 띠고 있지만 역시 외교사절로서 왜로 파견된 것으로 보았다. 그러나 약 10년 만에 또다시 외교 사절단을 파견하였고, 백제대란이 일어났다는 소식을 들은 왜조정은 이들의 외교 사절로서의 자격을 의심하였다. 그 의심을 해소하기 위해 의자왕은 대좌평 지적을 재등용하여 왜에 파견하였고, 지적은 임무를 완수하고 귀국하였다. 다만 풍장과 교기 일행을 비교해보면 풍장이 보다 더 정식 외교 사절에 가까웠고, 교기 일행은 백제 정변과 관련하여 파견된 것으로 백제의 입장에서 보면 추방의 성격이 강하였다고 하겠다.

다음으로 무왕의 왕비와 의자왕의 생모에 대해서,『일본서기』황극기에 기록된 '국주모'와 의자왕의 관계는 친모자 관계로 보기 어렵고, '국주모'는 사리봉안기의 '사탁왕후'와 동일 인물로 파악하였다. 그렇다면 현재까지 밝혀진 사료나 당시 백제의 정치적 상황을 고려할 때,『삼국유사』무왕조의 '선화공주'를 의자왕의 생모로 파악하는 것이 가장 합리적이라고 할 수 있다. 선화공주의 출신에 대해서는 익산세력이라는 견해가 많은데 그렇게 보기는 어렵다. 또 선화공주를 진평왕의 셋째 딸로 파악하는 것도 받아들이기 어렵다.『삼국유사』무왕조는 당시에는 특기할 만한 사건이었기 때문에 기록으로 남았다는 점을 고려하면, 백제 무왕이 즉위하기 이전에 신라 왕족 혹은 귀족의 딸과 혼인한 것이 설화적 윤색을 통해 선화공주라는 이름으로 남았다고 할 수 있다. 마지막으로 혼인의 시점을 검토해보면 선화공주는 무왕의 즉위 이전인 595년 이전에 혼인하였고, 사탁왕후는 무왕 즉위 초에 혼인한 것으로 파악되기 때문에 선화공주가 무왕의 선비, 사탁왕후가 무왕의 후비라고 할 수 있다.

　두 번째, 무왕 대의 왕권과 정치 세력의 변화에 대해 검토를 한 결과는 다음과 같다. 먼저, 무왕의 출자 문제의 해결을 위해 위덕왕~법왕 대의 상황을 정리하면, 위덕왕 대의 정치는 초반에는 잠시 왕권이 위축되었지만 위덕왕 13년의 능산리 사원 창건과 사리 봉안을 통해 점차 왕권이 안정되어 갔다고 보는 것이 합리적이다. 그런데 577년의 왕흥사지 사리기 명문을 통해 위덕왕의 차기 왕위 계승권자로 추정되는 왕자가 사망하였음을 알 수 있다. 이 왕자의 죽음은 위덕왕의 왕권을 동요시킬 수 있었기에, 추복탑의 건립을 통해 성왕계 왕족들을 결집하고자 하였다. 이 과정에 위덕왕의 왕제인 계가 익산 경영을 시작하면서 정치적 비중을 점차 높여갔다. 이러한 상황 속에 위덕왕이 사망하자 왕제 계가 자연스럽게 뒤를 이어 즉위하였다. 그런데 혜왕의 뒤를 이은 법왕이 또다시 단명하였는데, 이에 법왕의 서자였던 무왕이 여러 귀족 세력들의 지지를 얻어 즉위한 것이 아닐까 추정해 보았다. 무왕의 출자에 대해서는 여러 견해들이 대립하고 있는데, 『삼국사기』와 『삼국유사』 등의 여러 사료들을 아우를 수 있고 가장 합리적인 것이 법왕의 서자설이라고 할 수 있다.

　무왕 대 정치 세력의 변화를 살펴보면, 먼저 무왕은 즉위 이후 대성팔족 중 한동안 소외되어 있던 해씨, 백씨를 새로 등용하고, 연씨, 국씨, 사씨 세력 등과 중국계인 왕씨 세력, 익산 세력 등의 신진 세력 및 왕족을 골고루 기용함으로써 여러 세력들의 견제와 균형 위에 왕권을 강화해 나간 것으로 파악하였다. 무왕 전기는 아막성 전투 이후 무왕의 본격적인 왕권 강화 정책이 추진되면서 왕씨, 예씨, 익산 세력 등이 내조를 중심으로 성장하였다. 무왕 후기에는 백제사상 어느 시기보다 왕권이 안정되고 강화되었고, 사씨 세력이 왕권에 협력하면서 국정 주도 세력으로 재부상하였다. 사씨 세력은 사탁왕후 및 그 소생인 풍장을 지지하면서 의자와 차기 왕위 계승권을 두고 대립하였다. 이들 사씨 세력은 무왕 후기 대신라전을 주도하면서 성장하였는데, 특히 무왕 최대의 치적이라고 할 수 있는 함양 방면의 진출을 사씨 세력이 주도한 것으로 파악하였다.

익산 세력의 동향과 관련하여, 먼저 익산은 왕궁성, 미륵사 등의 개발이 추진되다 보니 관념적으로 '별부(別部)'로 인식되어졌다. 무왕 대에는 천도까지 염두에 두고 익산을 개발하였지만, 의자왕 대에는 무왕의 왕릉을 조성하고 왕궁성 자리에 무왕의 명복을 비는 대관사를 건립하면서 종교 중심지로 성격이 바뀌게 되었다. 한편 무왕 대에는 내조의 위상이 크게 높아진 시기로, 왕효린, 예씨, 내좌평 기미 등 내조 세력이 최고위 관등인 좌평에까지 진출하였다. 특히 익산 세력이 무왕 대에 크게 성장했다고 볼 수 있는데, 『일본서기』 황극기 원년조에 기록된 내좌평 기미를 익산 세력으로 파악하였다. 그런데 무왕 후기 의자를 태자로 책봉하면서 의자는 사비 왕도를 중시하였고, 사탁왕후를 중심으로 한 사씨 세력이 미륵사 사리봉안 등의 익산 경영을 이어받아 자신들의 세력을 익산 지역으로 확대하였다. 이러한 상황 속에 사씨 세력이 익산 세력을 포용하면서 두 세력이 같은 정치적 입장을 갖게 되었다.

세 번째, 의자왕 대의 정국운영의 변화를 살펴보면, 무왕 후기의 사씨 세력과 태자 의자의 대립 구도가 지속되다가 의자왕 초기 정변이 발생하면서, 사탁왕후와 관련된 사씨 가문과 교기, 그리고 익산 세력인 내좌평 기미가 축출되었다. 즉 의자왕 즉위 2년의 정변으로 사씨 세력이 타격을 입고 그 위상이 약화되었다. 다만 이 정변으로 사씨 세력 전체가 축출되었다고 보기는 어렵고 사탁왕후의 가문이 타격을 받은 것으로 보인다. 그리고 이 정변 초기 밀려났던 사택지적이 의자왕에게 재등용되어 왜에 외교 사절로 보내졌는데, 이는 교기 등의 외교 사절로서의 자격을 의심하는 왜 조정을 안심시키고자 한 것이었다. 이렇게 사택지적이 의자왕의 정책에 협조를 하면서 사탁왕후의 가문과 사택지적의 가문이 분화된 것이 아닌가 한다. 즉 사택지적의 가문이 사탁(沙乇)왕후 가문과의 차별화를 위해 새로운 한자로 성씨[砂宅]를 표기한 것으로 보인다.

이후 의자왕은 그 어느 시기보다 더 강한 왕권을 행사할 수 있었고, 통치 체제를 더욱 관료 중심으로 변화시켰다. 의자왕 전기의 가장 중요한 세력 기반으로는 의자왕의 왕자들(태자 중심)과 무왕 대에 유교적 소양이나 군사적 실력을 바탕으로, 22부사를 중심으로 성장한 달솔층을 들 수 있다. 이들은 의자왕 초기 대야성 점령을 통해 정치적 입지를 강화한 것으로 보인다. 또, 대성팔족 중 친왕적인 사씨 가문과 왕족에서 분지화한 성씨로, 달솔층을 역임한 세력들이 있었다. 이와 같은 상황들을 고려하여 의자왕 전기 정국 운영의 특징을 살펴보면, 초기 정변의 결과 국왕과 태자를 중심으로 한 정국 운영이 이루어졌고, 대성팔족 세력들이 왕권에의 협력 정도에 따라 세력 분화가 일어났다. 또 고위 관직에 새로운 세력이 대거 임명되는 등 국왕의 관료 임명권이 확대되어 왕권 전제화가 추구되었다. 이러한 왕권 강화 작업은 무왕 대와 달리 유교를 사상적 기반으로 하여 이루어졌다. 그리고 대신라전을 지속적으로 추진하여 이러한 왕권 강화 작업을 뒷받침하고자 하였다.

한편, 의자왕 전기에는 신라에 대한 강경책과 더불어 당과 우호 관계를 유지하려는 외교 노선을 견지하였으나, 645년 당의 고구려 원정이후 당과의 관계가 점점 어려워지고 647년~649년 대신라전에서 연이은 패배를 당하면서, 결국 652~654년경에 당과의 관계 개선을 포기하고 고구려와 동맹하는 쪽으로 외교 노선을 변경하였다. 이에 의자왕 전기를 주도하던 성충 등이 강력하게 반발을 하였고, 이러한 갈등을 이용하여 융의 태자 책봉에 불만을 갖고 있던 군대부인 은고와 효의 세력이 의자왕의 제려동맹 추진을 지지하면서 발언권을 강화하여 효를 소왕의 지위로 격상시키게 되었다. 또 더 나아가 완전히 융을 몰아내고 효를 차기 왕위 계승권자로 만들고자 하였다. 하지만, 여기서 융과 효를 지지하는 왕족과 귀족층들의 분열과 대립이 일어났고, 의자왕 19년

이후에는 양 세력의 대립이 극에 달하였다. 이를 눈치 챈 신라는 당에 이러한 사실을 전하면서 당군의 백제 공격을 이끌어 내었다.

이상과 같이 의자왕 후기 정계개편과 태자 교체를 둘러싼 갈등과 대립이 나타난 원인은 의자왕 초기부터 진행된 강력한 왕권의 확립이 가져온 부작용이라 생각된다. 국왕에게 권력이 집중되고 귀족들이 관료화되면서 차기 왕위를 둘러싼 권력 투쟁이 더욱 격심해진 것이다. 그리고 이러한 의자왕의, 직계 왕자를 중심으로 한 정국 운영은 무왕 대의 왕족이나 귀족 세력들을 소외시키면서 이루어진 것이었다. 이에 따라 풍장, 교기 등 무왕의 왕자나 손자는 왜국으로 보내졌고, 역시 무왕 대에 활약하던 복신도 의자왕 대에는 전혀 그 모습이 보이지 않는다. 무왕 대의 왕자들뿐만 아니라 무왕 대에 중용되었던 다른 귀족 세력들 역시 마찬가지였다. 또 무왕 대의 왕족들이 주로 백제 부흥 운동을 주도하는데 비해 의자왕의 왕자들은 당에 항복한 후 당의 기미정책에 이용되고 있다는 점에서도 차이를 보인다. 결론적으로 의자왕 대는 왕권 강화가 급속도로 이루어지긴 했지만 그것이 왕실의 고립을 초래하였고, 고립된 왕실 내부에서도 차기 왕위 계승을 둘러싼 내분이 일어남으로써 국왕과 태자에 대한 지지 세력을 약화시키는 결과를 가져왔다고 하겠다.

이상과 같은 연구 성과를 바탕으로 사비시대를 전·후기로 구분하면, 혜왕 대부터를 사비시대 후기로 설정할 수 있다. 이 사비시대 후기의 특징을 들자면 먼저 이 시기는 혜왕계 왕실이 지속적인 왕권 강화 노력을 기울여 국왕 중심의 통치 체제를 확립한 시기로, 백제사 어느 시기보다도 왕권이 강했던 시기라고 할 수 있다. 이처럼 강력한 왕권을 구축할 수 있었던 기반은, 첫째 국왕의 측근 세력으로서 내조의 위상이 강화되고 내조의 관료들이 국정의 중요한 한 축을 담당하게 된 것을 들 수 있다. 무왕 대에는 내조의 영수가 좌평의 지위를 갖게 되고, 왕씨, 예씨, 익산 세력 등의 신진 세력이 내조를 중심으로 성장하였고, 의자왕 대에도 유교적 혹은 군사적 실력을 갖춘 새로운 세력들이 의자왕의 왕권을 뒷받침하는 역할을 하였다. 둘째, 대신라전에서 괄목할만한 성과를 거둔 것이다. 무왕과 의자왕은 백제 그 어느 시기보다 가장 활발하게 신라 공격을 감행하였다. 이는 무왕이 신라여인과 혼인을 하였고, 의자가 그녀의 소생이었기 때문에 자신들의 정치적 약점을 감추기 위해 오히려 다른 어느 왕들보다 대신라 공격에 주력한 것이 아닐까 한다. 어쨌든 이러한 대신라전을 통해 무왕은 함양 방면으로 진출하였고, 의자왕을 그것을 발판삼아 옛 가야 지역 대부분을 회복하고 대야성까지 차지하여 신라 수도 경주를 위협하기에 이르렀다. 이러한 대신라전의 승리는 강력한 왕권을 구축하는 중요한 기반이 되었음에 틀림이 없다. 셋째, 사씨를 제외한 대성팔족의 세력이 쇠퇴하고 왕족들의 국정 참여가 많아졌으며 새로운 세력들이 등장하고 있다. 『삼국사기』와 『일본서기』에서 무왕 후기, 의자왕 대에 활약한 인명들을 분석해보면 이러한 경향이 점차 강해짐을 알 수 있는데, 왕족들과 새로운 세력들은 왕권을 뒷받침하는 세력이었다고 볼 수 있다.

그리고 두 번째 사비시대 후기의 특징으로 왕권이 강해짐에 따라 태자 책봉을 둘러싼 경쟁이 치열하였다는 점이다. 이 시기동안 가장 강력한 영향력을 행사한 정치세력은 왕족과 사씨 세력이었는데, 왕족들이 태자 책봉을 놓고 경쟁하는 과정에는 무왕·의자왕 대에 계속 왕비를 배출한 사씨 세력이 깊이 관련되어 있었다. 사씨 세력은 특정 가문이 축출되기도 하고 시기적으로 부침이 있긴 했지만 사비시대 후기 전 기간에 걸쳐 꾸준히 그 세력을 유지해 왔다고 하겠다. 즉 사비시대 후기는 국왕과 태자를 중심으로 한 왕족과 사씨 세력이 정치를 주도하였고, 정치적 변화도 이들 간의 상호 관계에서 비롯된 시기였다고 할 수 있겠다. 그러나 이 후계자를 둘러싼 경쟁이 치열해지면서 백제 정치 세력은 의자왕 후기에 서로 분열하고 대립하게 되었고, 그 대립상이 신라에

노출되면서 나·당연합군의 공격을 받고 멸망의 길을 걸었다고 하겠다.

이렇게 사비시대 후기 정치사를 정리하였지만, 본 연구에서 미처 세심하게 다루지 못한 한계들도 적지 않다. 먼저 서동설화의 역사성을 추구하는 작업을 하였지만, 설화의 생성과 변형에 대한 식견이 짧아 제대로 된 분석이 되지 못한 점이다. 설화 자체에 대한 지식을 보강하여 본격적으로 서동 설화의 역사성을 추구하는 작업이 필요할 것으로 보인다.

두 번째, 다른 시기에 비해 비교적 많은 문헌 사료와 금석문이 존재하긴 하지만, 그래도 사료가 영성한 이 시기의 상황을 제대로 밝히기 위해서는 고고학의 성과에 많이 의존해야 할 것이다. 그런데 본 연구에서는 고고학적 성과를 일부 반영하긴 하였지만, 이 시기 전체를 아우르는 고고학 연구를 제대로 검토하지 못하였다. 특히 미륵사의 건립과 관련된 인장와 같은 금석문들, 사비시대 혹은 백제 멸망 후의 시기로 보이는 불상의 명문 등에 대해 면밀한 검토를 하지 못하였다. 이러한 고고학의 연구 성과들에 대한 식견을 넓힌다면 또 다른 각도에서 이 시대 정치적 흐름의 변화를 조망할 수 있지 않을까 한다.

세 번째, 이 시기는 사비시대 전기와는 또 다른 통치 체제의 변화가 있었던 것으로 보인다. 좌평층의 증가와 달솔층의 성장, 내조의 개편과 같은 변화가 있었던 것으로 추정되나 본고에서는 통치 제도적 측면에서의 변화를 제대로 살펴보지 못하였다. 앞으로 이 시기의 정치 제도적 변화를 탐구할 필요가 있다고 하겠다.

마지막으로, 정치사의 변화를 조망하기 위해서는 정치 사상적인 측면의 분석이 필요한데, 본고에서는 정치 사상에 대한 검토가 부족하였다. 특히 미륵사의 건립과 관련하여 불교 사상과 당시 정치 세력들의 관계를 제대로 살펴보지 못한 점이 큰 한계라고 하겠다. 추후 이 부분을 보완할 과제로 삼고 연구를 확장할 필요가 있다고 하겠다.

참고문헌

1. 사료

『三國史記』,『三國遺事』,『譯註韓國古代金石文』,

『北史』,『隋書』,『舊唐書』,『新唐書』,『資治通鑑』,『册府元龜』,『唐會要』,

『日本書紀』,『續日本紀』

2. 저서

1) 한국어

강종원,『백제 국가권력의 확산과 지방』, 서경문화사, 2012.

공주대학교 백제문화연구소,『백제부흥운동사연구』, 서경, 2004.

국립부여문화재연구소 편,『사비도성과 백제의 성곽』, 서경문화사, 2000.

국사편찬위원회,『한국사6 – 삼국의 정치와 사회Ⅱ – 백제』, 탐구당문화사, 1995.

김수태,『백제의 전쟁』, 주류성, 2007.

金榮官,『百濟復興運動研究』, 서경, 2005.

김영심,『百濟 地方統治體制 研究』, 서울대학교 박사학위논문, 1997.

金周成,『百濟泗沘時代 政治史研究』, 全南大學校 博士學位論文, 1990.

김현구 · 박현숙 · 우재병 · 이재석 공저,『일본서기 한국관계기사 연구(Ⅰ · Ⅱ · Ⅲ)』,
　　　일지사, 2004.

盧重國,『百濟政治史研究』, 一潮閣, 1988.

노중국,『백제부흥운동사』, 일조각, 2003.

노중국,『백제사회사상사』, 지식산업사, 2010.

노중국,『백제의 대외교섭과 교류』, 지식산업사, 2012.

노태돈,『삼국통일전쟁사』, 서울대학교출판부, 2009.

마한백제문화연구소 · 백제학회,『대발견 사리장엄 彌勒寺의 再照明』, 2009.

문동석,『백제 지배세력 연구』, 혜안, 2007.

문안식,『백제의 흥망과 전쟁』, 혜안, 2006.

박현숙,『백제의 중앙과 지방』, 주류성, 2005.

백제사연구회,『백제와 금강』, 서경문화사, 2007.

서영일,『신라 육상 교통로 연구』, 학연문화사, 1999.

성주탁 교수 추모논총 간행위원회,『백제와 주변세계』, 진인진, 2012.

梁起錫,『百濟專制王權成立過程研究』, 檀國大學校 博士學位論文, 1990.

양기석,『백제 정치사의 전개과정』, 서경문화사, 2013.

양기석,『백제의 국제관계』, 서경문화사, 2013.

양종국,『백제 멸망의 진실』, 주류성, 2004.

양종국,『中國 史料로 보는 百濟』, 서경, 2006.

양종국,『의자왕과 백제부흥운동 엿보기』, 서경문화사, 2008.

연민수,『고대한일관계사』, 혜안, 1998.

연민수외,『역주 일본서기 1,2,3』, 동북아역사재단, 2013.

윤선태,『목간이 들려주는 백제 이야기』, 주류성, 2008.

李基東,『百濟史研究』, 一潮閣, 1997.

이기백・이기동,『한국사강좌1 - 고대편 - 』, 一潮閣, 1991.

이도학,『살아있는 백제사』, 휴머니스트, 2003.

이도학,『백제인물사』, 주류성, 2005.

이도학,『백제 사비성 시대 연구』, 일지사, 2010.

이상훈,『나당전쟁 연구』, 주류성, 2012.

이영호,『신라 중대의 정치와 권력구조』, 지식산업사, 2014.

이한상,『장신구 사여체제로 본 백제의 지방지배』, 서경문화사, 2009.

李昊榮,『新羅三國統合과 麗濟敗亡原因研究』, 書景文化社, 1997.

이희진,『전쟁의 발견』, 동아시아, 2004.

이희진,『백제사 미로찾기』, 소나무, 2009.

이희진,『의자왕을 고백하다』, 도서출판 가람기획, 2011.

임영진,『백제의 영역 변천』, 주류성, 2006.

임용한,『전쟁과 역사 - 삼국편』, 혜안, 2001.

임용한,『한국고대전쟁사1 - 전쟁의 파도』, 혜안, 2011.

임용한,『한국고대전쟁사2 - 사상 최대의 전쟁』, 혜안, 2012.

임용한,『한국고대전쟁사3 - 부흥운동과 후삼국』, 혜안, 2012.

장미애,『백제 후기 정치 세력 연구』, 가톨릭대학교 박사학위논문, 2015.

田祐植, 『百濟 '王權中心 貴族國家' 政治運營體制 研究』, 국민대학교 박사학위논문, 2010.

鄭東俊, 『百濟 政治制度史 研究』, 成均館大學校 博士學位論文, 2008.

정동준, 『동아시아 속의 백제 정치제도』, 일지사, 2013.

정재윤·신종원·김영수·박남수·김선기·최완규, 『익산 미륵사와 백제 – 서탑 사리봉안기 출현의 의의』, 일지사, 2011.

鄭孝雲, 『古代韓日政治交涉史研究』, 學研文化社, 1995.

忠南大學校百濟研究所·論山市, 『論山黃山벌戰蹟地』, 2000.

忠南大學校百濟研究所, 『百濟史上의 戰爭』, 서경문화사, 2000.

충청남도역사문화연구원, 『百濟史資料原文集(Ⅰ) – 韓國篇 – 』, 2005.

충청남도역사문화연구원, 『百濟史資料原文集(Ⅱ) – 中國篇 – 』, 2005.

충청남도역사문화연구원, 『百濟史資料原文集(Ⅲ) – 日本篇 – 』, 2005.

충청남도역사문화연구원, 『百濟文化史大系 研究叢書5 – 泗沘都邑期의 百濟』, 2007.

충청남도역사문화연구원, 『百濟文化史大系 研究叢書6 – 百濟의 滅亡과 復興運動』, 2007.

충청남도역사문화연구원, 『百濟文化史大系 研究叢書8 – 百濟의 政治制度와 軍事』, 2007.

충청남도역사문화연구원, 『百濟文化史大系 研究叢書9 – 百濟의 對外交流』, 2007.

충청남도역사문화연구원, 『百濟史資料譯註集 – 韓國篇Ⅰ – 』, 2008.

충청남도역사문화연구원, 『百濟史資料譯註集 – 韓國篇Ⅱ – 』, 2008.

충청남도역사문화연구원, 『百濟史資料譯註集 – 中國篇 – 』, 2008.

충청남도역사문화연구원, 『百濟史資料譯註集 – 日本篇 – 』, 2008.

한국상고사학회, 『百濟의 地方統治』, 학연문화사, 1998.

許重權, 『新羅 統一戰爭史의 軍事學的 研究』, 한국교원대학교 박사학위논문, 1995.

2) 일본어

金鉉球, 『大化政權의 對外關係研究』, 吉川弘文館, 1985.

石母田正, 『日本의 古代國家』, 岩波書店, 1971.

3. 연구논문

1) 한국어

姜珉植, 「薯童說話의 생성과 전개」 『先史와 古代』 19, 2003.

강봉원, 「백제 무왕과 '서동'의 관계 재검토 - 신라와 백제의 정치적·군사적 관계를 중심으로 - 」 『白山學報』 63, 2002.

강종원, 「百濟 階伯의 身分과 政治的 性格」 『湖西史學』 28, 2000.

강종원, 「百濟 黑齒家의 成立과 黑齒常之」 『百濟研究』 38, 2003.

강종원, 「百濟 泗沘都城의 經營과 王權」, 제12회 백제연구 국제학술회의 고대 도시와 왕권 발표문, 2004.

강종원, 「수촌리 백제고분군 조영세력 검토」 『百濟研究』 42, 2005.

姜鍾元, 「百濟 沙氏勢力의 中央貴族化와 在地基盤」 『百濟研究』 45, 2007.

姜鍾元, 「백제말기 政治狀況과 익산 王宮城」 『馬韓·百濟文化』 17, 2007.

강종원, 「百濟 武王의 出系와 王位繼承」 『역사와 담론』 56, 2010.

姜鍾元, 「百濟 武王의 太子 冊封과 王權의 變動」 『百濟研究』 54, 2011.

강종원, 「백제 烏合寺의 창건과 정치적 성격」 『白山學報』 94, 2012.

姜鍾元, 「百濟 國家權力의 擴散과 地方」 『百濟研究』 55, 2012.

권덕영, 「백제 유민 禰氏 一族 묘지명에 대한 斷想」 『史學研究』 105, 2012.

近藤浩一, 「扶餘 陵山里 羅城築造 木簡의 研究」 『百濟研究』 39, 2004.

吉基泰, 「百濟 泗沘期의 佛敎政策과 度僧」 『百濟研究』 41, 2005.

길기태, 「百濟 泗沘時代의 彌勒信仰」 『百濟研究』 43, 2006.

吉基泰, 「彌勒寺 創建의 信仰的 性格」 『韓國思想史學』 30, 2008.

길기태, 「百濟 威德王의 陵山里寺院 創建과 祭儀」 『百濟文化』 41, 2009.

길기태, 「帝釋寺 創建의 政治的 背景과 金剛經」 『역사와 담론』 56, 2010.

김기흥, 「백제의 정체성(正體性)에 관한 일연구」 『역사와 현실』 54, 2004.

金基興, 「서동설화의 역사적 진실」 『歷史學報』 205, 2010.

김낙중, 「墓制와 木棺을 통해 본 益山 雙陵의 의미」 『文化財』 47 - 4, 2014.

김병남, 「百濟 威德王代의 정치 상황과 대외관계」 『韓國上古史學報』 43, 2004.

김병남, 「百濟 武王代의 阿莫城 전투과정과 그 결과」 『歷史學研究』 22, 2004.

김병남, 「백제 풍왕 시기의 정치적 상황과 부흥운동의 전개 - 도침의 몰락과 복신의 주도 배경을 중심으로 - 」 『정신문화연구』 36, 2013.

김병남, 「부흥백제국의 성립과 정치적 변동 - 복신의 정국 주도와 풍왕의 대응을 중심으로 - 」『軍史』89, 2013.

金相鉉, 「百濟 威德王의 父王을 위한 追福과 夢殿觀音」『韓國古代史研究』15, 1999.

김상현, 「미륵사 서탑 사리봉안기의 기초적 검토」『대발견 사리장엄 彌勒寺의 再照明』, 마한백제문화연구소 · 백제학회, 2009.

김상현, 「백제 무왕대 불교계의 동향과 미륵사」『韓國史學報』37, 2009.

김선기, 「地支銘 印刻瓦를 통해서 본 미륵사 창건과 몇 가지 문제」『대발견 사리장엄 彌勒寺의 再照明』, 마한백제문화연구소 · 백제학회, 2009.

金善基, 「發掘調查 成果를 통해 본 益山의 百濟 寺刹」『百濟文化』43, 2010.

金善民, 「『日本書紀』에 보이는 豊璋과 翹岐」『日本歷史研究』11, 2000.

김선숙, 「『三國遺事』武王條의 薯童說話에 대한 검토」『韓國學論集』42, 2007.

金壽泰, 「百濟의 滅亡과 唐」『百濟研究』22, 1991.

金壽泰, 「百濟 義慈王代의 政治變動」『韓國古代史研究』5, 1992.

金壽泰, 「百濟 義慈王代의 太子冊封」『百濟研究』23, 1992.

金壽泰, 「百濟 威德王代 扶餘 陵山里 寺院의 創建」『百濟文化』27, 1998.

金壽泰, 「百濟 義慈王代 王族의 動向」『百濟研究』28, 1999.

金壽泰, 「百濟 武王代의 政治勢力」『馬韓 · 百濟文化』14, 1999.

金壽泰, 「百濟 法王代의 佛敎」『先史와 古代』15, 2000.

김수태, 「古代國家 中央官署의 組織과 運營 - 백제를 중심으로」『강좌 한국고대사』2, 2003.

김수태, 「百濟 義慈王代의 對倭外交」『百濟文化』33, 2004.

김수태, 「삼국의 외교적 협력과 경쟁」『新羅文化』24, 2004.

김수태, 「백제의 천도」『韓國古代史研究』36, 2004.

김수태, 「百濟 威德王의 정치와 외교」『韓國人物史研究』2, 2004.

김수태, 「泗沘時代 百濟의 王京人 - 身分制度를 중심으로 - 」, 제12회 백제연구 국제학술회의 고대 도시와 왕권 발표문, 2004.

김수태, 「의자왕의 친위정변 단행과 대왜관계」『泗沘都邑期의 百濟』충청남도 역사문화원, 2007.

김수태, 「백제 의자왕대 이변(異變) 기사의 검토」『백제실록 의자왕』, 부여군 문화재보존센터, 2008.

김수태, 「백제 무왕대의 미륵사 서탑 사리봉안」『新羅史學報』16, 2009.

김수태,「백제의 사비천도와 불교」『大丘史學』95, 2009.

김수태,「백제 의자왕대의 불교 - 경흥을 중심으로」『百濟文化』41, 2009.

김수태,「백제 무왕대의 대신라 관계」『百濟文化』42, 2010.

김수태,「사비시대 백제의 미륵불 신앙」『百濟文化』48, 2013.

金榮官,「羅唐聯合軍의 百濟侵攻戰略과 百濟의 防禦戰略」『STRATEGY 21』2 - 2, 1999.

金榮官,「百濟復興運動의 發生 背景」『史學志』36, 2003.

金榮官,「百濟復興運動의 失敗 原因」『先史와 古代』19, 2003.

金榮官,「百濟復興軍의 戰略과 戰術」『震檀學報』102, 2006.

金榮官,「百濟遺民 禰寔進 墓誌 소개」『新羅史學報』10, 2007.

金榮官,「白江口 戰鬪와 周留城」『軍史』65, 2007.

김영관,「황산벌 출정에서 백강구 전투까지」『백제실록 의자왕』, 부여군 문화재보존센터, 2008.

金榮官,「義慈王의 押送 過程과 唐에서의 行蹟」『白山學報』85, 2009.

金榮官,「就利山會盟과 唐의 百濟 故土 支配 政策」『先史와 古代』31, 2009.

金榮官,「百濟 義慈王 曾孫女 太妃 扶餘氏 墓誌」『百濟學報』창간호, 2009.

김영관,「백제 멸망 후 부여융의 행적과 활동에 대한 재고찰」『百濟學報』7, 2011.

金榮官,「百濟 遺民들의 唐 移住와 活動」『韓國史研究』158, 2012.

金榮官,「中國 發見 百濟 遺民 禰氏 家族 墓誌銘 檢討」『新羅史學報』24, 2012.

김영관,「百濟 義慈王 外孫 李濟 墓誌銘에 대한 연구」『百濟文化』49, 2013.

김영관,「大唐平百濟國碑銘에 대한 고찰」『역사와 담론』66, 2013.

金榮官,「百濟 遺民 陳法子 墓誌銘 研究」『百濟文化』50, 2014.

김영관,「백제 말기 중앙 귀족의 변천과 왕권 - 문헌 자료의 재해석과 금석문 자료를 이용한 새로운 이해 - 」『한국고대사탐구』19, 2015.

金榮洙,「사리봉안기의 출현과「서동요」해석의 시각」『익산 미륵사와 백제 - 서탑 사리봉안기 출현의 의의』, 일지사, 2011.

김영심,「漢城時代 百濟 佐平制의 전개」『서울학연구』8, 1997.

金英心,「6~7세기 百濟의 地方統治體制 - 地方官을 중심으로 - 」『韓國古代史研究』11, 1997.

김영심,「백제의 지방통치에 관한 몇 가지 재검토 - 木簡, 銘文瓦 등의 문자자료를 통하여 - 」『韓國古代史研究』48, 2007.

金英心,「百濟의 '君' 號에 대한 試論的 考察」『百濟研究』48, 2008.

김영심,「墓誌銘과 문헌자료를 통해 본 백제 멸망 전후 禰氏의 활동」『歷史學研究』52, 2013.

김영심,「舍利器 銘文을 통해 본 백제 사비시기 국왕과 귀족세력의 권력관계 - 沙氏세력과의 관계를 중심으로 - 」『韓國史研究』163, 2013.

金容民,「益山 王宮城 發掘成果와 그 性格」『馬韓·百濟文化』17, 2007.

金正賢,「百濟의 '率'系 官制」『歷史教育』122, 2012.

金鐘洙,「백제 軍制의 성립과 정비」『歷史教育』103, 2007.

김종수,「660년 백강 전투와 오성산 전설」『전북사학』33, 2008.

金周成,「義慈王代 政治勢力의 動向과 百濟滅亡」『百濟研究』19, 1988.

金周成,「백제 지방통치체제의 변화와 지방사회의 재편」『國史館論叢』35, 1993.

金周成,「백제 무왕의 사찰건립과 권력강화」『韓國古代史研究』6, 1993.

김주성,「백제 무왕의 치적」『百濟文化』27, 1998.

김주성,「백제 법왕과 무왕의 불교정책」『馬韓·百濟文化』15, 2001.

김주성,「백제 사비시대의 익산」『韓國古代史研究』21, 2001.

김주성,「백제부흥전쟁기의 사료상에 보이는 몇 가지 의문점」『先史와 古代』19, 2003.

金周成,「6 - 7세기 고구려와 백제의 상호관계」『高句麗研究』20, 2005.

金周成,「百濟 武王의 卽位過程과 益山」『馬韓·百濟文化』17, 2007.

金周成,「百濟 武王의 大耶城 進出 企圖」『百濟研究』49, 2009.

김주성,「7세기 각종 자료에 보이는 익산의 위상」『역사학연구』36, 2009.

김주성,「백제 무왕의 정국운영」『新羅史學報』16, 2009.

김주성,「미륵사지 서탑 사리봉안기 출토에 따른 제설의 검토」『東國史學』47, 2009.

김주성,「사비시기 백제사의 전개과정과 신 자료 발견」『百濟文化』44, 2011.

김주성,「문헌사료로 살펴 본 금마지역의 백제 왕궁리와 미륵사」『歷史教育論集』53, 2014.

金昌錫,「6세기 후반~7세기 전반 百濟·新羅의 전쟁과 大耶城」『新羅文化』34, 2009.

金昌鎬,「『三國遺事』武王조의 새로운 해석」『신라학연구』6, 2002.

金台植,「부여 왕흥사지 昌王名 사리구에 관한 고찰 - 舍利函 銘文을 중심으로 - 」『文化史學』28, 2007.

김현구,「白江戰爭과 그 역사적 의의」『百濟文化』32, 2003.

김현수,「6세기 백제의 대왜외교 양상과 의미」『한국학논총』34, 2010.

나경수,「薯童說話와 百濟 武王의 彌勒寺」『韓國史學報』36, 2009.

羅鐘宇,「百濟의 益山 遷都에 대한 考察」『馬韓·百濟文化』16, 2004.

羅幸柱,「古代 朝日關係에 있어서의 '質'의 意味」『建大史學』8, 1993.

羅幸柱,「大化改新政權의 대외정책」『日本歷史研究』12, 2000.

羅幸柱,「왜 왕권과 백제·신라의「質」- 왜국의「質」導入·受容의 의미 -」『日本歷史研究』24, 2006.

남정호,「義慈王 前期 政局 運營의 特徵」『歷史教育論集』44, 2010.

남정호,「義慈王 後期 支配層의 分裂과 百濟의 滅亡」『百濟學報』4, 2010.

남정호,「『日本書紀』에 보이는 豊章과 翹岐 關聯 記事의 再檢討」『百濟研究』60, 2014.

남정호,「백제 무왕의 왕비와 의자왕의 생모에 대한 고찰」『歷史教育論集』55, 2015.

남정호,「백제 무왕 대와 의자왕 초기 정치 세력의 변화 - 사씨(沙氏)와 익산 세력을 중심으로 -」『歷史教育論集』56, 2015.

盧重國,「三國遺事 武王條의 再檢討 - 泗沘時代後期 百濟支配體制와 關聯하여」『韓國傳統文化研究』2, 1986.

盧重國,「武王 및 義慈王代의 改革 政治」『百濟政治史研究』, 1988.

盧重國,「7世紀 百濟와 倭와의 關係」『國史館論叢』52, 1994.

노중국,「百濟 武王과 知命法師」『韓國史研究』107, 1999.

노중국,「百濟 食邑制에 대한 고찰」『慶北史學』23, 2000.

노중국,「益山지역 정치체의 史的 전개와 百濟史上의 益山勢力」『馬韓·百濟文化』15, 2001.

노중국,「의자왕대의 정치와 사회」『백제부흥운동사』, 일조각, 2003.

노중국,「부흥백제국의 성립」『백제부흥운동사』, 일조각, 2003.

노중국,「백제사상의 무왕」『百濟文化』34, 2005.

노중국,「百濟의 姓氏와 貴族家門의 出自」『大丘史學』89, 2007.

노중국,「신라정복을 실행하다」『백제실록 의자왕』, 부여군 문화재보존센터, 2008.

노중국,「백제의 骨族 의식과 골족 範圍」『韓國古代史研究』50, 2008.

노중국,「금석문·목간 자료를 활용한 한국고대사 연구 과제와 몇 가지 재해석」『韓國古代史研究』57, 2010.

노중국,「성씨의 分支化와 귀족가문의 분화」『백제사회사상사』, 2010.

노중국,「彌勒寺 창건과 知命法師」『백제사회사상사』, 지식산업사, 2010.

盧重國,「百濟의 王·候號, 將軍號制와 그 운영」『百濟研究』55, 2012.

都守熙,「百濟地名硏究」『百濟硏究』11, 1980.

문경현,「백제 武王과 善花公主攷」『新羅史學報』19, 2010.

문동석,「4세기 백제의 지배체제와 좌평」『역사와 현실』42, 2001.

문동석,「5~6세기 백제의 지배세력 연구」『역사와 현실』55, 2005.

문동석,「백제 사비시대 귀족세력의 존재양태와 대성팔족」『역사와 현실』62, 2006.

文東錫,「百濟 黑齒常之의 姓氏에 대한 新考察」『百濟硏究』47, 2008.

문동석,「2000년대 백제의 신발견 문자자료와 연구동향」『韓國古代史硏究』57, 2010.

문안식,「의자왕 전반기의 신라 공격과 영토확장」『慶州史學』23, 2004.

문안식,「의자왕의 친위정변과 국정쇄신」『東國史學』47, 2009.

민병승,「武王代 6部체제와 益山」『한국학논총』34, 2010.

박노석,「백제 황산벌 전투와 멸망과정의 재조명」『인문과학연구』27, 2010.

박민경,「武王·義慈王代 政局運營의 硏究」『韓國古代史硏究』20, 2000.

朴惰榮,「百濟 義慈王代의 對外政策 - 新羅와의 관계를 중심으로 - 」, 고려대학교
　　　석사학위논문, 2004.

朴淳發,「泗沘都城과 益山 王宮城」『馬韓·百濟文化』17, 2007.

박순발,「泗沘都城과 익산 王宮城」『馬韓·百濟文化』21, 2013.

박윤선,「위덕왕대 백제와 남북조의 관계」『역사와 현실』61, 2006.

박윤선,「7세기 전반 삼국의 역관계와 백제의 대당외교 - 백제의 입장을 중심으로 - 」
　　　『역사문화연구』27, 2007.

박윤선,「무왕대 전반기 삼국의 각축과 백제의 외교」『韓國古代史硏究』53, 2009.

朴主善,「7세기 중반 백제의 신라 고립책과 對倭관계」, 서울대학교 석사학위논문,
　　　2014.

박주선,「百濟 義慈王代의 신라 고립책과 對倭관계 - 653년 백제와 왜의 通好를
　　　중심으로 - 」『韓國史論』61, 2015.

朴峻亨·徐榮敎,「『文館詞林』에 보이는 蔣元昌과 蔣氏家門 醫官」『歷史學報』222,
　　　2014.

박현숙,「백제 泗沘時代의 지방통치체제 연구」『韓國史學報』창간호, 1996.

朴賢淑,「百濟 軍事組織의 整備와 그 性格 - 泗沘時代를 중심으로 - 」『史叢』47, 1998.

朴賢淑,「6세기 백제 대외관계의 변화와 그 의미」『先史와 古代』19, 2003.

박현숙,「百濟 武王의 益山 경영과 彌勒寺」『韓國史學報』36, 2009.

拜根興,「百濟와 唐 관계에 관련한 두 문제 - 웅진도독 왕문도의 사망과 예식진

묘지명에 관하여」『百濟研究』47, 2008.

拜根興, 「唐代 백제유민 禰氏家族 墓誌에 대한 고찰」『韓國古代史研究』66, 2012.

변인석, 「7世紀 中葉 白江口戰에 있어서의 日本의 敗因에 대한 考察」『東方學志』75, 1992.

山尾幸久, 「7世紀 中葉의 東아시아」『百濟研究』23, 1992.

山本孝文, 「考古學으로 본 百濟王權의 泗沘 經營과 益山資料」『馬韓·百濟文化』20, 2012.

서영교, 「황산벌 결전 직전의 국제정세」『군사연구』131, 2011.

서영교, 「阿莫城 전투와 倭」『歷史學報』216, 2012.

徐榮教, 「百濟의 倭使國書 奪取사건 - 602 - 3년 阿莫城·北漢山城 전투와 관련하여 - 」『軍史』86, 2013.

徐程錫, 「百濟 5方城의 位置에 대한 試考」『湖西考古學』3, 2000.

徐程錫, 「炭峴에 대한 小考」『中原文化論叢』7, 2003.

徐程錫, 「百濟 山城을 통해 본 황산벌전투의 현장」『歷史教育』91, 2004.

서정석, 「백제 白江의 위치」『白山學報』69, 2004.

서정석, 「益山 雙陵에 대한 斷想」『역사와 역사교육』11, 2006.

徐程錫, 「의자왕의 전략과 황산벌전투의 실상」『軍史』76, 2010.

成周鐸, 「百濟 炭峴 小考」『百濟論叢』2, 1990.

송완범, 「'白村江 싸움'과 倭 - 東아시아세계의 재편과 관련하여 - 」『韓國古代史研究』45, 2007.

송호정, 「史料와 考古學 자료로 본 백제 王都 益山」『馬韓·百濟文化』20, 2012.

신유진, 「『日本書紀』에 보이는 百濟의 '君'호에 대한 考察」『韓日關係史研究』44, 2013.

신종원, 「사리봉안기를 통해 본『삼국유사』무왕조의 이해」『익산 미륵사와 백제 - 서탑 사리봉안기 출현의 의의』, 일지사, 2011.

沈正輔, 「白江에 대한 研究現況과 問題點」『百濟文化』32, 2003.

梁起錫, 「百濟 威德王代 王權의 存在形態와 性格」『百濟研究』21, 1990.

梁起錫, 「百濟 扶餘隆 墓誌銘에 대한 檢討」『國史館論叢』62, 1995.

梁起錫, 「百濟 泗沘時代 佐平制 研究」『忠北史學』9, 1997.

梁起錫, 「百濟 威德王代의 對外關係 - 對中關係를 중심으로 - 」『先史와 古代』19, 2003.

梁起錫, 「百濟 威德王代 王興寺의 創建과 背景」『文化史學』31, 2009.

梁起錫, 「百濟 王興寺의 創建과 變遷」『百濟文化』41, 2009.

梁正錫,「彌勒寺址 塔址의 調查過程에 대한 檢討」『韓國史學報』36, 2009.

양종국,「7세기 중엽 義慈王의 政治와 동아시아 국제관계의 변화」『百濟文化』31, 2002.

양종국,「義慈王과 百濟 멸망의 역사적 의미」『湖西史學』36, 2003.

양종국,「의자왕 후예들의 과거와 현재」『百濟文化』33, 2004.

양종국,「7세기 동아시아 국제정세와 百濟 義慈王」『백제부흥운동사연구』, 서경, 2004.

양종국,「백제 멸망과 유민의 활동」『백제실록 의자왕』, 부여군 문화재보존센터, 2008.

양종국,「백제 의자왕대의 정치와 對中外交 성격 검토」『百濟文化』47, 2012.

鈴木靖民,「7世紀 中葉 百濟의 政變과 東아시아」『百濟史의 比較硏究』, 1992.

延敏洙,「百濟의 對倭外交와 王族」『百濟硏究』27, 1997.

延敏洙,「7世紀 東아시아 정세와 倭國의 對韓政策」『新羅文化』24, 2004.

오택현,「백제 복성(複姓)의 출현과 그 정치적 배경」『역사와현실』88, 한국역사연구회, 2013.

兪元載,「百濟 武王의 益山經營」『百濟文化』25, 1996.

유원재,「百濟 黑齒氏의 黑齒에 대한 檢討」『百濟文化』28, 1999.

尹善泰,「扶餘 陵山里 出土 百濟木簡의 再檢討」『東國史學』40, 2004.

윤선태,「武王과 彌勒寺 – 익산의 역사지리적 환경과 관련하여」『백제 불교문화의 寶庫 미륵사』, 학술심포지엄 논문집, 2010.

尹善泰,「新出資料로 본 百濟의 方과 郡」『韓國史硏究』163, 2013.

윤진석,「백제멸망기 '태자'문제의 재검토 – 관련사료 분석과 기존견해 비판을 중심으로 –」『지역과 역사』29, 2011.

윤진석,「'해동증민' 의자왕의 즉위 전 위상 재검토」『大立史學』120, 2015.

李基白,「百濟王位繼承考」『歷史學報』11, 1959.

이남석,「百濟古墳과 益山 雙陵」『馬韓・百濟文化』15, 2001.

李乃沃,「미륵사와 서동설화」『歷史學報』188, 2005.

李道學,「泗沘時代 百濟의 4方界山 護國寺刹의 成立 – 法王의 佛敎理念 擴大施策과 관련하여 –」『百濟硏究』20, 1989.

李道學,「百濟 黑齒常之墓誌銘의 檢討」『향토문화』6, 1991.

李道學,「『日本書紀』의 百濟 義慈王代 政變記事의 檢討」『韓國古代史硏究』11, 1997.

李道學,「'百濟復興運動'에 관한 몇 가지 檢討」『東國史學』38, 2002.

李道學,「百濟 武王代 益山 遷都說의 再檢討」『慶州史學』22, 2003.

이도학,「百濟 義慈王代의 政治 變動에 대한 檢討」『百濟文化』33., 2004.

이도학,「百濟 武王의 系譜와 執權 基盤」『百濟文化』34, 2005.

李道學,「〈王興寺址 舍利器 銘文〉分析을 통해 본 百濟 威德王代의 政治와 佛教」『韓國史研究』142, 2008.

이도학,「해동증자 의자왕의 생애」『백제실록 의자왕』, 부여군 문화재보존센터, 2008.

李道學,「彌勒寺址 西塔「舍利奉安記」의 分析」『白山學報』83, 2009.

李道學,「記錄으로 본 古都 益山의 眞正性」『白山學報』85, 2010.

이도학,「'史料와 考古學 자료로 본 백제 王都 益山'에 대한 檢證」『韓國傳統文化研究』9, 2011.

李道學,「百濟 泗沘都城과 '定林寺'」『白山學報』94, 2012.

李文基,「百濟 黑齒常之 父子 墓誌銘의 檢討」『韓國學報』64, 1991.

李文基,「泗沘時代 百濟의 軍事組織과 그 運用」『百濟研究』28, 1998.

李文基,「百濟 遺民 難元慶 墓誌의 紹介」『慶北史學』23, 2000.

李文基,「韓國 古代國家의 內朝研究 序說」『안동사학』9·10, 2005.

李文基,「泗沘時代 百濟 前內部體制의 運營과 變化」『百濟研究』42, 2005.

李炳鎬,「扶餘 陵山里 出土 木簡의 性格」『목간과 문자』1, 2008.

李炳鎬,「百濟 泗沘期 益山 開發 時期와 그 背景」『百濟研究』61, 2015.

이상훈,「662년 김유신의 군량수송작전」『국방연구』55, 2012.

이신효,「백제 왕도 속의 익산」『馬韓·百濟文化』21, 2013.

이신효,「왕궁리 유적을 통해 본 백제말기 익산경영」『馬韓·百濟文化』22, 2013.

李鎔彬,「百濟 5方制의 成立過程 研究」『白山學報』61, 2001.

이용현,「미륵사 건립과 사택씨 -〈사리봉안기〉를 실마리로 삼아 -」『新羅史學報』16, 2009.

李鍾旭,「百濟의 佐平」『震檀學報』45, 1978.

李鍾旭,「百濟 泗沘時代의 中央政府組織」『百濟研究』21, 1990.

이주현,「7세기 百濟·倭 외교관계 연구」『白山學報』73, 2005.

이장웅,「百濟의 馬韓 薯童(武康王) 神話 수용과 益山 彌勒寺」『역사민속학』38, 2012.

李宰榮,「660년 新羅軍의 百濟 攻擊路」, 충북대학교 석사학위논문, 2003.

李昊榮,「麗濟連和說의 檢討」『新羅 三國統合과 麗濟敗亡原因研究』, 서경문화사, 1997.

이호영,「삼국통일」『한국사』9, 1998.

이희진,「백제의 멸망과정에 나타난 군사상황의 재검토」『史學研究』64, 2001.

李熙眞,「백제 – 신라 전쟁 양상에 대한 고찰을 통한 백제 멸망 원인 재검토」
　　　『韓國古代史探究』12, 2012.

장미애,「무왕의 세력기반으로서의 익산의 위상과 의미」『韓國古代史研究』60, 2010.

장미애,「위덕왕대 혜왕계 정치세력의 성장과 성격에 대하여」『역사와 현실』80, 2011.

장미애,「의자왕대 정치세력의 변화와 대외정책」『역사와 현실』85, 2012.

장미애,「百濟 末 政治 勢力과 百濟의 滅亡」『百濟研究』58, 2013.

장인성,「해동증자 백제 의자왕」『한국인물사연구』4, 2005.

張學根,「軍事戰略의 觀點에서 본 羅唐聯合國과 百濟의 戰爭」『海洋研究論叢』29,
　　　2002.

전덕재,「백제의 율령 반포 시기와 그 변천」『百濟文化』47, 2012.

전우식,「백제 위덕왕대 대신라 정책의 전개와 결과」『한국학논총』32, 2009.

전우식,「백제 무왕대 6좌평제의 운영과 그 의미」『한국학논총』34, 2010.

전우식,「백제 성왕대 22부의 운영과 대성8족」『한국학논총』37, 2012.

전혜빈,「彌勒寺舍利奉安記를 통해 본 義慈王과 沙氏세력」한국사연구회
　　　제307차월례발표회 발표문, 2015.

정동준,「7세기 전반 백제의 대외정책」『역사와 현실』46, 2002.

정동준,「7세기 중반 백제의 대외정책」『역사와 현실』61, 2006.

정동준,「백제 22부사 성립기의 내관·외관」『韓國古代史研究』42, 2006.

정동준,「4~5세기 백제의 정치제도 정비과정」『사림』32, 2008.

정동준,「백제 22부사체제의 성립과정과 그 기반」『韓國古代史研究』54, 2009.

鄭東俊,「6佐平 – 18部體制와 唐制」『百濟研究』50, 2009.

정동준,「백제 관등제의 변천과 의사결정구조」『韓國史研究』149, 2010.

정동준,「백제 담로제(檐魯制)의 역사적 위상에 대한 시론」『역사와 현실』79, 2011.

정동준,「「陳法子 墓誌銘」의 검토와 백제 관제」『韓國古代史研究』74, 2014.

鄭永鎬,「金庾信의 百濟攻擊路 研究」『史學志』6, 1972.

鄭載潤,「百濟 王族의 倭 派遣과 그 性格 – 昆支를 중심으로」『百濟研究』47, 2008.

정재윤,「彌勒寺 舍利奉安記를 통해 본 武王·義慈王代의 政治的 動向」『韓國史學報』37,
　　　2009.

정재윤,「중국계 백제관료에 대한 고찰」『史叢』77, 2012.

鄭孝雲,「7世紀代의 韓日關係의 研究(上)」『考古歷史學志』5·6합집, 1990.

鄭孝雲,「百濟의 內紛과 倭의 外交」『古代韓日政治交涉史研究』, 學研文化社, 1995.

鄭孝雲, 「7世紀 中葉의 百濟와 倭」『百濟研究』27, 1997.

趙景撤, 「百濟 支配勢力과 法華思想」『韓國思想史學』12, 1999.

조경철, 「백제 무왕대 神都 건설과 彌勒寺·帝釋師 창건」『百濟文化』39, 2008.

조경철, 「백제 익산 彌勒寺 창건의 신앙적 배경 – 彌勒信仰과 法華信仰을 중심으로 – 」
　　　『韓國思想史學』32, 2009.

조경철, 「백제 왕실의 3년상 – 무령왕과 성왕을 중심으로 – 」『東方學志』145, 2009.

조경철, 「백제 왕흥사의 창건과정과 미륵사」『史叢』70, 2010.

조경철, 「백제 사택지적비의 연구사와 사상경향」『百濟文化』45, 2011.

조성욱, 「百濟 炭峴의 지형 조건과 관계적 위치」『문화역사지리』15 – 3, 2003.

朱甫暾, 「『文館詞林』에 보이는 韓國古代史 관련 外交文書」『慶北史學』15, 1992

朱甫暾, 「7世紀 羅唐關係의 始末」『嶺南學』20, 2011.

주보돈, 「彌勒寺址 출토 舍利奉安記와 백제의 王妃」『百濟學報』7, 2012.

池元求, 「滅亡期 百濟 方領의 性格과 5方體制 編制의 意味」, 고려대학교 석사학위논문,
　　　2007.

지원구, 「백제 멸망기 방령의 성격과 왕성의 분지화」『백제학보』4, 2010.

최연식, 「백제 후기 미륵사상의 전개과정과 특징」『韓國思想史學』37, 2011.

최연식, 「彌勒寺 創建의 歷史的 背景」『韓國史研究』159, 2012.

崔完圭, 「益山地域의 百濟古墳과 武王陵」『馬韓·百濟文化』15, 2001.

崔完圭, 「墳墓遺蹟에서 본 益山勢力의 傳統性」『馬韓·百濟文化』17, 2007.

최완규, 「고대 익산과 왕궁성」『익산 왕궁리 유적의 조사성과와 의의』, 국립부여문화재연구소,
　　　2009.

최완규, 「익산지역 무덤축조세력과 쌍릉」『익산 미륵사와 백제』, 일지사, 2011.

최완규, 「백제말기 무왕대 익산천도의 재해석」『馬韓·百濟文化』20, 2012.

崔在錫, 「『日本書紀』에 나타난 백제왕 豊에 관한 기사에 대하여」『百濟研究』30, 1999.

최현화, 「7세기 중엽 羅唐關係에 관한 考察」『史學研究』73, 2004.

최현화, 「7세기 중엽 당의 한반도 지배전략」『역사와 현실』61, 2006.

한예찬, 「서동설화의 주체 연구」『溫知論叢』28, 2011.

許重權·丁德氣, 「602년 阿莫城 戰鬪의 전개과정에 대한 고찰」『軍史』85, 2012.

洪性和, 「4~6세기 百濟와 倭의 관계 – 『日本書紀』내 倭의 韓半島 파병과 百濟·倭의
　　　인적 교류 기사를 중심으로」『韓日關係史研究』36, 2010.

홍윤식, 「益山 彌勒寺 창건과 선화공주의 역사적 의미」『대발견 사리장엄 彌勒寺의

再照明』, 마한백제문화연구소・백제학회, 2009.

황인덕, 「의자왕 관련 전설의 전개 양상」『百濟文化』33, 2004.

황인덕, 「초기단계 薯童설화 고찰」『百濟文化』34, 2005.

2) 일본어

高寬敏, 「百濟王子豊璋と倭國」『東アジア研究』10, 1995.

渡邊康一, 「百濟王子豊璋の來朝目的」『國史學研究』19, 1993.

稻田奈津子, 「百濟彌勒寺の舍利奉安記について」『朱』55, 伏見稻荷大社, 2011.

稻田奈津子, 「舍利奉安記と日本古代史料」新川登喜男編『『佛敎』文明の東方移動 – 百濟
　　　　彌勒寺西塔の舍利莊嚴』, 汲古書院, 2013.

山尾幸久, 「7世紀の國際政局と大化改新」『歷史公論』91, 1982.

山尾幸久, 「640年代の東アジアとヤマト國家」『靑丘學術論集』2, 1992.

西本昌弘, 「豊璋と翹岐 – 大化改新前後の倭國と百濟 – 」『ヒストリア』107, 1985.

西本昌弘, 「豊璋再論」『日本歷史』696, 2006.

宋浣範, 「七世紀の倭國と百濟 – 百濟王子豊璋の動向を中心に – 」『日本歷史』686,
　　　　2005.

鈴木靖民, 「皇極紀朝鮮關係記事の基礎的研究」上・下『國史學』82・83, 1970・1971.

鈴木靖民, 「7世紀東アジアの爭亂と變革」『アジアからみた古代日本』, 1992.

鈴木英夫, 「大化改新直前の倭國と百濟 – 百濟王子翹岐と大佐平智積の來倭をめぐ
　　　　って – 」『續日本紀研究』272, 1990.

娛田尙, 「皇極紀の百濟政變記事について」『追手門學院大學創立二十周年記念論集』
　　　　文學部篇, 1987.

李文基, 「百濟內朝制度試論」『學習院史學』41, 2003.

井上光貞, 「大化改新と東アジア」『岩波講座日本歷史』2, 1975.

靑木和夫, 「軍王小考」『日本古代の政治と人物』, 吉川弘文館, 1977.

胡口靖夫, 「百濟豊璋について」『國學院雜誌』80 – 4, 1979.

胡口靖夫, 「鬼室福信と劉仁願紀功碑」『近江朝と渡來人』, 雄山閣, 1996.

색인

22부사 | 17, 206, 215, 218, 271

ㄱ

계(季, 혜왕) | 123
관산성 | 19, 21, 117, 162, 172, 176
관산성 전투 | 21, 117, 118, 121, 124, 134, 160, 175
교기(翹岐) | 42, 46, 199, 202, 205, 211
국주모(國主母) | 30, 84, 86, 156, 177, 199, 202, 246
국지모(國智牟) | 160
군대부인 | 210, 224, 225, 234, 235, 242, 245, 248, 250, 251, 253, 255, 259, 271
귀실씨 | 135, 136, 137
기미(岐味) | 41, 75, 79, 88, 176, 177, 198, 202
기벌포 | 227, 257
김유신(金庾信) | 234

ㄴ

내조(內朝) | 79, 161, 176
내좌평 | 41, 52, 75, 77, 79, 81, 88, 92, 176, 177, 178, 179, 180, 182, 198, 202, 203, 204, 205, 270
능산리 사원 | 21, 117, 119, 120, 122, 269

ㄷ

대관사 | 173, 183, 270
대성팔족 | 17, 27, 28, 121, 150, 157, 160, 161, 179, 182, 192, 207, 212, 213, 214, 215, 216, 217, 269, 271, 273
대야성 | 19, 105, 207, 216, 219, 229, 252, 271, 273
동성왕(東城王) | 23

ㅁ

무령왕(武寧王) | 23
무왕(武王) | 17, 18, 99, 102, 189
문사(文思, 부여문사) | 240
미륵사 | 25, 82, 83, 101, 130, 132, 142, 145, 159, 166, 167, 168, 173, 193, 274
미륵사지 서탑 | 19, 24, 25, 82, 91, 101, 115, 145, 155, 156, 158, 193, 267

ㅂ

백강 | 63, 167, 257, 258, 259
백기(苩奇) | 160
법왕(法王) | 18, 90, 101, 130
별부(別部) | 173, 270
별부장(別部將) | 174, 176
복신(福信) | 45, 135, 262
부여강신(扶餘康信) | 238, 247
부여융(扶餘隆) | 238
부여충승(扶餘忠勝) | 60

ㅅ

사걸(沙乞) | 156, 160, 168
사두(沙豆) | 167
사리봉안기 | 19, 24, 25, 26, 29, 30, 31, 33, 37, 38, 82, 83, 84, 88, 90, 91, 94, 95, 97, 99, 101, 115, 145, 151, 155, 156, 158, 162, 165, 166, 180, 193, 197, 199, 203, 208, 209, 267, 268
사법명(沙法名) | 167
사비 | 18, 96, 107, 134, 150, 151, 155, 167, 173, 174, 175, 181, 182
사비시대(泗沘時代) | 17
사비시대 전기 | 20, 274
사비시대 후기 | 18, 19, 20, 25, 27, 28, 29, 30, 33,